절벽사회

대한민국은 지금 절벽에 서 있다

절벽
사회

• 고재학 지음 •

21세기북스

여는 글
세상은 저절로 좋아지지 않는다

1년 전쯤으로 기억한다. '응급실 당직의사'라고 밝힌 한 네티즌이 인터넷에 글을 띄웠다. 고교 성적이 상위 1퍼센트 안에 들었고 6년 동안 의대에 다니며 엄청난 양의 공부를 소화했다. 그런데 밤을 꼬박 새우며 주 70시간 일한 대가가 월 500만 원이라는 하소연이었다. 월급 의사는 자녀 학자금 등의 복리후생이나 퇴직금도 없어, 삼성전자에 다니는 자신의 지방대학 공대 출신 친구보다 못하다는 탄식도 곁들었다.

월 500만 원은 적은 수입이 아니며 월 수천만 원씩 버는 의사도 많지 않으냐는 반론도 있었다. 하지만 이 당직의사의 호소에 공감하는 의견도 적지 않았다. 의사가 되기 위해 투입한 비용과 노력(전문의 자격증을 따려면 꼬박 11년이 걸린다)과 과거 선배 의사들의 '터무니없이' 많았던 고소득을 고려할 때 상대적 박탈감을 호소하는 응급실 당직의사의 처지가 이해된다는 것이었다.

4 절벽사회

고등학교나 대학교 동기 모임에 나가보면 사회적으로 성공(이른바 '출세')했다고 여겨지는 친구들이 여럿 있다. 번듯한 사업체를 운영하는 친구, 3억 원대 연봉을 받는다는 재벌 대기업 임원, 그리고 부장판사, 변호사, 의사, 한의사 등 이른바 '사'자 직업들이다. 이제 막 50줄에 접어든 동기들은 1980년대 초 대학에 들어가 군 복무를 마치고 대부분 1987~1989년에 취직을 했다.

고도 성장기라는 1970년대 우리나라의 평균 경제성장률은 10.3퍼센트. 7년마다 실질 국내총생산GDP이 두 배씩 성장했다. 1980년대도 1970년대 못지않았다. 당시 우리나라의 평균 경제성장률은 9.8퍼센트(이명박 정부 5년간 평균 2.9퍼센트의 3배가 넘는다)에 달하지만, 대학진학률은 30퍼센트(2010년 79퍼센트)를 밑돌았다. 이른바 '명문대'로 꼽히는 SKY대를 나오지 않더라도 괜찮은 직장의 안정적인 정규직 일자리를 얻을 수 있었다.

이후 직장인으로 사는 삶도 비교적 순탄했다. 당시 대졸 직장인의 평균 결혼 연령은 남자 29세, 여자 26세. 경제적 어려움 탓에 독신을 고집하는 경우는 극히 드물었다. 대개 전셋집에서 신혼생활을 시작했지만 5~7년 정도 열심히 저축하면 약간의 대출을 더해 소형 아파트를 마련할 수 있었다. 또 5~10년이 지나면 중대형 아파트로 옮겨가는 게 자연스러운 경로였다.

지금 그들은 행복할까? 자신의 삶에 만족하고 있을까? 최근 만나본 친구들의 표정은 하나같이 무겁고 어두웠다. 그들은 이구동성으로 "미래가 두렵고 불안하다"고 하소연한다. 이른바 '잘 나간다'는 친구들 입에서 나오는 소리다.

보험회사에 다니다 뒤늦게 경희대 한의대에 진학해 박사학위까지 받은 한 친구는 한의원 수입으로 아이들을 키우기 어렵다며 틈만 나면 주식 투자에 매달린다. 한의사 수는 늘어나고 임대료, 간호사 인건비, 재료비 등의 부담은 갈수록 커지는데 환자들은 오히려 줄고 있다는 하소연이다. 변호사 친구도 사정은 비슷하다. 죽도록 공부해서 남들이 부러워하는 자격증을 땄다. 그런데 수입은 갈수록 줄고 연금과 같은 노후 보장책도 없다 보니 미래가 두렵기만 하다는 것이다. 판사로 근무하는 친구는 애들 사교육비 부담에 허리가 휘어질 지경이라며 변호사 개업을 꿈꾸지만, 그 시장도 점점 포화상태가 돼가고 있다며 근심이 가득하다.

'억대 연봉'의 상징인 대기업 임원으로 있는 친구들도 "언제 잘릴지 모르는 파리 목숨"이라며 노심초사하긴 마찬가지다. 해마다 대학생들이 '가장 입사하고 싶은 회사'로 꼽는 재벌 기업 임원으로 일하는 친구의 입에서도 어김없이 한숨 섞인 걱정이 튀어나온다. "조만간 회사에서 밀려날 게 분명해. 그런데 이 나이에 재취업이 될 리가 없잖아. 경기가 이렇게 나쁜데 장사를 하기도 쉽지 않고. 애들 대학교육에다 결혼도 시켜야 하는데 사업한답시고 퇴직금 까먹으면 곧장 나락으로 떨어지는 거지."

지금의 한국 사회를 관통하는 핵심 키워드는 무엇일까? '불안사회' '위험사회' '1대 99의 사회' '피로사회' '갈등사회' 등 여러 가지를 떠올릴 것이다. 모두 공감이 가는 개념들이다. 나는 여기에 한 가지를 덧붙이고 싶다. 바로 '절벽사회'다.

지금 한국 사회는 한 발만 삐끗하면 나락으로 떨어지는 벼랑 끝에서 있다. 개인이 아무리 노력하고 발버둥쳐도 한 번만 실패하면 바로 절벽 밑으로 떨어질 수밖에 없는 막장사회인 것이다. 한국 사회는 출발부터가 불평등하다. 개인이 아무리 열심히 공부해도 부모의 경제력이 뒷받침되지 않으면 학비가 연간 2,000만 원을 웃도는 자립형 사립고에는 갈 수가 없다. 최소 2년간 5,000만 원 이상 들어가는 로스쿨도 마찬가지다. 가난한 집 아이들은 변호사, 의사의 꿈을 접는 게 현명하다. '교육 절벽'이다. 출산과 육아로 잠시 일터를 떠났던 경력단절 여성이 일자리를 다시 구하기란 하늘의 별 따기와 같다. '일자리 절벽'이다. 저출산 고령화의 충격이 몰고 온 '인구 절벽', 재벌 대기업의 승자독식이 가져온 '재벌 절벽'…….

상대적으로 고소득을 올리는 의사나 변호사조차 앞으로 경쟁이 더 치열해져 수입이 줄어들면 안정된 노후를 보장받지 못하고 나락으로 떨어질 수 있다며 불안에 떨고 있다. 그러니 평범한 직장인이나 영세 자영업자들이야 더 말할 나위도 없다. 절벽사회에 사는 사람들은 인간성이 상실돼 자신을 파괴한다. 낭떠러지 밑으로 밀려나지 않으려 다들 죽기 살기로 돈벌이에 매달리고 자녀에게도 공부와 성공만을 강요한다. 이는 결국 만인에 대한 만인의 투쟁으로 이어질 수밖에 없다. 한국 사회에 극심한 경쟁과 수단 방법을 가리지 않는 약탈적 착취 행위가 만연하는 가장 큰 이유다.

절벽사회의 불안과 공포는 통계수치로도 확인된다. 한국인은 경제협력개발기구OECD 국가 중 노동시간이 가장 길다. 죽어라고 일을 하면서도 제대로 쉬지 못하니 행복지수는 세계 꼴찌 수준이다. 세계에서 가장 많이 자살하고 이혼하며 아이 낳기를 피한다. 학생들도 불행하긴 마찬가지다. 세계 최고의 학습량과 세계 제1의 사교육비가 증명하듯 강박적으로 공부에 매달린다. 하지만 우리 학생들의 우울증 발병률은 선진국의 4배에 달한다. 학습시간은 많아도 공부에 대한 흥미도는 세계 꼴찌다. 초등학생의 절반 이상이 '나는 꿈이 없다'고 답변할 정도다. 학부모의 학대와 교사의 강요로 이뤄지는 공부가 즐거울 리 없다.

절벽사회에서 벗어나려면 유럽의 선진국들처럼 국가가 최소한의 인간다운 삶을 보장해주는 장치를 마련해야 한다. 요즘 논의되는 '보편적 복지'는 바로 국민 기본생활의 상당 부분을 국가가 떠안겠다는 뜻이다. 정부가 공공임대주택을 적극 공급하고 가계 압박의 주범인 사교육을 공교육의 영역으로 흡수하며 과도한 의료비 지출 구조를 개선하겠다는 다짐이다. 그렇지 않더라도 세계에서 가장 빠른 속도로 진행되는 고령화와 저출산 탓에 복지 수요는 기하급수적으로 늘어날 수밖에 없다.

여기에는 당연히 지금보다 많은 돈이 들어간다. 문제는 한국 경제의 고속성장 시대가 끝나고 구조적인 저성장 시대로 접어들고 있다는 점이다. 이런 상황에서 어떻게 천문학적인 복지 재원을 마련할 것인가? 해법은 국민 다수를 불행하게 만드는 국가 자원배분의 기존 패러다임을 바꾸는 것이다. 2012년 18대 대통령 선거의 최대 이슈는 '경제민주화'였다. 경제민주화의 요체는 '재벌의 경제력 집중 완화'다. 1960년대 개발독재 시대 이래 수십 년 동안 이어져 온 재벌 대기업 중심의 성장전략은 세계 최고의 자살률, 중산층 붕괴, 600만 명의 비정규직과 100만 명의 청년 백수, 1,000조 원을 웃도는 가계부채 등 국민의 삶을 벼랑 끝으로 몰아왔다.

지금처럼 재벌에 의존하는 성장으로는 절벽사회에서 벗어나기가 불가능하다. 재벌 개혁을 통해 성장의 과실이 고루 퍼지는 새로운 경제 패러다임을 추구해야 한다. 오로지 수출 대기업 중심의 성장 전략에 집중했던 재정과 세제정책도 고용과 분배 위주로 뜯어고쳐야 한다. 대기업과 부유층의 조세 부담률을 높이는 '한국형 버핏세'도 적극 검토할 필요가 있다. 대한민국은 지금 절벽 밑으로 떨어져 공멸한 것인가, 낭떠러지 끝에 튼튼한 복지 안전망을 설치해 공생할 것인가의 갈림길 위에 서 있다.

이 책이 독자들에게 단순한 지식 전달과 상황 분석에 머물지 않고 절벽사회의 현실에 분노하고 공감하는 계기가 됐으면 좋겠다. 직장과 가정, 동아리, 노동조합, 정당, 사회단체 등 각자의 자리에서 대한민국을 공멸의 위기로 빠트리고 있는 절벽사회의 실체를 분명히 인식하고 공생의 사회를 만들어가겠다는 다짐의 목소리가 확산하길 바란다.

이 책이 나오기까지 가족들의 격려가 큰 힘이 됐다. 이 책에 일말의 진정성이라도 묻어있다면, '정도正道'라는 가훈을 물려주신 부모님 덕일 것이다. 힘든 재수생활 속에서도 넉넉한 웃음과 여유를 잃지 않는 아들 원석이와 귀염둥이 딸 연정이, 첫 번째 독자로서 따스한 격려를 아끼지 않은 사랑하는 아내 서경희에게 고마움을 전한다.

"세상은 저절로 좋아지지 않는다."

2012년 타개한 영국의 역사학자 에릭 홉스봄이 한 말이다. 더불

어 살아가는 공생의 한국사회를 만들기 위해 무엇을 어떻게 할 것인
가? 독자 여러분께 드리고 싶은 질문이다.

2013년 9월

중구 을지로 사무실에서

더불어 사는 사회를 꿈꾸며,

고재학

2부 절벽 허물기-인간적 자본주의로 가는 길

1장 인구 개혁 - 저출산·고령화의 해법

2장 일자리 개혁 - 안정적인 일자리 지키기

3장 재벌 개혁 - 재벌의 탐욕 경영 끊어내기

4장 교육 개혁 - 개천에서 용 나는 사회의 복원

5장 취업 개혁 - 좋은 일자리 늘리기

1부

절벽으로 밀어내는
'죽임의 사회'

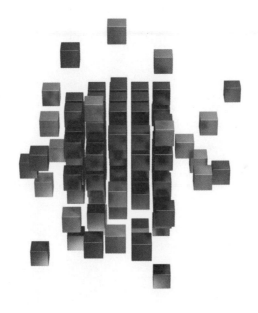

우리는 언젠가는 반드시 닥칠 위험성을 흔히 '시한폭탄'에 비유한다. 시한폭탄은 일정한 시간이 지나면 폭발하게 돼 있기 때문이다. 대한민국에는 곳곳에 시한폭탄이 깔렸다. 국민 대다수가 벼랑 끝에 몰려 있는 절벽사회에서 시한폭탄이 터지면 어떻게 될까? 많은 사람이 파산해 가정이 몰락하고 국가적으로도 위기를 맞을 것이다.

대한민국의 대표적인 시한폭탄은 1,000조 원을 웃도는 가계부채다. 국내외 연구기관들은 수년 전부터 가계부채가 한국 경제의 뇌관이 될 것이라고 경고해왔다. 실제 우리나라의 실소득 대비 가계부채 비율(164퍼센트)은 재정위기를 겪고 있는 스페인, 그리스, 이탈리아, 포르투갈보다도 높다. 그런데도 정치권과 정부는 가계 빚 구조조정에 적극 나서는 대신에 장기 불황을 이유로 돈을 마구 풀어 집을 사도록 부추기는 부양책을 반복적으로 써왔다. 그러니 가계부채가 평범한 사람들의 가정을 파국으로 몰아넣는 한국 사회의 뇌관이 될 것이라는 경고가 현실화하지 않으리라는 보장이 없다.

한국 사회의 시한폭탄이 가계 빚뿐인가? 급증하는 연금 부담도 국민을 벼랑 끝으로 내모는 시한폭탄이다. 세계 최저 수준의 출산율과 급속한 고령화에 따른 연금 수령자 급증 탓에 국민연금은 애초 전망보다 10년 이상 빨리 고갈될 전망이다. 공무원과 군인연금의 고갈 시기는 2020년으로 훨씬 더 빠르다. 이미 연금 재정은 적자 상태여서 나라 곳간에 엄청난 부담을 주고 있다. 보험료를 올리고 수령액을 획기적으로 줄이는 연금개혁을 서두르지 않는다면 조만간 국가적 재난이 벌어질 게 분명하다. 그런데도 정부와 정치권은 표 떨어질 일에 앞장설 이유가 없다는 태도다. '폭탄 돌리기'를 하는 셈이다.

우리는 미래의 위험을 애써 회피하려는 경향이 있다. 당장 눈앞에 닥친 문제들을 해결하는데도 골치가 아픈 마당에 미래에 닥칠 위험까지 대비해 비용을 추가로 투입하기가 싫은 것이다. 하지만 우리가 손을 놓고 있는 사이 연금 고갈과 가계 빚 폭발이 조만간 현실의 문제로 다가올 것이다. 이뿐만이 아니다. 급속한 고령화가 가져올 건강보험 재정 악화와 저출산에 따른 생산인력 감소도 금세 닥쳐올 대한민국의 시한폭탄이다.

사실 지금의 위기들은 이미 오래전부터 시작돼 예고된 재난이나 다름없다. 근본적인 치료를 미룬 채 땜질 처방에만 매달리다간 '펑' 하고 터져 막다른 낭떠러지 끝에 서 있는 중산층과 서민들을 산산조

각낼 것이다.

　이제 폭탄 돌리기를 끝내야 한다. 일시적으론 고통스럽더라도 예고된 재난을 더는 내버려둬선 안 된다. 시한폭탄을 빨리 제거하고 절벽 주위에 튼튼한 울타리를 둘러야 한다. 절벽사회에서 벗어나 더불어 잘사는 튼튼한 대한민국을 만드는 지름길이다.

1장
인구 절벽 –
'요람에서 무덤까지'는 끝났다

아이를 낳는 순간 행복 끝, 불행 시작

_____ 중견기업에 근무하는 회사원 김 모(33) 씨는 3년 동안 사귄 여자친구가 결혼 얘기를 꺼낼 때마다 머리가 지끈거린다. 학업과 취업으로 정신없는 20대를 보내고 겨우 일자리를 잡았는데 결혼과 육아는 또 다른 짐이 될 것이라는 생각 때문이다. 지방 출신으로 경제적 여유가 없는 부모님께 손을 벌리기 어려운 현실도 부담스럽다. 주변에서 왜 빨리 결혼하지 않느냐는 질문을 받을 때마다 자기도 모르게 짜증이 난다.

"결혼이요? 저한테는 한가한 소리로 들리네요. 생활물가는 계속 치솟고 월세도 1년이 멀다 하고 올라가니 '먹고 자는' 기본 소비도 충족하기 어려운데, 무슨 뚱딴지같이 결혼 타령입니까?"

_____ 재벌 대기업에 근무하는 박 모(31) 씨는 30대 초반에 결혼하겠다는 목표를 접기로 했다. 직장생활 3년 동안 6,500만 원을 모았지만 최근 2~3년 새 전세금이 폭등해 서울의 웬만한 지역에선 연립주택 전세 구하기도 어려워진 탓이다. 중등교사 임용고시를 준비 중인 여자친구(27)는 아직 수입이 없어 결혼자금을 보태기가 어려운 처지다.

"3~4년 동안 더 돈을 모아 20평대 아파트 전세라도 구한 뒤에나 부모님께 결혼 얘기를 꺼낼 생각입니다."

'결혼은 필수가 아닌 선택이다.'

대한민국 젊은이들 사이에 급격히 퍼지고 있는 결혼관이다. 이는 보건복지부의 최근 조사 결과(2013년 4월 10일, '전국 결혼 및 출산 동향')에서도 확인된다. 전국의 남녀 1만 515명을 대상으로 이뤄진 설문조사에서 미혼 여성 중 '결혼을 반드시 해야 한다'고 응답한 비율은 13.3퍼센트에 그쳤다. 미혼여성 8명 중 1명꼴이다. 미혼 남성은 이보다 2배가량 많은 25.8퍼센트. 4명 중 1명꼴이다. 성별 격차가 2배에 달하는 셈이다.

3년 전 조사(남자 23.4퍼센트, 여자 16.9퍼센트)에 비하면 남녀 간 인식 차가 더 크게 벌어졌다. 결혼을 피하는 이유로는 남성(87.8퍼센트)과 여성(86.3퍼센트) 모두 '고용 불안정'과 '결혼비용 부족'을 최우선으로 지적했다. 경제적 동기가 가장 크다는 얘기다. 실제 미혼 남성의 40.4퍼센트, 미혼 여성의 19.4퍼센트는 '경제적 이유로 결혼하지 않았다'고 답했다.

1992년 노벨경제학상 수상자인 미국 시카고대 게리 베커 교수는 "결혼과 출산도 비용 대비 효과분석에 기초한 경제행위"라고 진단했다. 부부관계를 통해 느끼는 행복감, 자녀와의 유대감, 결혼의 노후보장 효과 등이 결혼과 육아에 들어가는 비용보다 크다는 판단이 있어야 결혼을 한다는 것이다. 갈수록 결혼연령이 늦어지고 독신비율이 늘어나는 현상은 이 같은 분석이 어느 정도 타당하다는 방증일 것이다.

그렇다면 실제 결혼에 골인한 부부는 행복한 가정생활을 하는 걸까? 결혼의 경제적 효과가 결혼 및 육아비용보다 더 큰 걸까? 개인차는 있지만 현실과 이상의 괴리가 큰 편이었다. 결혼한 여성의 30퍼센트는 '이유가 있다면 이혼할 수 있다'고 응답했다. 역시 경제적 동기 탓이 컸다. 자녀 1명을 키워 대학까지 졸업시키는 데 드는 비용은 3억 원이 넘는다. 보건복지부의 2003년 조사에서 월 74만 8,000원이던 자녀 1인당 양육비가 2011년엔 118만 9,000원으로 치솟았다. 도시근로자의 가구당 월평균 소득 344만 원(2012년 말 기준 통계청 자료)의 3분의 1 이상을 자녀 양육비로 쏟아 붓는 셈이다. 자녀가 2명이라면? 해답이 안 나온다. 맞벌이 부부라도 자녀 2명을 맘 편히 키우기는 쉽지 않다고 봐야 한다.

보건복지부가 월평균 양육비를 바탕으로 출생부터 대학 졸업까지 자녀 1인당 총 양육비를 추산했더니 무려 3억 896만 원에 달했다. 2년 전 조사(2억 6,204만 원)에 비해 18퍼센트나 늘어났다. 생애 주기

별 양육비를 살펴보면 영아기(0~2세) 3년 동안 3,063만 원에서 시작해 대학교 4년간 7,708만 원으로 점차 올라갔다.

결혼 비용도 부담스러운 요인이다. 집 장만에 드는 비용과 식장 대여료 등 각종 생활물가가 오르면서 결혼을 미루거나 아예 포기하는 경향이 뚜렷해지고 있다. 2010~2012년 결혼한 신혼부부의 1인당 평균 결혼비용은 남성이 7,546만 원, 여성이 5,227만 원. 3년 전보다 남성은 245만 원 늘어난 반면, 여성의 결혼 비용은 2,000만 원이나 급증했다. 혼수 및 결혼식장 비용이 늘고 전세금이 너무 오른 탓에 여성이 집 장만에 들어가는 자금 일부를 부담하는 사례가 늘었기 때문이다.

대한민국의 20대, 30대 미혼 남녀 중 이 정도 비용을 감수하며 결혼을 감행할 수 있는 경우는 많지 않다. 현대경제연구원이 내놓은 보고서를 보자(2013년 4월 11일, '청장년 가구의 엥겔·슈바베 계수 급등'). 20~30대 가구(2인 이상)의 소비 지출에서 식료품과 주택관리비·월세 등 주거비 비중은 계속 커지지만, 이 계층의 취업인원은 2009년 1.4명에서 2011년 1.35명으로 감소했다. 2012년 근로소득 증가율 역시 40~50대는 7.5퍼센트에 달했지만, 20~30대는 1.2퍼센트에 그쳤다. 글로벌 금융위기 이후 저성장 기조가 이어지는 가운데 먹거리물가 오름세와 전월세 부담 증가 탓에 젊은 세대의 삶이 갈수록 팍팍해지고 있다는 뜻이다.

젊은이들이 결혼을 미루는 건 한국 사회만의 현상은 아니다. 서구에선 이미 우리보다 앞서 심각한 저출산을 경험했다. 실제 서구사회에서 조혼早婚의 대가는 무척 비싼 편이다. 20대 초반에 아이를 낳으면 공부를 쉬거나 포기하는 경우가 많다. 이는 경제적 생활기반을 불안정하게 만든다. 결국 일찍 결혼하는 커플들은 경제적 어려움 탓에 10년 내 이혼할 가능성이 높아진다. 미국의 통계를 보면 1950년 21~30세 여성이 독신 가장인 경우는 5퍼센트에 불과했으나 2000년에는 그 비율이 35퍼센트까지 치솟았다.

주요 선진국이 50여 년에 걸쳐 서서히 출산율 하락을 겪은 반면, 우리나라는 불과 10~20년 새 세계 최고의 저출산 국가로 올라섰다. 선진국은 혼외 출산을 자연스럽게 받아들인다. 서유럽은 전체 출생아의 절반가량이 혼외출산인 나라도 많다. 심지어 대통령이나 총리도 동거녀에게서 아이를 낳는 경우가 흔하다. 하지만 우리나라는 대부분의 출산이 혼인관계에서 이뤄진다. 젊은이들이 결혼을 피하면 출산율이 늘어날 수 없는 구조다. 그러다 보니 정부에서조차 혼외출산을 인정하고 미혼모들이 법적·사회적 불이익을 당하지 않도록 제도 개선을 서둘러야 한다는 의견이 나오는 실정이다.

Tip

엥겔 · 슈바베 계수

엥겔 계수는 가계의 총 소비지출액 중 식료품비의 비중을 말한다. 소득 수준이 낮을수록 식료품비 지출 비중이 높아서 생활 수준의 정도를 나타내는 지표로 널리 쓰인다. 슈바베 계수는 가계의 총 소비지출액 중 주거비용이 차지하는 비중을 뜻한다. 빈곤의 척도로 쓰이며 슈바베 계수가 25퍼센트를 넘으면 빈곤층으로 분류한다.

동정남 동정녀가 늘어난다

_____ "30대쯤에는 남들처럼 연애하고 싶다, 결혼하고 싶다는 마음을 가진 적도 있었습니다. 그렇지만 일자리를 자주 옮겨 수입이 불안정했던데다 마침 거품 경제가 붕괴해 월급이 크게 줄었습니다. 결혼해서 자식을 가져 좋아하는 것을 제대로 해주려면 교육비는 물론이고 크리스마스 선물처럼 사소한 무엇인가를 하려고 해도 수입이 있어야 합니다. 결혼하면 가정을 보살펴야 하는데 '보살필 수 없겠네!' 하는 생각이 들더군요."

2010년 1월 31일 일본의 공영방송 NHK가 특집으로 내보낸 〈무연사회〉에 등장하는 미즈노 유키오(水野由紀夫·가명·56세) 씨의 얘기다. 그는 한 번도 결혼한 적이 없는 비정규직 독신남이다. 한때는 결혼을 꿈꾸던 평범한 남성이었지만, 택시 기사를 하다가 퇴직한 이후 파견직을 전전했고 요즘엔 장기 불황의 여파로 파견 일자리마저 잃어버렸다.

'일본의 미혼남녀 10명 중 4명은 평생 한 번도 섹스를 해본 적이 없다.'

요즘 같은 자유연애시대에 숫총각, 숫처녀가 넘쳐난다니 거짓말이 틀림없을 거라고? 아니다. 진실이다. 일본의 국립연구기관이 2011년에 발표한 조사 결과(일본 국립사회보장·인구문제연구소, '일본 청년 결혼·섹스 보고서')다. 이 보고서를 보면 18~34세 일본인 가운데 성 경험이 없다고 응답한 비율은 남성이 36.2퍼센트, 여성은 38.7퍼센트에 달한다. 35~39세 남녀도 각각 27.7퍼센트, 25.5퍼센트를 기록했다. 40세 미만 일본인 4명 중 1명꼴로 동정을 유지하고 있다는 얘기다.

이런 현상이 빚어지는 이유는 단순하다. 결혼하려면 돈과 열정이 있어야 한다. 출산과 육아 탓에 더 큰 주거공간이 필요하고 자녀교육비도 들어간다. 배우자에 대한 배려와 가족에 대한 책임감도 따른다. 하지만 현실은 갈수록 팍팍해지고 있다. 비정규직 및 1인 가구 급증에 따른 소득 감소와 사회적 고립 확대로 이성을 만날 기회 자체가 줄어드는 것이다.

설령 이성과 사귈 기회가 생기더라도 의도적으로 만남을 피하는 경우도 많다. 궁핍한 처지의 남녀 모두 연애 상대자에게 거절당할 것을 우려해 고백이나 청혼 자체를 꺼린다는 게 전문가들의 분석이다. 한 마디로 먹고살기가 너무 어려워 연애나 결혼에 돈, 시간, 정력을 낭비할 여유가 없다는 것이다.

NHK의 특집방송 〈무연사회: 무연사 3만 2,000명의 충격〉은 제목 그대로 일본 사회에 큰 충격을 줬다. 무연사회無緣社會는 '혼자 살다 혼자 죽는 사회'를 뜻한다. 가족의 돌봄이 필요한 노인들이 홀로 고립돼 살다가 아무도 모르게 죽거나 일자리가 없는 젊은 사람이 사회와 격리된 채 극빈층의 삶을 살다가 사망하는 경우가 잇따르고 있다는 리포트였다.

NHK 무연사회 프로젝트팀이 취재 결과를 정리한 책 『무연사회』(2012. 7 용오름 간)에 따르면 2030년이면 일본 남성의 평생 미혼율이 30퍼센트에 육박할 전망이다. 2006년(16퍼센트)에 비해 2배 가까이 늘어난 수치다. 평생 미혼율은 50세 무렵 한 번도 결혼한 적이 없는 사람의 비율을 뜻한다. 남자 3명 중 1명은 결혼하지 않고 독신으로 지낼 거라는 얘기다. 여자는 23퍼센트로 남자보다는 그 비율이 낮지만, 역시 2005년에 비하면 3배 이상 급증할 전망이다.

왜 이렇게 독신이 늘어나는 걸까. 일본 금융회사 미즈호 파이낸셜 그룹 계열 연구소인 미즈호죠호솜情報總研 소속 후지모리 가쓰히코藤森克彦 수석연구원의 설명을 들어보자. 그는 4가지 이유를 든다. 첫째, 편의점 확산 등 혼자서 생활하는데 불편하지 않은 인프라의 정비. 둘째, 경제적으로 불안정한 비정규직 노동의 증가. 셋째, 라이프 스타일이 바뀌어 어느 정도 나이가 돼 결혼하지 않으면 안 된다는 사회적인 규범의 약화. 넷째, 여자의 경제력이 향상돼 결혼하지 않아도 생활할 수 있는 사람의 증가.

후지모리는 특히 두 번째 요인이 심각하다고 지적한다. 젊은 사람들이 결혼해서 가정을 꾸리면 주택비와 자녀 교육비 등 새로운 지출이 생길 수밖에 없다. 그런데 고령화, 저성장 시대를 맞아 안정적인 정규직 일자리는 갈수록 줄고 불안정한 비정규직은 늘어나는 추세다. 비정규직 노동에 종사하는 사람들은 자신의 수입으로 주거비와 교육비를 감당하기 어렵다는 불안감이 들어 결혼하고 싶어도 할 수 없게 된다는 것이다. 지금의 젊은 세대가 가진 결혼에 대한 불안감을 없애주지 못한다면 저출산 고령화는 계속될 수밖에 없다는 얘기다.

우리나라는 일본보다 훨씬 빠른 속도로 고령화가 진행되고 있다. 출산율은 더 낮고, 만혼晩婚 미혼도 급증하는 추세다. 통계청 등이 발표한 바로는 서울의 1인 가구는 최근 30년 동안 10배 이상 급증했다. 4가구 중 1가구꼴이다. 2025년에는 3가구 중 1가구가 '나 홀로 가구'일 것으로 전망된다. 도시 지역에선 미혼 1인 가구 비율이 높지만, 농촌에서는 65세 이상 노인 1인 가구의 비율이 높았다.

2010년 현재 서울에 거주하는 35~49세 남성 미혼율은 20.1퍼센트. 남성 5명 중 1명이 독신으로 산다는 뜻이다. 50세가 다 되도록 결혼하지 않은 서울의 미혼 인구는 최근 40년간 7배나 늘었다. 이 가운데 고졸 이하 비중이 52.4퍼센트에 달한다. 저학력, 저임금 남성들이 경제적 이유로 결혼을 꺼리고 있음을 알 수 있다.

아들뻘 신랑, 손녀뻘 신부 – 고령 사회의 연애경제학

_____ 올해 일흔 살인 일본의 유명 코미디언 카토 차는 2011년 6월(당시 68세) 자신보다 45세 어린 23세 여성과 재혼했다. 18세 연하였던 전처와의 사이에 20세 딸을 둔 카토 차는 "젊은 여성과 사귀면 에너지를 얻고 활력을 얻는다"고 말해 뭇 남성들의 부러움을 샀다.

일본만 그런 게 아니다. 탤런트 변우민은 한 방송 프로그램에 나와 "아내가 삐삐(무선호출기)를 잘 모른다"고 밝혀 폭소를 자아냈다. 그는 아내보다 19세 연상이다. 배우 이한위도 19세 어린 신부와 결혼했다. 가수 한대수의 아내는 22세 어린 몽골계 러시아인이다. 배우 유퉁은 33세 연하 몽골여성과 일곱 번째 결혼을 했다. 유퉁의 장모는 12세 연하다. 탤런트 김승환의 아내는 17세 연하고, 김승환과 장모는 불과 네 살 차이다.

연예인에게만 국한된 특수한 현상이 아니다. 우리나라 결혼인구의 70퍼센트 이상을 점하는 남성연상 커플의 경우 나이 차가 계속 확대되고 있다. 2009년 통계청 자료를 보면 결혼 인구 중 남자 10세 연상이 7.2퍼센트, 6~9세 연상은 14.6퍼센트에 달한다.

미혼 여성들이 동년배가 아닌 중년의 아저씨를 선택하는 이유는 경제력 때문이다. 또래 남성들 가운데 고소득을 올리는 전문직은 극소수에 불과하다. 대부분은 비정규직을 전전하거나 공공기관이나 민간 대기업 등의 정규직 일자리라도 결혼과 육아를 책임질 만큼의 여유가 없는 게 현실이다. 반면 중년 아저씨들은 안정된 수입과 사회적 지위를 갖고 있다. 풍부한 경륜과 지혜를 갖춰 함께 살면서 심리적 안정감도 누릴 수 있다. '먹고 자는' 기본조차 제대로 해결하지 못한 채 자신감을 잃어버린 또래 초식남성보다는 경제적으로 여유 있고 앙탈과 애교도 받아줄 만큼 배려심과 여유가 있는 배불뚝이 중년 아저씨를 선호하는 것이다.

중년 아저씨의 직업도 중요하다. 요즘 1등 신랑감은 의사, 변호사가 아니다. 공무원이 단연 1등이다. 교사와 공기업 직원도 최고의 신랑감이다. 결혼 적령기 여성에게 '가늘고 길게' 가는 안정적 직업을 가진 남성은 고령화 시대의 대안인 셈이다. 공무원이라고 다 같은 1순위 신랑감은 아니다. 지역과 직군에 따라 대접이 천차만별이다. 일본에서 최고의 신랑감은 '지방 공무원'이다. 중앙부처의 엘리트 공무원들은 야근을 밥 먹듯이 한다. 주 5일 근무도 보장되지 않는다. 출세는 빠를지 몰라도 퇴출 나이 또한 평범한 공무원보다 더 빠르다. 행시 출신 1급이 차관 승진이 안 돼 옷을 벗는 나이는 대개 50대 초반이다. 과중한 업무량과 스트레스에 시달리는 중앙부처 엘리트 공무원보다는 휴일을 가족과 함께 즐기며 정년까지 편안하게 보낼 수 있는 지방 공무원이 최고라는 것이다.

연상녀-연하남도 흔해졌다. 심지어 아들뻘 신랑과 엄마뻘 신부도 있다. 우리나라 부부 10쌍 중 3쌍은 여성 연상이다. 김지미-나훈아 커플(7세 차이)을 시작으로 김보연-전노민(9세), 백지영-정석원(9세), 한혜진-기성용(8세) 등 헤아리기 어려울 정도다. 선진국에선 이미 오래전부터 나타난 현상이다. 미국 할리우드 스타 데미 무어(50)는 15세 연하남 애슈턴 커처와 6년여의 결혼 생활을 끝낸 뒤 지금은 24세 연하남을 사귀고 있다. 엘리자베스 테일러도 20세 어린 래리 포텐스키와 오랫동안 살았다.

여자 나이가 훨씬 많은 커플들이 늘어나는 이유는 뭘까. 미국의 정신분석학자 조이스 브라더스 박사의 설명은 이렇다. "연하남은 연상녀가 지니고 있는 침착함, 사회적인 안정, 인맥에 끌리게 된다. 자신이 지니지 못한 윤택함을 여성이 소유하고 있는 것이다."

고령화가 가져온 연애경제학이다. 연상녀의 선택은 경제적 기반이 취약한 연하남에겐 비용 대비 최고의 효과를 보장하는 경제행위라고 볼 수 있다. 취업이 갈수록 어렵다. 게다가 설령 치열한 경쟁을 뚫고 정규직 일자리를 얻는다고 해도 평생을 보장받기 어려운 게 현실이기 때문이다. 장기 생존해야 하는 고령화 시대를 맞아 인생 2모작, 3모작을 하지 않고는 안정된 노후를 보장받을 수 없는 상황에서 돈이 있는 연상녀를 만나는 것은 장기 생존을 보장받는 최고의 경제적 선택인 셈이다. 신부 나이가 좀 많으면 어떠냐. 40~50년 노후를 안정되게 보낼 수 있다면 엄마뻘 신부도 괜찮다는 가치관이 한국사회를 지배할 날도 머지않았다.

대한민국에 노후는 없다

_____ 김 모(56) 씨는 2007년 대기업에서 은퇴한 뒤 서울 강남에 있는 한 성당의 사무장으로 일하고 있다. 노후 준비를 위해 5년 전 송파구에 있는 40평형 대 집을 내놨지만 아직껏 팔리지 않고 있다. 게다가 글로벌 금융위기 여파로 5년 새 집값은 10억 원에서 7억 원으로 급락했다. 현재 월급이 300만 원 정도 나오지만 생활비와 관리비 등을 제하면 손에 쥐는 액수는 미미하다. 제1, 2금융권 모두 금리가 1~3퍼센트 대로 낮아 저축마저 쉽지 않다. 그나마 언제까지 사무장직을 유지할 수 있을지도 장담하기 어렵다. 김씨가 준비한 노후 대책이라곤 6년 뒤부터 나올 국민연금(월 90만 원)이 전부다. 김씨는 "집은 5년 넘게 안 팔리고 예금이

자도 갈수록 줄어드는 상황이라 노후가 불안하기만 하다"고 걱정했다.

_____ 보험사에 근무하는 40대 초반의 김영민(가명) 씨 역시 국민연금과 월 30만 원씩 넣는 연금보험 외에는 노후대책을 따로 세우지 못하고 있다. 국민연금은 기본적인 생활 보장도 안 될 게 분명하다. 퇴직금도 누진제 폐지와 중간정산제 도입이 일반화하면서 미래의 안전판 역할을 상실한 지 오래다.

"두 아들의 학원비를 대고 나면 매월 적자가 안 나는 것만도 다행이에요. 미래가 워낙 불안하다 보니 주 5일 근무제가 오히려 부담스럽게 느껴집니다. 평균수명은 빠르게 늘고 있는데 '사오정' '오륙도'가 보통명사로 굳어져 가니, 노후만 생각하면 머리가 지끈거리네요."

우리나라 서민들의 최대 관심사는 노후 준비와 자녀 교육이다. 재무 전문가들은 직장에 들어가는 순간부터 노후 준비를 시작해야 한다고 조언한다. 하지만 결혼 준비에다 출산, 육아, 자녀 교육에 들어가는 과중한 부담 탓에 대다수 직장인은 노후 준비에 전혀 신경을 쓰지 못하는 게 현실이다. 서울대 노화 고령사회연구소에 따르면 한국인의 은퇴준비지수는 100점 만점에 60점대 초반. 겨우 낙제점을 면하는 수준이다. 미래에셋 퇴직연금연구소 조사에서도 한국인들은 높은 집값, 교육비, 고물가 등 삼중고 탓에 10명 중 7명은 노후 준비를 포기했거나 아예 하지 않는 것으로 나타났다.

가장의 어깨를 짓누르는 가장 큰 부담은 역시 사교육비. 공교육의 경쟁력 상실로 실소득의 상당 부분을 사교육에 쏟아 붓는 게 현실이다. 자산을 축적할 여유가 없다는 얘기다. 공교육에 대한 불신이 깊다 보니 중산층 사이에서도 조기 유학 붐이 일고 있다. 아내와 외아들을 3년째 캐나다에 유학 보낸 대기업 차장 박영수(가명·41) 씨. 결혼생활 10년 만에 어렵게 마련한 30평형 아파트를 전세 주고 원룸을 얻어 자취하고 있다. 월급과 전세금까지 몽땅 아내에게 부치는 상황에서 노후 준비는 언감생심이다.

"급속한 고령화로 평균수명 100세 시대가 다가오고 있는데 50줄도 안 돼 직장에서 쫓겨나는 선배들을 보면 잠이 잘 안 옵니다."

한국의 대다수 직장인은 자녀가 대학에 들어가 돈이 제일 필요할 때 직장에서 쫓겨난다. 뒤돌아보면 남은 재산이라곤 아파트 한 채와 퇴직금이 전부. 겁은 나지만 나이는 아직 젊고 돈 쓸 일은 많을 때이다 보니 퇴직금과 아파트를 밑천 삼아 자영업에 뛰어드는 게 일반적이다. 하지만 자영업은 구조적으로 십중팔구 망할 수밖에 없다. 은퇴 후 자영업에 뛰어든 40, 50대 직장인이 한 발만 삐끗하면 곧장 나락으로 떨어지니 안정된 노후는 기대하기 어렵다. 우리나라 노인 빈곤율이 세계 최고인 배경이다.

노인 빈곤의 심각성은 단독주택 밀집지역의 골목길을 1시간만 돌아다니면 쉽게 느낄 수 있다. 단독주택은 생활 쓰레기, 음식물 쓰레기, 재활용 쓰레기를 각각 분리해 정문 앞에 내놓는다. 수거 시간이

정해져 있는데, 그 시간을 놓치면 각종 쓰레기를 2~3일간 집안에 더 모셔둬야 한다. 하지만 재활용 쓰레기는 굳이 시간을 지킬 필요가 없다. 환경미화원들이 아닌 동네 노인들 몫이기 때문이다. 재활용 쓰레기를 가져가는 노인이 갈수록 늘어나면서 요즘은 집 앞에 내놓기가 무섭게 사라진다. 손수레를 끌고 와 종이상자와 신문지 등을 담아가는 할머니와 전동 휠체어에 의지한 채 빈 병 따위를 거둬가는 할아버지가 많아서다.

그들이 힘겹게 모은 폐지 등을 팔아서 손에 쥐는 돈은 고작 하루에 4,000~5,000원 수준. 한 달간 쉬지 않고 일해도 20만 원이 채 안 되는 액수다. 가난한 노인들의 비율은 얼마나 될까. 통계청에 따르면 2010년 기준 한국의 노인 빈곤율은 무려 45.1퍼센트. 빈곤율은 가구 소득이 중간소득(소득을 높은 순서대로 나열해 정확히 중간에 오는 소득)의 절반에도 못 미치는 가구의 비율을 뜻한다. 한국 노인가구의 45퍼센트가 빈곤층이라는 얘기다. 네덜란드(1.7퍼센트), 프랑스(5.3퍼센트), 스웨덴(9.9퍼센트), OECD 평균(15.1퍼센트) 등과 비교하면 엄청나게 높은 수준이다.

국가가 가난한 노인들을 돌봐주는 게 당연하지만 노인복지는 정부 정책의 우선순위에서 한참 뒤로 밀려나 있다. 부양해 줄 자식이 없어 정부의 지원을 받는 노인가구는 10퍼센트 남짓이다. 나머지는 자식들이 생활고로 연락을 끊은 경우가 적지 않은데도 법적인 부양 자식이 있다는 이유로 아무런 혜택도 받지 못한다. 우리나라 노인들의 소득 구성을 보면 빈곤의 원인을 여실히 알 수 있다. 퇴직급여 등

공적 이전 소득은 전체 소득의 14퍼센트에 불과하다. 평균적으로 한국 남성은 만 55세, 여성은 만 52세에 은퇴한다. 정년 이후 지급되는 연금 규모가 충분하지 못하니 일을 해서 보충할 수밖에 없다는 뜻이다.

한국 남성의 실질 은퇴연령이 71.2세로 OECD 회원국 가운데 가장 긴 이유이기도 하다. 생존을 위해선 70세가 넘도록 노동시장에 남아서 버텨야 한다. 실제 2010년 기준 우리나라 65~69세 고령자의 경제활동 참가율은 남자 53.7퍼센트, 여자 32.3퍼센트로 프랑스(5.5퍼센트, 3.5퍼센트), 독일(10.9퍼센트, 6.6퍼센트)과는 비교가 되지 않을 정도로 높다. 평균 55세에 은퇴한 한국 남성의 72.3퍼센트는 주로 경제적 이유 때문에 재취업을 희망한다. 노인들은 체력이 청장년층보다 열세지만 종합적인 판단력, 경험, 노하우 등에서는 앞선다. 따라서 화이트칼라나 숙련기술 분야가 노인노동에 적합하다. 하지만 이 분야의 마땅한 일자리는 턱없이 부족하다. 높은 실업률 탓에 젊은이들에게 일자리의 우선권을 빼앗길 수밖에 없다. 그나마 아파트 경비원이나 빌딩 관리원 같은 인기직종은 경쟁이 치열하다. 결국 지하철 택배나 폐지 줍기 같이 오로지 몸을 쓰는 노동에 내몰릴 수밖에 없다.

가난한 노인들에게 찾아오는 병마는 치명적이다. 한국인 1인당 평생 지출하는 의료비는 평균 7,800만 원이다. 그중 4,300만 원이 60세 이후에 들어간다. 질병과 외로움과 경제적 무력감에 시달리는 노인들이 마지막으로 선택하는 길은 죽음뿐이다. 2008년 60세 이상 노인 자살자 수는 4,365명으로 OECD 회원국 중 단연 1위였다.

　한국은 머지않아 '노인의 나라'가 된다. 2050년이면 65세 이상 노인이 전체 인구의 34.4퍼센트, 80세 이상이 12.6퍼센트에 달할 전망이다. 불과 10년 전 80세 이상 인구가 전체의 1퍼센트였으니 고령화 속도가 얼마나 빠른지 짐작할 수 있다. 부양 대상자는 급격히 늘고 있으나 출산율 저하로 연금은 고갈돼 가고 정년퇴직 시기는 갈수록 단축되고 있다. 60세 무렵에 퇴직해 꼬박꼬박 나오는 연금으로 취미생활을 즐기는 노후는 이제 기대하기 어려운 세상이 됐다.

2장
일자리 절벽 –
평생직장도 고용 안정도 사라졌다

짧아도 너무나 짧은 사오정의 비애

_____ 1년 전 중소기업 부장으로 일하다 퇴직한 김 모(49) 씨. 그는 공인중개사 시험을 준비하러 매일 집 근처 공공도서관을 찾는다. 점심은 도서관 인근 편의점에서 컵라면이나 김밥으로 때우고 종일 수험서와 씨름하는 게 일과다. 처음에는 서울 모 여대를 졸업한 뒤 취업을 못한 큰딸(25)과 도서관을 함께 다녔다. 하지만 딸이 최근 다른 사람들의 시선이 불편하다며 버스로 1시간이나 떨어진 모교 도서관을 이용하는 바람에 외톨이가 됐다.

그는 자신의 처지를 비관하는 데 그치지 않고 한국 사회를 강하게 불신하고 원망했다. 지금까지 50평생을 한 번의 일탈도 없이 사회가 요구하는 대로 열심히 살아왔다. 그런데 왜 자신에게 이런 고통과 불안이 따라야 하는지 이해할 수 없다는 것이다.

"장기 불황으로 회사가 어렵다 보니 40대 중후반의 부장급 간부들이 구조조정 1순위가 됐어요. 구조조정 대상에 올랐다는 얘기를 처음 들었을 때는 눈앞이 깜깜했지요. 둘째 아들이 아직 대학을 마치지 못했는데, 어찌 살아가야 할지 막막하기만 했어요. 재산이라야 서울 강북의 30평형대 아파트와 1억 원 남짓한 퇴직금이 전부입니다. 편의점이라도 하나 차리려면 집을 담보로 대출을 받아야 합니다. 그런데 경기가 어려운 가운데 창업에 나섰다가 실패하면 우리 가족은 꼼짝없이 길거리에 나앉을 수밖에 없다는 두려움이 밀려오더군요.

고민 끝에 찾은 해답이 부동산공인중개사였어요. 6개월 또는 1년 정도 공부하면 동네 중개사사무소에 취직해 용돈벌이는 하지 않을까 싶었지요. 농촌의 평범한 가정에서 태어나 명문대학을 나오진 못했지만 나름대로 열심히 살아왔다고 자부합니다. 지방 국립대를 졸업한 뒤 괜찮은 중소기업에 들어가 20년 이상 성실하게 일했거든요. 그런데 왜 제가 40대 한창나이에 직장에서 쫓겨나 20대 딸 아이와 함께 다시 취업전선으로 내몰려야 하나요!"

_____ 우리나라 근로자들의 연간 근로시간은 2,111시간(2011년). 경제협력개발기구(OECD) 회원국 중 유일하게 2,000시간을 넘는다. OECD 회원국 평균 근로시간에 비하면 연간 419시간(2.5개월)을 더 근무하는 셈이다. 반면 우리나라 정규직 근로자의 동

일직장 평균 근속연수는 5.1년으로 OECD에서 가장 짧다. 평균 10년이 넘는 유럽 주요 국가들의 절반 수준에 불과하다. 가장 긴 그리스의 13.8년에 비하면 8년 이상 짧다. 그만큼 우리 고용시장이 불안하다는 의미다. 기업들이 인건비 부담을 줄이기 위해 희망퇴직 형태로 상시 구조조정을 하는데다 비정규직 비율이 과도하게 높기 때문이다.

이처럼 근로시간은 세계 최장이지만, 정년停年은 세계에서 가장 짧다. 우리나라 직장인들은 대개 20대 중반에 입사해서 50대 중반이면 정년을 맞는다. 청년실업과 군 복무 등의 영향으로 사회 진출은 늦고 정년은 빠르다 보니 생애 근로 기간이 평균 31년에 불과하다. OECD 평균과 비교하면 12년이나 짧다. 생애 근로 기간이 짧으면 노후가 그만큼 길어진다는 뜻이고, 노인들의 기초생활 및 의료 보장을 위한 국가의 재정 부담이 커질 수밖에 없다는 얘기다. 일본, 유럽 등 선진국들이 앞다퉈 정년 연장에 나서는 것도 노인들의 삶의 질 개선과 함께 연금재정 지출 부담을 줄이려는 의도가 강하다.

일자리는 이미 특정 세대의 문제가 아니라 한국인 모두를 벼랑 끝 공포에 떨게 하는 시한폭탄이 됐다. 우리 사회의 기둥인 40대 중후반 가장들은 1997년 외환위기 이후 일상적인 '사오정(45세가 정년)' 시대를 맞았다. 본격적인 은퇴기에 접어든 베이비붐 세대(1955~1963년생)의 일자리 문제도 심각하다.

정부가 2011년 발표한 '2040년 한국의 삶의 질' 보고서는 우리나라가 절벽사회에 처해 있음을 여실히 보여준다. 보고서는 2040년 한국인의 평균수명이 89.4세로 90세 턱 아래까지 치닫게 될 것으로 예상했다. '100세 시대'의 도래가 멀지 않은 셈이다. 이처럼 평균수명이 늘어나는데도 은퇴시기는 오히려 빨라지고 있다. 2012년 9월 기준 국내 300인 이상 사업장의 평균 정년은 55세. 물론 이렇게 짧은 정년마저 제대로 채우고 은퇴하는 경우는 극히 드물다. 직장인들의 체감 정년은 52세에 불과하다는 통계도 있다.

민간만 그런가? 공직사회도 마찬가지다. 최근 공기업의 부장급 간부와 대화를 나눌 기회가 있었다. 그는 "부장급 직원들에겐 진급이 스트레스"라고 했다. 2급 부장에서 1급 부장으로 진급하면 '직급 정년'이 적용되기 시작한다. 일정 기간 내 임원으로 승진하지 못하면 옷을 벗어야 한다는 것이다. 그저 정년까지 만년 2급 부장으로 가늘고 길게 살고 싶을 뿐이다. 언제 잘릴지 모르는 1급 부장 승진이 절대 기쁘지 않다는 얘기였다.

실제 모 취업포털 사이트가 직장인 1,234명을 상대로 '회사에서의 장래 희망'을 조사한 결과 '승진과 관계없이 가능한 한 오래 근무하고 싶다'는 응답이 가장 많았다. 평균수명은 갈수록 늘어나는데 직장에서 퇴출당하는 나이가 너무 빠르다. 그러다 보니 승진이나 새로운 도전을 꿈꾸는 역동적인 사회 분위기가 아니라 자리보전에 급급한 정체된 사회가 돼가고 있는 것이다.

비정규직은 현대사회의 노예다

_____ 삼성전자서비스는 삼성전자 제품을 설치하고 하자를 수리하는 삼성전자의 자회사(삼성전자가 99.33퍼센트 지분 보유)다. 삼성전자의 순이익은 분기당 10조 원에 육박한다. 우리나라 전체 상장사의 거의 40퍼센트 수준이다. 하지만 삼성전자의 자회사인 삼성전자서비스에 근무하는 6,000여 명의 수리 기사, 콜센터, 접수상담원 등 대다수 근로자는 삼성의 정규직 직원이 아니다. 인력업체에서 파견된 간접고용 근로자다. 삼성 유니폼을 입고 근무하고 소비자에게도 삼성 직원으로 비치지만, 삼성은 그들이 산재를 당하거나 야간·휴일 등 초과노동 수당을 못 받아도 책임지지 않는다.

_____ "나는 비정규직이다. 한때는 어엿한 대기업의 정규직이었다. 그런데 지금은 마흔 중반의 나이에 100만 원대 월급을 받고 생계를 꾸리고 있다. 대기업의 배는 자꾸 불러가지만, 중소기업과 자영업자들은 죽을 맛이다. 중국, 일본 등과도 자유무역협정 FTA이 체결되면 사회적 약자들이 버텨낼 수 있을지 모르겠다. 나 같이 지금도 중산층 아래에 있는 이들은 앞으로 도대체 어디로 가야 하는가?"(40대 비정규직이 인터넷 포털사이트에 올린 글)

국내의 한 경제연구소는 2012년을 마무리하면서 우리 사회에서 가장 이슈가 되고 특징적인 현상을 '운니지차雲泥之差'로 표현했다.

국내 기업인들 대상의 설문조사를 통해 선정된 단어다. 말 그대로야 '구름과 진흙의 차이'라는 뜻이지만, 우리 경제와 사회의 양극화 현상을 염두에 두고 선택한 단어이다. 같은 기업에서 똑같은 일을 하더라도 정규직과 비정규직 근로자 사이에는 '운니지차'가 있다.

비정규직은 한국 사회의 통합을 가로막는 주요 원인 중 하나다. 사용자는 인건비 지출을 줄이기 위해 비정규직 채용을 늘린다. 이는 결국 신규 채용 축소와 청년실업 심화로 이어진다. 악순환이다. 같은 노동을 하고도 배에 가까운 임금 격차를 감수해야 하는 비정규직 노동자들이 급증하는 배경에는 비용을 줄이려는 사용자의 의도 외에도 대기업 정규직 노조의 기득권이 자리 잡고 있다.

통계청에 따르면 비정규직 임금은 정규직의 49.5퍼센트 수준(2013년 3월)이다. 정규직의 평균임금은 월 283만 원인 반면, 비정규직은 140만 원에 그쳤다. 반면 유럽의 비정규직은 임금이나 복지혜택에서 차별을 받지 않는다. '동일노동 동일임금' 원칙이 철저히 적용된다. 비정규직이 주로 비숙련 직종에 몰려 있다 보니 상대적으로

Tip

사내하도급

원청업체(원사업자)가 아래도급업체에서 부품을 조달받는 사외도급과는 달리, 원청업자 사업장 내에서 생산활동이나 서비스가 이뤄지는 경우를 말한다. 외환위기 이후 제조업체들의 경영이 어려워지면서 도입되기 시작했다. 현대자동차도 외환위기 직후인 1998년 대규모 구조조정을 경험한 뒤 노사가 비용절감 차원에서 사내아래도급 필요성에 공감했다. 문제는 같은 생산라인에서 원청업체와 아래도급업체 근로자가 혼재해 작업을 하므로 원청업체의 관리감독이 불가피하다는 점이다. 이 때문에 '위장도급'이나 '불법파견'이라는 비판이 끊이지 않고 있다. 현재 국내 사내아래도급 근로자 수는 30만 명 이상으로 추정된다.

임금이 적을 뿐이다. 청소부나 편의점 점원은 파견업체 소속 비정규직이건, 직접 고용된 정규직이건 시급時給엔 차이가 없다. 파견업체 직원도 정규직과 똑같이 사회보험 혜택을 받는다.

우리나라 비정규직은 전체 임금근로자 3명 중 1명꼴이다. 무려 600만 명에 달한다. 소규모 기업일수록 비정규직의 비중이 높다. 한국경영자총협회(경총)의 통계를 보면 30인 이하 소기업의 비정규직 비율은 70.4퍼센트(2012년 말)나 된다. 고용자 10명 중 7명이 비정규직이라는 얘기다. 300인 이상 대기업의 비정규직 비율은 전체의 5.2퍼센트로 많은 편은 아니지만, 이마트 홈플러스 등 유통업체나 현대자동차 등 일부 제조업체의 비정규직이나 사내하도급 근로자 비중은 작지 않은 게 현실이다.

경력단절 여성의 재취업은 하늘의 별 따기

_____ 매번 읽기만 하다가 용기 내 한 번 올려봅니다. 결혼 전부터 조그마하지만 제 사무실을 직접 운영했고 그래서 수입은 쬐끔 좋은 편이었습니다. 돈을 번다는 것에는 항상 자신감이 있었던 거 같아요……. 어학 전공자였던 지라 20대에 설계한 인생에는 50세 정도에 관광가이드자격증을 따서 한 10년간은 외국인들과 만나고 돌아다니며 살아야지 했습니다.

근데 결혼하고 맞벌이보다는 애 키우는 걸 중시했던 시댁과 남편 의견에 따라 애 키우며 18년을 살았네요……. 이제 아이들도

어느 정도 크고 그래서 나도 뭔가 한번 해봐야지 했는데……. 헐
~~~.

오늘 인터넷을 샅샅이 뒤져도 마흔일곱이라는 나이는 어디에
서 쓸 데가 없네요……. 관광가이드도 체력이랑 경력 때문에 여
행사가 50 가까운 사람은 안 써주니까 현실을 잘 파악하라는 글
들만 있고……. 일하고 싶다는 얘기만 나오면 남편은 항상 '건강
이나 챙기시고 쓸데없는 것 생각할 시간 있으면 반찬을 맛있게
한다든지 뭐 그런 거 생각하시오'라든지, 제가 '~자격증이나 딸
까?' 하면 '그거 따서 어디다 쓰게?' 하는데…….

오늘 종일 컴퓨터 앞에서 찾아본 취업, 창업 정보를 보고 난 소
감은 정말 쓸 데가 없더군요……. 경력단절 마흔일곱 아줌마라는
위치가 이리도 초라한 자리인지 몰랐습니다. 안 잘리고 돈 버느
라 직장에서 일하는 남편이 들으면 팔자 좋은 소리라 핀잔하리라
는 것도 알고, 어쩌면 이런 제 투정이 철없는 사치라는 생각도 들
지만, 그래도 가슴 한구석이 허전한 것도 사실입니다……. ㅜㅜ
〈인터넷포털 다음 '미즈넷'에서〉

_____ 남들이 부러워하는 명문대학을 졸업하고 국내 굴지의
대기업에 다니다 5년 전 출산과 동시에 사직한 김 모(36) 씨. 양
가 부모님께서 모두 지방에 계시다 보니 아이를 맡길 곳이 마땅
치 않았다. 조선족 보모도 생각해 봤지만, 워낙 험한 말을 많이 듣
다 보니 아이를 맡기기가 미덥지 않았다. 애를 어느 정도 키워놓

고 다시 일을 구하겠다는 생각에 덜컥 사표를 냈다. 그런데 지금은 정규직 일자리로 돌아갈 수 있다는 꿈을 완전히 접었다.

김씨는 현재 동네 영어학원에서 보조강사로 일하고 있다. 대기업에서 퇴직 직전에 받은 연봉은 4,200만 원. 지금은 시급 1만 원을 받고 있다. 4대 보험도 성과급도 퇴직금도 없다. 하루 5~6시간씩 열심히 일해도 월 150만 원을 넘지 못한다.

"출산과 육아 때문에 직장을 그만둔 친구들 가운데 나중에 제대로 된 일자리를 다시 구한 경우는 한 명도 없어요. 한 달에 200만 원도 안 되는 중소기업의 비정규직 일자리를 구한 경우는 그나마 다행인 축에 속하고, 대부분 시간제 아르바이트를 하고 있어요."

40대 후반까지 갈 것도 없다. 30대 초반 한창나이도, 서울대 학벌에 대기업 근무 경력이 있더라도, 결혼과 출산으로 경력이 단절됐던 여성이 괜찮은 일자리를 구하기는 하늘의 별 따기처럼 어렵다. 이런 현실은 통계로도 쉽게 확인된다.

우리나라 여성의 고용률(15~64세 중 취업자의 비율)은 53.1퍼센트(2011년 기준). 대졸 여성들만 따지면 60.1퍼센트로 다소 올라가지만, 경제협력개발기구(OECD) 33개 회원국 중 꼴찌다. OECD 회원국 중 여성 고용률이 60퍼센트 대인 국가는 터키(64.4퍼센트)와 한국 2개국뿐이다. 멕시코는 71.6퍼센트, 이탈리아 73.6퍼센트, 그리스 75.1퍼센트, 미국 76.2퍼센트 등이다. 특히 대졸 이상 남녀 고용률 격차는 29퍼센트 포인트로 OECD 회원국 중 가장 크다. 고학력 여성의 취업이 남성보다 훨씬 어렵다는 뜻이다. 이런 남녀 고용률 격차는 OECD 평균인 9퍼센트 포인트의 세 배가 넘는다. 남녀 고용률 격차가 20퍼센트 포인트가 넘는 국가는 한국이 유일하다. 2위인 멕시코의 격차는 18.8퍼센트 포인트.

그나마 취업에 성공한 여성들의 일자리도 부실하기 그지없다. 한국 여성 근로자의 임시직 비율은 27.7퍼센트다. 비교 가능한 OECD 회원국 22개국 중 가장 높다. OECD 평균인 12.5퍼센트의 두 배가 넘는다. 여성 임시직 근로자는 2011년 289만 5,000명으로 1990년(약 165만 9,000명)에 비해 74.5퍼센트나 치솟았다. 같은 기간 남성의 임시직 근로자 증가율(38.6퍼센트)보다 두 배가량 높은 수치다. 고학력 여성의 경제활동참가율이 다른 선진국보다 크게 낮을 뿐더러 어렵게 취업에 성공하더라도 비정규직이나 임시직에 종사하는 경우가 많다는 뜻이다. 그만큼 여성 일자리의 질이 형편없고 불안정한 현실을 보여준다.

여성이 결혼, 출산, 육아 때문에 '경력 단절'을 겪는다는 사실도 통계로 확인된다. 2011년 25~29세 여성 정규직 근로자는 82만 명에 이르렀지만 30~34세는 약 63만 명에 불과했다. 결혼과 동시에 직장을 떠나는 여성들이 많다는 방증이다. 출산과 육아로 한 번 직장을 떠났던 여성들이 다시 좋은 일자리로 복귀하는 건 거의 불가능하다.

서울 모 대학에서 전산학을 전공하고 시중은행 IT 센터에 근무했던 박 모(42) 씨. 큰 애가 중학교가 들어가자 다시 일을 하고 싶은 욕구가 강하게 일었다. 남편 월급(470만 원)만으로 생활하기가 빡빡하다는 경제적 이유도 한몫했다. 헤드헌터 업체를 통해 은행, 대기업, 중소기업 등 20여 곳에 이력서를 냈지만 연락 온 곳은 하나도 없었다.

"직장생활을 할 때만 해도 나름 엘리트 코스를 밟고 있다는 자부심이 있었어요. 같은 과 여학생 중 대형 은행에 취직한 경우는 손가락에 꼽을 정도였으니까요. 부모님께서 자랑스럽게 여기는 것도 무리는 아니었죠. 몇 년간 쉰 탓에 전문성이 다소 떨어지긴 했겠지만 중소기업조차 나를 받아주지 않는다고 생각하니 화가 치미네요. 저 같은 경력 단절 여성이 아이를 키우면서 할 수 있는 일은 식당 서빙이나 할인점 계산원뿐이에요."

경력 단절 여성들의 고통을 덜어주려면 일과 가정을 함께 유지할 수 있는 양질의 일자리를 늘리는 수밖에 없다. 저임금의 열악한 시간제 일자리가 아니라 4대 보험 등을 보장받으면서 일할 수 있는 양질의 시간제 일자리를 늘리는 게 관건이다.

> **Tip**
>
> **고용률**
>
> 15세 이상 생산가능인구 중 취업자의 비율을 뜻한다. 생산가능인구는 다시 경제활동인구와 비경제활동인구로 나뉘며 경제활동인구는 다시 취업자와 실업자로 비경제활동인구는 주부, 학생, 구직단념자 등으로 분류된다.

고착화하는 고용 없는 성장

_____ 한국경제는 1980년대 연평균 10퍼센트 이상씩 성장했다. 불과 7년 만에 경제 규모를 두 배로 키웠다. 20여 년이 지난 2012년 경제성장률은 불과 2.0퍼센트. 경제 규모를 두 배로 키우려면 30년 이상의 시간이 필요한 셈이다.

한국경제연구원 등이 2012년 말 국무총리실 산하 경제신문사회연구회의 용역을 받아 작성한 '잠재성장률 제고를 위한 전략' 보고서를 보면 2013~2017년 우리나라 평균 잠재성장률은 3.01퍼센트로 전망됐다. 잠재성장률은 2030년대 1.77퍼센트, 2040년대 1.69퍼센트까지 낮아진다. 잠재성장률이 1퍼센트 포인트 떨어지면 앞으로 5년간 일자리 32만~36만 개가 사라진다.

이처럼 성장률이 급락한 데는 저출산과 고령화에 따른 노동인구 감소 탓이 크다. 하지만 제조업의 고용창출능력이 한계에 도달했다는 점도 무시하기 어렵다. 정부가 이런 구조적 변화를 외면하고 기업의 설비투자를 유도하는 정책만 고집한 것도 고용 없는 성장을 가져오는 데 일조했다. 사실 우리 정부는 경기 침체로 일자리가 줄어들면 앵무새처럼 외쳐왔다.

"규제 완화와 세제 지원을 통해 기업들의 투자 활성화를 유도하겠다."

기업들도 정권이 바뀔 때마다 강아지가 주인에게 아양을 떨 듯 비슷한 논리로 화답한다.

"사상 최대 투자를 통해 고용을 늘리는 데 앞장서겠다."

기업들이 투자를 늘리면 일자리가 많이 만들어지고 내수도 살아나는 걸까? 천만의 말씀이다. '설비 투자 → 고용 증대 → 소비 확대'의 선순환 고리가 끊어지면서 '고용 없는 성장'이 고착화하고 있다는 게 전문가들의 일치된 분석이다.

우선 외환위기 이후 기업들이 설비투자 자체를 꺼리는 분위기가 강하다. 한국상장회사협의회 자료를 보면 국내 유가증권시장 635개 상장기업이 내부에 쌓아둔 현금과 현금성 자산은 60조 8,024억 원(2012년 3월 기준)으로 2011년 말보다 7조 4,610억 원 급증했다. 불과 석 달 만에 15퍼센트 가까이 늘어난 것이다. 그 가운데 삼성, 현대차, SK 등 10대 그룹이 쌓아둔 돈이 절반을 넘는다. 최소한 투자 부진의 원인이 돈이 없어서는 아닌 셈이다. 세금 깎아주고 규제 풀어준다고 기업들이 투자를 늘릴 가능성은 거의 없다고 봐야 한다.

돈이 있는데도 투자를 하지 않는 까닭은 뭘까? 외환위기 이후 신자유주의 물결 속에 주주 자본주의가 확산하면서 경영 패러다임이 성장에서 안정 위주로 바뀐 게 투자 부진의 근본 원인이다. 긍정적으로 보자면 외환위기를 거치면서 현대, 대우, 쌍용 등 '대마불사' 신화가 무너져 내리는 것을 본 재벌 대기업들이 '묻지 마 투자' 방식에서 벗어나 '수익성을 고려한 합리적인 투자' 행태를 보이고 있다는 얘기다.

대기업의 투자가 고용 창출로 연결되는 시대도 끝났다. 1999년부터 10년간 대기업(500인 이상 기준)의 일자리는 49만 4,000여 개나 줄었다. 같은 기간 중소기업은 346만 7,000개의 일자리를 창출했다 (중고기업중앙회 2011년 5월 자료). 반면 정규직 임금의 절반 정도를 받는 비정규직이 전체 임금근로자의 절반 이상으로 커졌다. 투자도 고용도 늘리지 않는 대기업이 성장의 과실을 독점하고 있지만 실제 많은 일자리를 만들어내는 등 사회적 책임에 충실한 것은 중소기업이라는 얘기다. 정부가 수십 년간 주력해 온 수출 대기업 중심의 경제 성장 전략이 양질의 일자리 창출에 이바지하지 못한 셈이다.

고용을 늘리려면 성장률을 높여야 한다. 하지만 성장의 고용 기여도가 갈수록 떨어지는 것도 문제다. 인위적인 경기 부양과 성장 드라이브 정책에도 한국 경제는 이미 구조적으로 저성장 시대에 진입했다. '7·4·7'(7퍼센트 대 경제성장·국민소득 4만 달러·세계 7위 경제 대국) 공약을 내걸고 집권한 이명박 정부는 부자 감세, 규제 완화, 4대강 살리기 등 대규모 토목사업을 통한 경기 부양, 수출 대기업의 경쟁력 유지를 위한 저금리·고환율 정책 등 양극화를 키우는 성장중심 전략을 줄기차게 밀어붙였다. 하지만 이명박 정부 5년간 경제성장률은 연평균 2.9퍼센트에 불과했다. 여권이 '잃어버린 10년'이라고 그렇게 공격했던 참여정부 5년간 성장률 4.3퍼센트에도 한참 못 미친다.

이후 경제 상황도 절대 녹록하지 않다. 유럽 재정위기가 단시일 내 해결되기 어려워 앞으로 최소 5년 이상 저성장이 지속할 것이라는 게 중론이다. 실제 세계경제의 회복이 지연되면서 GDP 기여도가 절대적인 수출 환경이 급속히 나빠지고 있다. 삼성전자를 겨냥한 애플의 특허공세에서 보듯 보호무역주의 성향도 확산하는 분위기다. 그렇다고 내수가 살아날 기미도 보이지 않는다. 오히려 1,000조 원을 웃도는 가계부채와 주택수요 계층의 인구 감소 등 구조적인 부동산경기 침체로 내수 부진이 장기화할 우려가 크다.

쥐구멍에도 볕 들 날이 있듯이, 언젠가 글로벌 경기가 좋아질 날도 올 것이다. 하지만 우리 경제 규모가 커지고 산업구조가 고도화함에 따라 저성장 기조를 바꾸기는 쉽지 않다고 봐야 한다. 제조업의 고용창출 능력이 떨어지면서 '성장해야 일자리가 늘어난다'는 원론도 통하지 않는 시대가 된 만큼 저성장 시대에 맞는 새로운 경제 패러다임을 고민해야 한다.

Tip

잠재성장률

한 나라 모든 사람이 보유하는 돈과 기계를 활용해 물가 상승이 일어나지 않는 범위에서 생산해낼 수 있는 총 생산물 증가분. 쉽게 말해 '한 나라의 경제 체력'이라고 할 수 있다.

3장
재벌 절벽 –
대한민국은 재벌공화국이다

문어발에서 지네발로 진화한 재벌

_____ 5년 전 친척 한 분이 경기도 일산의 한 초등학교 앞에 치킨 가게를 열었다. 농협이 100퍼센트 출자한 자회사의 프랜차이즈 브랜드였다. 이 브랜드를 택한 것은 값싸고 질 좋은 재료를 안정적으로 공급받으리라는 기대가 컸기 때문이다. 실제 다른 프랜차이즈보다 재료 공급가격이 15퍼센트가량 저렴했고 본사의 지원 프로그램도 뛰어났다.

하지만 재벌 유통업체들이 '통 큰 치킨' 등으로 저가 공세에 나서면서 매출이 급감하기 시작했다. 임대료와 매장운영비 등 부대비용을 제하고 나면 인건비 뽑기도 쉽지 않았다. 전 재산인 1억원을 투자해 부부가 밤낮없이 열심히 일했지만, 이익률(중간이윤)

이 웬만한 맞벌이 부부 수입의 절반도 안 돼 결국 3년 만에 가게를 접었다.

_____ 우리나라의 자산 5조 원이 넘는 대규모기업집단은 총 62개(1,786개 계열사). 이른바 '재벌'로 불리는 민간그룹과 대형 공기업이 여기에 해당한다. 대규모 기업집단의 종사자 수는 2009년 45만 7,000명에서 2010년 44만 1,000명으로 3.4퍼센트 줄었다. 전체 고용에서 차지하는 비중도 18.5퍼센트에서 16.6퍼센트로 낮아졌다. 나머지 80퍼센트 이상의 고용은 중소기업이 책임진다.

그런데도 기업의 설비투자와 연구개발R&D 등에 주어지는 각종 세제지원 혜택의 80퍼센트는 대기업 몫이다. 정부는 수출 환경이 조금만 나빠져도 달러를 풀어 환율 방어에 나선다. 대기업의 수출경쟁력을 위해서다. 하지만 서민들은 수입물가 상승 등 환율방어의 고통을 고스란히 떠안아야 한다. 비교우위를 갖췄다는 이유로 정부의 각종 지원은 늘 재벌 대기업을 향하지만, 수십조 원씩의 현금을 쌓아놓은 대기업은 일자리를 늘리는 데 인색하기만 하다.

치킨, 피자, 떡볶이, 순대 등은 오랜 기간 서민들의 대표적인 자영업종이었다. 도심과 부도심을 벗어난 동네 허름한 상권에 가게를 낸 부부가 열심히 일하면 아이들 키우면서 입에 풀칠은 할 수 있었다.

그런데 최근 2~3년 새 동네 가게들이 하나둘씩 문을 닫기 시작했다. 이마트의 '반값 피자', 롯데마트의 '통 큰 치킨' 등이 인기몰이를 시작하면서부터다.

영세 상인들의 생존권 침해 논란이 거세지자 공정 당국이 가격담합 여부를 조사하는 등 대형 유통업체를 압박하기 시작했다. 대기업과 일부 소비자들은 값싼 피자와 치킨을 못 팔게 하는 것은 시장경제 원리를 거스르는 행위이며 싼값에 먹을 수 있는 소비자들의 선택권을 빼앗는 것이라고 주장한다.

언뜻 일리가 있어 보인다. 하지만 장기적으로 보면 소비자의 이익에 결코 도움이 되지 않는다. 우선 대기업이 시중의 3분의 1 가격으로 치킨을 팔면 동네 가게들은 타격을 입을 수밖에 없다. 골목상권이 다 무너져서 영세 가게들이 문을 닫아도 '반값 피자'와 '통 큰 치킨'이 존재할 수 있을까? 절대 그렇지 않다. 대기업은 막강한 자금력으로 영세 가게들을 시장에서 몰아낸 뒤 다시 가격을 올릴 것이다. 역마진을 감수한 이유가 사라졌으니까. 피자, 치킨 등 생계형 업종이 몰락하면 소비자 이익보다 훨씬 더 큰 사회적 비용이 지급된다는 점도 고려해야 한다.

국내 자영업자 비율은 세계 최고 수준이다. 전체 경제활동 인구의 3분의 1가량이 몰려 있다 보니 경쟁이 치열하다. 더구나 음식점, 의류점, 호프집 등 생계형 업종이 대부분이다. 고령화로 수명은 늘어나는데 직장 은퇴 나이는 갈수록 빨라지고 있다. 사회안전망이 취약해 치킨·피자·족발 가게라도 차려서 먹고 살아야 하지만, 온 가족이 매달려 새벽부터 밤늦게까지 일해도 겨우 입에 풀칠이나 하는 정도로 벌이가 시원찮다. 설상가상으로 자금력이 풍부한 대기업들이 떡볶이, 순대, 짜장면 장사까지 해가며 동네 가게들의 씨를 말리려 든다.

  돈만 되면 영세 상인들이 죽든 말든 상관하지 않겠다는 대기업의 탐욕이 우리 사회 양극화의 가장 큰 원인이라고 한다면 과언일까? 우리 헌법은 '국가는 균형 있는 국민경제의 성장 및 안정과 적절한 소득분배를 유지하고, 시장의 지배와 경제력의 남용을 방지하며, 경제주체 간의 조화를 통한 경제의 민주화를 위해 경제에 관해 규제와 조정을 할 수 있다'고 규정하고 있다. 독일, 프랑스 등 선진국들도 대기업이 진출할 수 있는 영역은 물론이고 대형 유통업체의 영업시간과 영업품목을 제한해 중소상인을 보호한다. 재벌이 동네 골목상권까지 잠식해 들어와도 속수무책인 사회는 공정사회가 아니라 야만사회라고 불러야 옳다.

Tip

대규모 기업집단

공정거래위원회가 경제력 집중을 막기 위해 자산 총액 기준으로 지정한 기업집단. 국민경제에 영향이 큰 삼성, 현대차, SK, LG, 포스코 등 대기업그룹과 공기업집단이 해당하며 상호출자제한 등 각종 규제가 가해진다. 공정위는 매년 4월 1일 대규모기업집단을 발표한다.

걱정스러운 재벌 3세 전성시대

_____ 요즘 TV 드라마에서 가장 흔해 빠진 남자 주인공은 재벌 2, 3세다. 몇 년 전 SBS에서 방영된 드라마 〈시크릿 가든〉의 남자 주인공 김주원(현빈)이 대표적이다. 재벌 2세인 그는 백만장자 백화점 오너다. 〈꽃보다 남자〉의 구준표(이민호), 〈사랑을 그대 품 안에〉의 강풍호(차인표)도 재벌의 후계자로 등장한다. 그들은 한결같이 귀공자풍의 외모에 세련된 매너에 도도하고 까탈 부리는 성격을 지녔지만, 사랑하는 여인에게는 누구보다 따뜻하고 헌신적인 남자로 그려진다.

현실로 눈을 돌려봐도 가히 재벌 3세 전성시대라 할 만하다. 삼성, 현대자동차, 두산, 신세계, 효성 등의 재벌 3세들이 속속 최고경영자CEO로 나서고 있다. 국내 대표 기업들이 창업 60년을 지나면서 3세 경영체제를 본격화하고 있는 것이다.

물론 현빈처럼 멋있고 재력을 갖춘, 더욱이 사랑하는 여인을 위해 죽음도 마다치 않는 재벌 3세는 판타지 속에만 존재할 뿐이다. 현실 속의 재벌 3세들은 '따도남'(따뜻한 도시 남자)이 아니라 '편도남'(편법으로 부를 세습한 도시 남자)이라는 부정적 이미지가 강하다. 그들이 CEO에 오르기까지의 과정을 봐도 정도正道나 원칙과는 거리가 멀다. 정운찬 전 총리가 칼럼집 『한국경제 죽어야 산다』에서 지적했듯이 재벌 3세로의 경영권 승계작업은 "세법과 주식회사 제도의 맹점을 교묘하게 이용한" 경우가 많기 때문이다.

재벌총수가 주식으로 전환할 수 있는 유가증권을 자녀에게 헐값으로 넘겨주는 게 대표적인 방식이다. 총수 일가가 비상장 회사를 설립해 계열사들의 일감 몰아주기로 매출과 수익을 올려 승계자금을 마련하는 경우도 허다하다. 이는 당연히 회사와 주주들 몫을 가로채는 범죄 행위다. 30대 재벌의 계열사가 2005년 702개에서 2010년 말 1,069개로 50퍼센트 이상 급증한 것도 재벌총수의 경영권 승계를 위한 계열 분리가 활발했기 때문이라는 분석이다.

그렇다면 CEO로서의 경영 능력은 검증됐을까? 심리학자 김태형은 『기업가의 탄생』이라는 책에서 창업세대인 이병철 정주영 김우중 세 사람의 공통점으로 '돈을 삶의 목적으로 삼지 않은 것, 이윤 추구에서 나름대로 정도를 걸으려 한 것, 사대주의를 반대하고 민족을 신뢰한 것' 등을 꼽았다. 그들은 정경유착의 폐해에도 뛰어난 경영 능력과 기업가 정신으로 성공신화를 일궈냈다는 공통점이 있다.

재벌 2세만 해도 형제자매가 많아 치열한 경쟁 환경 속에서 생존 논리를 터득해야 했고 창업세대를 넘어서기 위해 열과 성을 다해 사업 확장에 매진해 온 그룹이다. 창업자에게 20년 이상 혹독한 경영 훈련을 받았음은 물론이다. 하지만 재벌 3세는 형제자매가 많지 않고 외아들인 경우도 드물지 않다.

그렇다 보니 재벌 3세의 경영권 승계에 대해선 재계 내부에서도 우려의 목소리가 나온다. 땅 짚고 헤엄치기 식으로 쉽게 돈을 번데다 독자나 외아들이 많아 인내심이나 도전적 기업가 정신이 떨어진다는 평가가 지배적이다. 임원 승진 4~5년 만에 CEO에 등극하는 초고속 승진도 재벌 3세의 전매특허다. 국외 유학을 통해 글로벌 감각과 선진 경영기법을 익혔다는 외피가 씌워지지만, 온실 속의 화초처럼 편하게 자랐다는 말에 불과하다. 더욱이 시대 상황이 과거보다 훨씬 엄격한 윤리적 기준과 사회적 책임감을 기업에 요구하고 있다. 재벌 1, 2세와는 달리 사회적으로 고립돼 끼리끼리 어울리고 결혼한 경우가 많아 특권의식이 강하다. 그들이 시대 변화에 제대로 적응할 수 있을지는 의문이다.

선진국처럼 무조건 소유와 경영을 분리하자는 말이 아니다. 오너 경영 체제에도 장점은 있다. 밑바닥에서부터 차근차근 실무경험을 쌓으며 자질과 능력을 인정받아 CEO에 오른 오너라면 더 적극적이고 책임감 있게 기업을 이끌 수도 있을 것이다. 하지만 지금처럼 경영 능력이 검증되지 않은 3세들이 초고속 승진을 거듭하며 30대 중후반에 CEO에 오르는 게 과연 바람직한 것일까?

글로벌 경쟁이 치열해지면서 유능한 CEO의 발탁은 기업 생존을 위한 중요한 조건이 되고 있다. 경영 능력을 갖춘 재벌 3세가 시장의 검증과 주주들의 동의를 얻어 CEO에 오르는 걸 문제 삼을 이유는 없다. 그러나 이윤 추구에서 나름대로 정도를 걸었던 창업세대의 경영 철학을 제대로 이해하지 못하는 3세들이 부친의 후광으로 손쉽게 총수 자리에 오르는 것은 한국경제의 불행이다.

경쟁 만능이 부른 승자독식 시스템

_____ 복합 영화관의 매점 운영은 관람료 수익보다 훨씬 이익이 많은 알짜배기 사업으로 알려졌다. 이익률이 무려 70퍼센트에 달하는데다 대부분 현금 거래인 탓이다. 경제민주화의 기치를 내건 박근혜 정부가 출범하기 전까지 롯데시네마 안에 있는 매점 운영은 신격호 총괄회장 일가가 독점해왔다. 서울 경기 지역은 신격호 회장의 부인인 서미경 씨와 딸 신유미 씨가 운영하고 수도권 외곽은 신 회장의 장녀인 신영자 롯데복지재단 이사장이 운영해왔다. 공정한 입찰을 거치지 않고 사주 일가에게 특혜를 준 것이다.

롯데그룹은 2007년 극장 매점을 턱없이 싼 가격에 신 회장 일가에 임대한 사실이 적발돼 공정거래위원회로부터 억대의 과징금을 부과받았지만, 대표적인 일감 몰아주기 사례라는 비난에도 그간 눈도 끔쩍하지 않았다.

1979년 도입한 중소기업 고유업종제도가 2006년 말 폐지됐다. 대기업의 무차별적 사업 확장을 막으려는 의도였으나 시장경제 논리에 맞지 않는다는 논란이 일었기 때문이다. 중소기업이 기술과 품질 향상 노력 없이 보호막에 안주했고 이를 틈탄 외국제품의 수입 확대로 국내시장이 잠식되는 부작용이 나타났다는 비판도 제기됐다.

이후 어떤 변화가 있었을까? 야생에 던져진 중소기업들의 생존 능력은 향상됐을까? 보호막을 걷어낸 결과는 참혹했다. 시장은 즉시 약육강식의 정글로 변했다. 대기업들은 주력사업과 무관하게 중소기업들이 하던 자판기 운영을 비롯해 자동차정비, 광고대행, 빵집체인, 인테리어, 골프연습장, 콜택시, 막걸리·두부 제조 등 업종을 불문하고 뛰어들었다.

SK 롯데 CJ 등은 생수 사업에 진출했고 LG전자는 정수기 시장에 뛰어들었다. 삼성 SK 등 많은 재벌그룹이 문방구류 같은 소모성 자재를 공급하는 계열사 운영에 나섰다. 그들이 문방구 시장에서 가격을 후려치는 바람에 중소 문방구 제조업체들이 줄줄이 문을 닫았다. 돈 되는 일이라면 도시락, 떡볶이, 학원 등 서민형 업종도 마다치 않았다.

일부 재벌가는 2세, 3세, 심지어 4세까지 빵집이나 광고대행사 등 비상장 계열사를 차려 주식을 독점한 뒤 다른 계열사들의 물량 지원을 통해 땅 짚고 헤엄치기 식으로 돈을 벌었다. 문어발 확장을 부의 변칙 상속과 증여에 적극 활용한 것이다.

전직 삼성직원이 쓴 『고르디우스의 매듭』이라는 책은 재벌의 탐욕에 대해 '문어발'보다는 '지네발' 사업확장이라는 표현을 써야 한다고 지적한다. 문어발은 몸집만 키우지만, 지네발은 중소기업의 싹을 완전히 잘라버리는 독성을 지니고 있다는 말이다.

실제 이명박 정부에서 중소기업은 시들시들 말라갔지만, 재벌의 몸집은 고도비만 환자처럼 비대해졌다. 자산규모 5조 원 이상 55개 상호출자제한 기업집단의 계열사는 2009년 1,137개에서 2011년 1,554개로 417개나 늘어났다. 특히 10대 재벌그룹 계열사는 최근

3년 새 212개(52.2퍼센트)나 급증했다.

몸집만 커진 게 아니다. 수익의 불균형은 더욱 심각하다. 2011년 1분기 30대 상장회사의 영업이익은 지난해 같은 기간에 비해 56.8퍼센트나 치솟았다. 반면 중소기업은 대기업의 자본력에 밀려 갈수록 설 자리를 잃고 있다. 생산력을 나타내는 지표인 산업생산지수를 보면 대기업과 중소기업 간 지수 격차가 2004년 1.4퍼센트에서 2009년 6.9퍼센트로 크게 벌어졌다. 그만큼 경제성장의 과실이 대기업에 집중되고 있다는 뜻이다. 사정이 그렇다 보니 대기업의 중소기업 사업영역 침투에 대한 사업조정신청 건수가 2007~2008년 27건에서 2009~2010년 8월 말 245건으로 9배나 치솟았다.

지금 시장은 지네발의 독성에 신음하고 있다. 재벌의 시장지배력 남용과 담합 등 불공정행위가 도를 넘어섰다. 대기업 계열사가 중소기업으로 위장해 중소기업 공공구매시장에 참여하는 때도 잦다. 그런데도 정부는 대기업 위주의 성장 전략에 매달려 공정한 심판자 역할을 내버려왔다. 뒤늦게 상생 구호를 들고 나왔지만, 구체적 성과는 보이지 않는다.

동반성장위원회가 중소기업 단체 등의 신청을 받아 중소기업 적합업종 선정 작업을 벌이고 있으나 강제력이 없어 실효성이 떨어진다는 지적이다. 이번에야말로 지네발 경영으로 망가진 시장생태계를 복원해야 한다. 재벌들이 미래 먹거리를 위해 신규 사업에 진출하거나 규모의 경제를 실현하기 위해 계열사 늘리는 것을 탓할 이유는 없다. 대신 중소기업 영역이나 생계형 업종까지 넘보지 말고 덩

치에 걸맞게 주력업종에서 글로벌 기업들과 경쟁하라는 말이다.

동반성장은 대통령이 재벌 총수들을 불러 겁을 준다고 되는 게 아니다. 불공정행위를 일삼으며 대기업 곳간만 채우는 지네발을 잘라내야 한다. '시장친화'라는 이름으로 경제력 집중과 양극화 심화를 내버려둬 온 불균형 성장의 고리를 끊어야 한다. 그래야 동반성장이 가능하고 절벽사회도 막을 수 있다. 대기업 배만 불리는 성장으론 시장경제를 지켜내기 어렵다.

재벌을 정점으로 한 강고한 먹이사슬

_____ 참여연대가 2001년부터 2006년 5월까지 건설교통부 5급 이상 퇴직 관료 111명을 조사했더니 전체의 40.5퍼센트가 건설회사나 건설단체 등에 재취업한 것으로 드러났다. 퇴직일과 재취업 일이 일치하거나 퇴직 열흘 만에 이익단체 임원으로 변신한 사례도 있었다. 누구나 예상하듯이 그들은 로비스트 역할을 하며 억대 연봉을 받는다. 퇴직 관료들이 동분서주하며 친정 부처에 부적절한 영향력을 행사한 결과, 분양원가 공개 반대와 미분양 아파트 혈세 매입 등 건설업계에 유리한 정책들이 속속 실현됐다는 게 시민단체의 분석이다.

_____ 2011년 영업 정지된 저축은행 8곳 중 3곳의 감사는 금융감독원 출신이었다. 부산저축은행은 최근 3년간 기획재정부,

금감원 등의 관료 출신 8명을 이사와 감사로 영입했다. 도민저축은행은 전직 경찰청장과 국가정보원 차장이 이사와 감사직을 수행했다. 감사가 경영진의 비리를 감시하고 금융사고 위험을 예방한다는 얘기는 교과서에만 존재할 뿐이다. 유능한 감사 소리를 들으려면 금융비리가 터졌을 때 금융감독 당국을 대상으로 적극적인 로비 활동을 벌여 불거진 사안을 덮을 수 있어야 한다.

정부는 2011년 초부터 독과점 성격이 강한 정유와 통신산업의 불합리한 가격구조를 뜯어고치겠다고 공언해왔다. 관료들의 진심이었다기보다는 당시 이명박 대통령의 의지가 반영됐다고 보는 게 옳을 것이다. 하지만 머지않아 국민의 기대는 '역시나'로 바뀌었다. 기름값 인하는 '태산명동 서일필泰山鳴動 鼠一匹'이라는 비아냥만 들은 채 마무리됐고 통신요금 인하도 비슷한 경로를 밟았다.

민관 전문가로 꾸려진 통신요금 태스크포스TF가 2011년 5월 중 요금 인하방안을 내놓기로 한 가운데 당시 정책 당국의 최고 책임자인 최시중 방송통신위원장이 "기존 통신비 개념이라면 이명박 대통령의 통신비 20퍼센트 인하(공약)는 이미 달성했다고 본다"며 재를 뿌린 것이다. 스마트폰 보급으로 이용 용도가 다양해진 만큼 통신요금이 올라간 것은 당연하다는 논리였다. 그래서 시장에서는 통신비 인하가 물 건너갔다는 분위기가 팽배했다.

해묵은 이슈지만 소화제나 감기약 등 안전성과 유효성이 검증된 가정상비약을 슈퍼 등에서 판매토록 하는 문제도 상당기간 진통을 겪었다. 국민 절대다수가 원하고 합목적성이 인정되는 정책인데도 표류하는 경우가 많다. 왜 그럴까? 반드시 이것 때문이라고 단언하긴 어렵지만, 꽤 설득력 있는 이유가 있다. 관료와 기업 간 유착이다. 기업들은 '대외업무 강화'라는 명분을 내세워 퇴직 관료들을 영입해 활용하는데 공직 인맥을 로비스트로 활용해 정부 정책에 대응하려는 의도라는 건 삼척동자도 다 아는 사실이다.

예컨대 통신업계를 보자. 통신은 대표적인 규제 산업이다. 정부의 요금 정책과 주파수 정책에 따라 연간 수천억 원의 이익이 왔다 갔다 한다. 통신시장의 대표기업인 KT와 LG유플러스의 수장은 전 정보통신부 장관 출신이다. SK텔레콤 등의 대외업무 부서에도 전 정통부 출신 고위 관료가 대거 포진해 있다. 그들은 통신정책을 함께 입안했던 선후배공직자들과 유착돼 업계 논리를 적극 대변한다. 공익보다 업계 이익을 우선하는 정책이 양산되는 이유다.

관료와 업계의 검은 커넥션은 전 공직사회에 만연해 있다. 이익단체 상근부회장은 십중팔구 관료 출신이라고 보면 된다. 현직이라고 다를 게 없다. 퇴직 후 일자리를 보장받기 위해 업계의 이익을 적극 옹호한다. 약값 인하에 반대하던 고위 관료가 제약협회 임원으로 옮겨가고, 감독 대상 기업의 뒤를 봐주던 관료가 해당 기업의 감사로 옮겨가 감독기관에 대한 방패막이 역할을 하는 게 현실이다. 직업선택의 자유도 중요하지만, 퇴직 관료의 사익 때문에 공공의 이익을 해치는 구조를 언제까지 내버려둘 텐가? 관료와 기업 간의 공고한 먹이사슬이 공익을 위협하고 있는 게 국민소득 2만 달러 시대의 대한민국이다.

이 같은 먹이사슬은 정부 입김이 강한 공기업 인사에서 절정을 이룬다. 정권이 바뀔 때마다 등장하는 '낙하산 인사' 논란이 대표적이다. 이명박 정부는 집권 말기까지 '자기 사람 챙기기'에 나서 국민적 원성을 샀다. 집권 초기의 '고소영(고려대·소망교회·영남)' '강부자(강남 땅 부자)' 인사는 저리 가라 할 정도로 노골적이었다. 다만, 힘이 빠진 탓인지 소리 소문 없이 아무도 모르게 임명 절차를 끝내버리는 '스텔스 낙하산'을 시도한 게 특징이다.

대표적인 사례가 예금보험공사의 감사 선임이다. 이명박 후보의 선거 외곽조직에서 활동하다 청와대 비서관을 지냈던 금융 문외한이 2011년 9월 예보 감사에 취임했다. 그는 3개월 앞서 기업은행 감사에 내정됐다가 낙하산 논란이 일자 중도 하차했던 인물이다. 그런데 그의 취임은 외부에서 전혀 눈치채지 못하도록 은밀히 진행됐다. 공모, 심의, 임명 제청, 대통령 임명 등의 절차가 철저히 비밀에 부쳐졌다.

그뿐이 아니다. 공직을 떠난 지 10년도 넘은 늙수그레한 관료 출신들이 이례적으로 한국조폐공사 사장, 기술보증기금 이사장, 정책금융공사 사장 등 핵심 기관장 자리를 꿰차 '올드보이의 귀환'이라는 비아냥도 들었다. 대부분 이명박 대선 후보 상임 특별보좌역을 지냈거나 이명박 정권의 '인사과장'으로 불렸던 강만수 전 산은 금융 회장, 임태희 전 대통령 실장 등과 친분이 각별했던 인사들이다.

그나마 전문성이 요구되는 금융 공기업이 이 지경이니 일반 공기업은 말할 필요도 없다. 이미 낙하산 천국이 된 지 오래라는 말이다. 한국전력을 예로 들어보자. 2011년 9월 취임한 김모 사장은 대통령과 같은 고향에다 같은 대학에다 같은 회사에 다녔던 인물이다. 한전 상임이사 7명 중 5명이 대통령 고향이나 한나라당(현 새누리당) 출신이다. 한전 자회사인 한전KDN 사장에는 이명박 대선캠프에 참여했던 인물이 임명됐다. 그의 선임 과정 역시 군사작전을 감행하듯 비밀리에 진행됐다. 전임 사장도 이명박 후보 상임특보를 지낸 인사였다. 한전과 11개 자회사의 감사 12명은 한나라당, 대통령직인수위, 청와대 출신 일색이다.

박근혜 정부는 달라졌을까? 박 대통령이 새 정부 출범 직후 열린 국무회의(2013년 3월 11일)에서 "각 부처 산하기관과 공공기관장에 대한 인사가 많을 텐데 새 정부의 국정 철학을 공유할 수 있는 사람을 임명하도록 노력해달라"고 말한 뒤부터 이명박 사람들이 줄줄이 옷을 벗기 시작했다. 4대강 사업의 일등공신인 김건호 전 한국수자원공사 사장(3월 13일), 이명박 경제전략의 설계자인 강만수 전 산은금융지주 회장(3월 28일), 역시 현대건설 출신이었던 이지송 전 LH공사 사장(3월 28일) 등이 잇따라 사퇴했다. 그리고 이 전 대통령의 고려대 동문으로 "2014년 3월까지인 임기를 지키겠다"고 공언했던 이팔성 우리금융지주 회장도 4월 14일 결국 백기를 들었다.

여기까진 좋다. 지난 정권에서 '낙하산'으로 임명된 인사들이 새 정부 출범 후 물러나는 것은 자연스럽다. '법적으로 보장된 임기' 운운하며 계속 버티는 것 자체가 구차해 보인다. 문제는 그다음, 누가 그들의 자리를 채우느냐다. MB맨이 빠져나간 곳에 '친박맨(친 박근혜 인사)'이 들어온다면 달라지는 건 하나도 없다. 정권 잡았으니 지난 정권 사람들 쫓아내고, 논공행상에 따라 정권창출 공신이나 여권 인사들을 그 자리에 앉히고, 그러다가 정권이 바뀌면 다시 쫓겨나고……. 우리나라에서 5년마다 볼 수 있는 아주 익숙한 장면들이다.

우려는 벌써 현실화하고 있다. MB맨이 물러난 공기업 수장 가운데 첫 후임이 임명됐다. 아니나 다를까 친박 인사였다. 홍기택 산은금융지주회장 얘기다. 그는 박 대통령과 같은 서강대 출신으로 박 대통령의 대선 싱크탱크인 국가미래연구원 발기인으로 참여했고 대통령직 인수위원회에서도 활동했다. 금융 문외한이라고는 할 수 없지만, 이런 연고가 아니었다면 산은금융지주 회장에 임명되기 어려운 인사라는 게 중평이다.

이런 분위기라면 나머지 공기업 수장 자리도 친박맨으로 채워질 공산이 크다. 실제 주요 금융기관장 하마평에 등장하는 인사들 대부분이 친박계 인사들이다. 서강대 출신의 이덕훈 키스톤 프라이빗에 쿼티 대표(전 우리은행장), 민유성 티스톤 회장(전 산은금융지주 회장), 서강대 교수 출신인 김광두 국가미래연구원장 등……. LH공사나 가스 공사 사장 자리도 크게 다르지 않다. 이런 식이라면 공기업 사장에 포진한 '친박맨'들은 5년 뒤 새 정권이 들어서면 또 다른 '아무개맨'으로 바뀔 것이다.

이런 권력교체에 골병이 드는 건 해당 공기업들이다. 대선 전부터 새 사장이 임명될 때까지 적어도 몇 달간은 그야말로 경영 공백 상태다. 퇴진이 기정사실로 된 '식물사장'이 주요 사안을 결정할 수도 없고 새 사장이 온들 업무파악 때문에 몇 달은 허송세월이다. 이런 상태에서 공기업 선진화를 기대하긴 불가능하다.

대통령이 선거 과정에서 자신을 적극 도왔던 캠프 출신을 정무직 참모에 앉힌다고 해서 뭐라 할 사람은 없을 것이다. 그러나 공기업 인사는 차원이 다르다. 제대로 된 사람을 뽑아야 공기업 경영의 창의성과 자율성을 높일 수 있다. 전문성과 능력을 무시한 낙하산 인사의 폐해는 결국 국민의 혈세로 메울 수밖에 없기 때문이다.

"선거를 도와줬기 때문에 함께 시정을 해야겠다는 생각은 없다. 서울시에 들어간다고 해도 전문성이나 역량이 검증돼야 한다."

박원순 서울시장은 당선 직후 언론과의 인터뷰에서 한 말이다. 옳은 얘기다. 박근혜 대통령도 "나를 대통령 만들기 위해 열심히 뛰었다고 공기업 사장이나 감사 등의 감투를 주진 않겠다"고 선언해야 한다. '국정 철학 공유'를 내세운 낯간지러운 논공행상이 사라져야 선진국이라고 할 수 있다.

기업 허리도 끊어졌다

_____ 자동차 부품업체 A사. 원자재 가격이 폭등해 완성차 업체에 납품단가를 올려달라고 요청했지만, 해당 대기업은 오히려 납품단가를 5퍼센트나 일방적으로 깎아버렸다. 원가 부담이 늘어난 상황에서 단가를 내렸으니 경영 환경이 악화하는 건 당연지

사. A사 사장이 눈물로 자금난을 호소했지만, 돌아온 건 거래를 끊겠다는 차가운 반응뿐이었다. 전자기기 부품 제조업체 B사. 냉장고의 전력 사용을 획기적으로 절감하는 기술을 개발해 관련 부품의 단가 인상을 요청했지만, 해당 대기업은 자신들도 개발 중인 기술이라고 억지를 부리며 신기술의 존재를 인정하지 않았다.

국내 중소 제조업체의 80퍼센트는 대기업과 거래하며 먹고 산다. 대기업에 고개를 숙이고 주종主從 관계에 만족하면 그럭저럭 버틸 수 있지만(중견기업으로 클 생각은 아예 접는 게 좋다), 고개를 쳐들거나 밉보이면 그날로 거래가 끊기는 신세다.

_____ 국내 기업 총 312만 5,457개(코트라 2010년 기준) 가운데 중견기업은 고작 1,291개로 전체 기업의 0.04퍼센트에 불과하다. 반면 대다수 선진국은 중견기업 비중이 크게는 10퍼센트를 넘는다. 독일은 전체 360만 개 기업 가운데 44만 개(11.8퍼센트)가 중견기업 범주에 속하며 스웨덴은 그 비중이 13퍼센트나 된다. 스위스(2퍼센트), 네덜란드(1.2퍼센트) 등 유럽 국가 대부분이 나라마다 편차는 있지만 한국보다 중견기업 비중이 높다.

아시아 국가들도 사정은 비슷하다. 중국은 전체 1,000만 개 기업 가운데 45만 개(4.5퍼센트)가 중견기업이며 일본은 180만 개 기업 중 6만 6,000개(3.7퍼센트)가 중견기업이다. 대만도 중견기업 비중이 2.2퍼센트로 한국보다는 크게 높은 수준이다. 전체적으로 볼 때 한국이 세계에서 가장 산업의 허리가 약한 셈이다.

대기업과 중소기업 중간 규모인 '중견기업'은 보통 '산업의 허리'로 비유된다. 한국은 전체 기업 중 중견기업의 비중이 세계 최저 수준이다. 개인도 부자와 서민의 양극화 속에 중산층이 붕괴한 것처럼 기업 역시 허리가 끊어지는 것이다. 중견기업의 붕괴는 경제의 버팀목이 사라지고 상승의 사다리가 철거된다는 면에서 심각성을 더해준다.

일자리 창출능력에서도 독일은 전체 고용의 46퍼센트가 중견기업에서 이뤄지고 있지만, 우리나라의 중견기업 고용인원은 7.6퍼센트에 그친다. 독일 경제가 글로벌 금융위기와 유로존 재정위기 가운데서도 지속적인 성장을 이어갈 수 있었던 데는 세계 최고의 경쟁력을 지닌 중견기업이 산업계를 튼튼히 떠받치고 있었기 때문이다. 하지만 우리나라는 중소기업이 중견기업으로 성장하고 중견기업이 대기업으로 클 수 있는 '선순환의 사다리'가 무너져 경제구조가 갈수록 취약해지고 있다. 한국에서 중견기업이 유독 취약한 까닭은 뭘까?

"차라리 중소기업 시절이 그립습니다. 그때는 각종 지원과 혜택이 있었는데 기업 규모가 커지니 그런 게 싹 없어졌어요. 중소기업 때보다 매출을 10배 이상 성장시켰지만 세금 감면 등의 혜택이 중단되면서 오히려 심각한 경영난을 겪고 있습니다."

경기도 부품생산업체 대표의 말이다. 최근 중견기업에 진입한 이후 중소기업 시절 주어지던 저리의 정책자금 지원, 채용 인센티브, 세제 혜택 등이 사라져 어려움을 겪고 있다는 하소연이다.

이처럼 인센티브는 없어지고 규제만 대폭 늘어나다 보니 중견기업이 되기보다는 그냥 중소기업으로 남아 있으려는 일종의 '피터팬 증후군(영원히 어린이로 남으려는 성향)'이 만연하고 있다. 일각에선 중소기업 지위를 잃지 않으려고 기업 쪼개기를 시도하거나 직원 수를 줄이기까지 하는 실정이다.

무엇보다 산업의 허리가 끊어진 결정적 원인은 대기업의 독과점적 지배력 탓이다. 중소기업을 졸업하는 순간 모든 보호막이 사라져 대기업과 똑같이 경쟁해야 한다. 대기업의 약탈적 행태를 도저히 견뎌내기 어려운 것이다. 중견기업이 됐으면 대기업이 되는 것을 꿈꿔야 하지만 재벌 대기업의 진입 장벽을 뚫기란 거의 불가능한 게 현실이다.

누구를 위한 성장인가

_____ 우리나라는 2011년 말 '무역 1조 달러 클럽'에 진입했다. 건국 이후 63년, 무역 규모 100억 달러를 달성한 1977년 이후 34년 만이다. 특히 이 기간 수출 증가율은 세계 1위를 기록했다. 전쟁의 폐허를 딛고 일어서 세계 9번째로 일궈낸 성과다. 정부는 앞으로 3년 안에 영국, 이탈리아, 네덜란드, 프랑스 등을 제치고 세계 5위의 무역대국이 될 것이라는 장밋빛 청사진도 제시했다.

무역대국의 꿈이 영글어 가고 있다. 하지만 마냥 기뻐하기엔 무역대국의 그늘이 짙은 것 또한 사실이다. 수출 중심의 경제구조가 만들어낸 한국 사회의 불균형 성장이 사회 통합을 해칠 지경에 이른 것이다. 무역 규모가 커지면서 국내총생산GDP 대비 무역 비중은 1990년 51.1퍼센트에서 2011년 87.9퍼센트까지 치솟았고, 덕분에 수출 대기업들은 사상 최대 호황을 구가하고 있다. 2000년대 들어 재벌 오너와 임원들은 천문학적인 배당, 스톡옵션, 고액 연봉 등으로 해마다 샴페인을 터트리고 있다.

그러나 성장 신화의 포만감을 느껴야 할 대다수 국민은 왠지 허전하다. 질 좋은 일자리가 오히려 줄어드는 가운데 기업 이윤마저 임금으로 분배되지 않아 서민들의 살림살이는 팍팍하기만 하다. 실제 국가에서 창출된 실소득 중 가계에 분배되는 임금소득을 나타내는 노동분배율은 갈수록 떨어지고 있다. 2010년 기준 노동소득분배율은 59.2퍼센트로 6년 만에 최저 수준을 기록했다. 수출에서 소외된 소상공인에게도 무역 1조 달러 시대는 남의 얘기처럼 들린다.

무역의존도가 높은 경제는 대외 악재에 취약할 수밖에 없다. 전문 가들은 우리나라의 수출 증가율이 급속히 떨어질 것으로 예측하고 있다. 글로벌 경기 침체와 유럽 재정위기 여파가 상당 기간 이어질 것으로 보기 때문이다. 그렇다고 상당수 가계가 1,000조 원의 빚과 고물가, 소득 감소 등 삼중고에 시달리는 상황에서 내수가 살아날 가능성도 희박하다.

경제 위기 때면 어김없이 등장하는 기업들의 '비상경영'도 이미 시작됐다. 기업들은 외환위기와 글로벌 금융위기 등 경제가 어려워 질 때마다 임금삭감과 구조조정이라는 비용 절감을 통해 이윤을 키 웠고, 근로자는 일자리를 잃지 않기 위해 희생을 감수했다. 정부는 한술 더 뜬다. 수출의 성장 기여도가 크다 보니 위기가 닥칠 때마다 고환율 및 저금리 정책을 통해 수출 대기업을 일방적으로 지원했다. 그 결과 수출과 내수의 불균형은 더욱 커졌고, 내수에 의존하는 자 영업자와 소상공인의 생활은 더욱 어려워질 수밖에 없었다.

유로존 재정위기가 확산해 수출이 큰 폭으로 줄면 한국 경제에 미칠 충격파는 상당할 것이다. 외풍에 흔들리지 않는 경제 체질을 갖추려면 내수 확대라는 안전판을 구축하는 게 무엇보다 중요하다. 수출과 내수는 우리 경제를 이끄는 쌍두마차다. 수출이 어려워지면 내수가 뒷받침해주고 내수가 어려우면 수출이 보완해주는 시스템을 마련해야 한다.

요즘 한미 자유무역협정FTA을 둘러싼 한국 사회의 갈등 또한 수출 중심의 경제구조에 대한 근본적인 고민과 맥을 같이 한다. 한미 FTA로 수출 대기업은 좋아지지만 농·어민과 자영업자, 중소기업 등 내수 경기에 의존하는 대다수 국민의 생활은 나빠질 가능성이 크기 때문이다. 이제 '그들만의 잔치'를 끝내야 한다. 수출과 내수의 균형을 회복해 성장의 온기가 국민에게 골고루 퍼지는 방안을 고민해야 할 시점이다.

양극화 키우는 감세정책

_____ 중산층이 비교적 두터웠던 1997년 외환위기 이전까지만 해도 서울 시내 백화점의 지역별 매출 신장세에는 큰 차이가 없었다. 예컨대 서울 강남구 압구정동에 있는 백화점의 매출이 10퍼센트 늘어나면, 미아리 등 강북 지점도 비슷한 비율로 증가하는 식이었다. 하지만 외환위기 이후 강남·북 지점 간 매출 양극화가 뚜렷해졌다. 20퍼센트에 근접한 고금리로 지갑이 두둑해

진 부자들이 IMF 파고 속에서도 소비를 크게 줄이지 않았던 탓이다. 한국 사회 소득 양극화가 고착화하는 상징적 모습이기도 했다. 그런데 빈부격차가 더욱 심해진 참여정부 후반 들어 지역 간 매출 증가율 차이가 사라지는 기현상이 벌어졌다. 강남 고가주택에 대한 종합부동산세 부과로 세 부담이 커진 강남 부자들이 지갑을 닫은 것이다.

MB정부 출범 이후 고유가 등 대외악재가 지속하고 고용 여건이 악화하면서 소비심리가 위축됐는데도 백화점 매출은 두 자리 수의 높은 신장세를 기록했다. 부자들이 다시 지갑을 열었기 때문이다. 경기 하강 징후가 분명한데도 부자들의 소비가 늘어나는 현상을 놓고 백화점 내부에선 두 가지 분석이 나왔다. 하나는 정권이 바뀌면서 경제가 살아날 것이라는 막연한 기대심리가 확산했다는 것이다. 즉, 부자들이 정권에 대한 경계심을 풀고 지갑을 풀기 시작했다는 해석이다. 또 하나는 새 정부의 감세 정책으로 미래 소득이 늘어날 것으로 예상한 고소득층이 소비를 늘리기 시작했다는 것이다.

실제 MB정부는 법인세, 소득세 등 기업과 가계의 각종 세 부담을 덜어주는 내용의 내수 부양책을 마련했다. 전체 근로소득자의 56퍼센트 가량이 면세점(免稅點·과세 면제의 기준이 되는 한도) 이하인 상황에서 소득세율을 낮추면 고액 연봉자에게 혜택이 집중될 수밖에 없다. 법인세 인하도 전체의 1퍼센트 미만인 재벌 대기업들이 전체 인하 혜택의 80퍼센트를 가져간다. 박근혜 정부도 부자 감세의 기조를 그대로 이어받았다.

이렇게 세금을 줄여 대기업의 투자가 늘어난다면 다행이지만, 과연 그렇게 될지는 의문이다. 지금도 국내 대기업들은 100조 원에 육박하는 엄청난 현금을 움켜쥐고 있다. 또한 각종 공제제도를 통해 선진국보다 낮은 수준의 법인세를 내고 있다. 높은 세 부담 때문에 투자를 안 하는 게 결코 아니라는 말이다.

"유럽 재정위기와 중국경제의 경착륙 우려 등으로 세계 경제가 불확실한데다 반도체, 휴대전화를 넘어설 신수종사업을 아직 찾지 못했기 때문이다."

전문가들은 우리 기업들의 투자 부진에 대해 그렇게 진단한다. 돈벌이가 확실하다고 판단되면 왜 투자를 하지 않겠느냐는 얘기다. 실제 조선업계는 최근 수년간 과잉투자를 우려할 정도로 활발한 투자를 해왔다.

한국 사회 대기업과 중소기업, 소득 계층 간 양극화는 심각한 수준이다. 이런 상황에서 자금 및 소비 여력이 있는 대기업과 고소득 계층의 배만 살 찌우는 감세 정책이 어떤 결과를 낳을지는 너무도 분명하다. 감세에 따른 정부 사업의 축소는 소외계층에 대한 지원을 줄여 소득 재분배 기능을 더욱 위축시킬 우려도 크다. 중소기업에 대한 지원과 소외계층의 실소득 증가가 전제되지 않는 감세는 양극화만 더욱 키울 것이다.

4장
교육 절벽 –
'사육飼育'이 '교육'으로 둔갑했다

개천에서 용 나는 시대 끝났다

_____ 연세대는 기초생활보장 수급자 자녀를 대상으로 매년 100명의 신입생을 뽑는다. 저소득층 대상 정원외 특례입학 제도인 '연세 한마음전형'이다. 하지만 지금까지 8년째 모집인원을 다 채운 적이 한 번도 없다. 대입 수능시험 2개 영역에서 2등급 이상 받아야 한다는 전형기준을 넘는 지원자가 많지 않기 때문이다. 연세대는 최근 선발방식을 바꿔 최소 40명을 수능성적 없이 고등학교장 추천과 면접만으로 뽑기로 했다. "가난한 집 학생을 뽑고 싶어도 뽑기 어려운 게 현실입니다." 정갑영 연세대 총장의 탄식이다.

한국개발연구원KDI이 2012년 수능 자료를 분석한 결과, 부자

동네와 서민 동네의 서울대 진학률 격차는 9배에 달했다. 월평균 가구 소득 1분위(110만 원 이하)에 속하는 학생의 4년제 대학 진학률은 33.8퍼센트에 불과하지만, 10분위(490만 원 이상) 학생의 진학률은 74.5퍼센트에 이른다. 상위권 대학으로 가면 그 차이가 10배 이상으로 벌어진다. 부모 경제력이 성적과 직결되는 입시 제도 탓에 계층 이동이 원천 봉쇄되고 있는 것이다.

_____ 2013년 2월 서울의 한 외국어고교를 졸업한 이 모(19) 양은 강남의 집 근처 재수학원에 다니는 '고교 4학년'이다.

"요즘 재수는 기본이에요. 주변에 재수하는 친구들이 워낙 많다 보니 4년간 고등학교에 다니고 대학 간다는 얘기가 낯설지 않아요."

서울 강남권 학생들은 원하는 대학에 가기 위해 70퍼센트가 재수를 한다. 그런데 강북으로 오면 그 비율이 30퍼센트로 뚝 떨어진다. 한 입시업체 분석에 따르면 2010~2012학년도 서울 강남구와 서초구의 고교 3학년 재학생 대비 재수생 비율은 각각 76.0퍼센트, 68.4퍼센트로 서민 밀집지역인 구로구(26.6퍼센트)보다 3배나 높았다. 강남에는 경제력이 뒷받침되는 부유한 가정 출신의 아이들이 많이 살기 때문이다.

현행 입시 제도에서 돈은 정보이고 정보는 학업능력과 직결된다. 돈이 없으면 재수도 불가능한 게 한국 사회다. 일반계 고교의 등록금은 분기당(3개월) 40만 원 수준. 반면 재수생 자녀를 대성학원이나 종로학원 등 대입 종합반에 보내려면 교재비, 식비, 교통비 등을 합쳐 월 150만 원이 기본으로 들어간다. 취약 과목에 과외 선생을 붙여주고 논술 등을 보충하려면 월 200~300만 원을 훌쩍 넘어가게 마련. 학생들을 24시간 가둬놓고 가르치는 기숙학원은 월 250~300만 원이 기본이니 서민들은 꿈도 꾸기 어렵다.

이런 구조는 영아기부터 시작된다. 월 100만 원짜리 영어 유치원을 다니는 아이가 있는가 하면, 동네 어린이집 다니는 것도 부담스러운 아이도 있다. 국제중, 특목고, 자사고도 서민들이 이용하기엔 학비가 너무 비싸다. 서울 주요 대학 자연계 논술 문제의 37퍼센트는 대학 과정에서 출제된다(2013년 3월 교육시민단체 '사교육 걱정없는 세상'). 사교육과 선행학습을 통해 대학 과정을 공부한 부유층 학생들에게 절대적으로 유리하다는 얘기다. 사정이 그렇다 보니 '개천에서 용 나는 시대는 이제 끝났다'는 말이 회자하는 것이다.

나는 '대한민국 대표 달동네'인 서울 관악구 봉천동에서 초등학교, 중학교를 다녔고 '하늘 아래 첫 동네'로 불리던 관악구 난곡동에서 고교를 다녔다. 뺑뺑이를 돌려 난곡 N고교 배정이 확정되는 순간, TV를 지켜보던 친구들의 안색이 하얗게 변해가던 모습이 지금도 눈에 선하다. N고교는 전수專修학교에서 인문계로 바뀐 지 얼마 되지 않은데다 학생들의 태반이 달동네 출신이었기 때문이다. 당시 하급 공무원 아버지를 둔 나도 초등학교, 중학교에 다니는 동안 달동네 언저리를 맴돌았으니 가정환경에 큰 차이가 나지는 않았다.

그런데 3년 후 입시성적은 서울에서 손을 꼽을 정도로 우수했다. 선생님들은 매를 들어가며 헌신적으로 가르쳤고 학생들은 밤늦도록 열심히 공부했다. 그 결과 서울대 46명 등 이른바 SKY대학에 100명 이상 합격했다. 물론 합격자 중에는 그야말로 '학교 수업에만 충실'했던 달동네 출신도, 철거민 자제도 많이 있었다. 모교 선생님께 최근 대입 성적을 여쭤봤다. 서울대는 1~2명 보내기가 어렵고, SKY대 합격자를 모두 합쳐도 10명이 채 안 됐다.

"아무리 기를 쓰고 가르쳐도 서울대에 2~3명 보내면 성공이야. 학교 수업만 열심히 들어서 명문대에 가는 시대는 끝났어."

부모의 경제력이 학력으로 연결되는 시대이다 보니 변두리지역 학교들이 옴짝달싹할 여지가 없다는 것이다. 이는 교육 당국의 조사 결과에서도 확인된다. 월 평균소득 600만 원이 넘는 부모의 자녀는 100만 원 미만 부모의 자녀보다 20배 이상 명문대 진학률이 높다. 고소득(월 500만 원 이상) 가정 학생은 저소득(200만 원 이하) 가정 학생보다 수능 점수가 30점가량 높다. 특목고의 법조인 학부모는 전체 직업인구 중 법조인 비율보다 28배, 의료계 학부모는 8배나 많다는 통계도 있다. 같은 자립형 사립고라도 부모의 소득에 따라 진학률에 차이가 난다. 같은 강남지역도 대형 평형과 소형 아파트 밀집지역 간 대입 성적에 큰 차이가 난다.

왜 이런 현상이 벌어질까? 대학들이 양질의 사교육으로 무장된 학생들을 선호하는 현상이 갈수록 심해지고 있기 때문이다. 연세대, 고려대 등 이른바 명문 사립대학은 특목고 출신을 더 많이 잡기 위해 대학 수능시험 중심의 선발을 확대하고 있고, 국립인 서울대조차 과학고와 외고생을 붙들기 위해 수시모집을 적극 활용하고 있다. 사실상 특목고가 명문대로 가는 지름길 역할을 하는 셈이다. 그래서 많은 학부모가 자녀를 특목고에 보내려 혈안이다. 하지만 '학교 교육만 충실히 받은' 학생들은 아무리 노력해도 특목고에 들어가기 어려운 게 현실이다. 교사들은 "사교육 없이 특목고에 들어가기는 불가능하다"고 단언한다.

사정이 이런데도 SKY대학 측은 1등과 꼴찌를 한 교실에 몰아넣는 붕어빵 교육이 사교육 광풍의 주범이라고 강변한다. IMF 체제 이후 특목고와 자사고를 계속 늘리는 등 효율성을 중시하는 신자유주의 교육정책이 강화되면서 사교육 시장이 비대해진 현실은 어떻게 설명할 텐가? 고교평준화는 사실상 껍데기만 남았는데도, 이들 대학은 본고사와 고교등급제 시행까지 요구하고 있다. 확실한 줄 세우기를 통해 당장 고시 합격률과 취업률을 높여줄 최상위 학생들을 뽑겠다는 이기심의 발로인 셈이다.

대학들은 선발경쟁이 아니라 교육경쟁에 나서야 한다. 사교육으로 키워진 성적 우수자에게만 집착할 게 아니라 다양한 소질과 가능성을 지닌 학생들을 뽑아 잘 가르치려는 노력을 기울여야 한다. 교육 불평등의 해소는 빈곤의 대물림을 끊을 수 있는 유일한 방법이다.

중산층의 등골 우리는 사교육비

_____ 몇 년 전 검사 경력 19년차인 서울중앙지검 형사부장의 사표 제출이 장안의 화제가 됐다. 그는 당시 전국의 여女검사 중 서열 2위인 이옥(당시 46세) 부장검사였다. 2003년 3월 노무현 전 대통령과 TV 토론을 벌였던 평검사 10명 가운데 홍일점이었던 인물이다. 그는 외아들이 고3이 돼 교육비가 많이 들어가고 대학에 진학하면 학비를 대야 하는데 공무원 월급으로는 부족해 사표를 낸 것으로 전해졌다.

실제 인사철이면 변호사 개업을 위해 옷을 벗는 중견 법관과 검사들이 속출한다. 승진 인사에서 물먹지 않은 경우라면 열에 아홉은 '경제적 어려움'이 사직 이유다. "지법부장이나 고법부장 승진을 앞둘 때면 아이들이 중학생이나 고등학생 무렵인데, 월급으로는 교육비를 감당하기 어렵다"는 게 그들의 변이다.

대우가 얼마나 박하길래 만인이 부러워하는 판·검사 자리를 포기하는 것일까? 행시나 외시 출신이 5급 대우지만, 판·검사로 임용되면 3급 공무원 대우를 받는다. 업무추진비 등도 평검사 기준으로 월 100만 원 가까이 된다. 실수령액이 초임 검사는 연 4,000만 원, 부장검사는 8,000만 원을 넘는다. 본인들은 능력만큼 대우받지 못한다고 불만이겠지만, 대한민국 월급쟁이 기준으론 절대 적지 않은 액수다.

그런데도 중고생 자녀의 학원비나 과외비를 대기가 어렵다고 아우성이다. 그들이 자녀에게 '특수교육'을 시키는 유별난 계층일까? 절대 그렇지 않다. 중고생 자녀를 키우는 부모라면 누구나 공감하는 얘기다.

나의 아내는 결혼생활 21년 동안 하루도 빠짐없이 가계부를 써왔다. 연말이면 항목별 월평균 지출액까지 계산해 기록한다. 지금도 책장 한쪽에는 세월의 때가 묻은 낡은 가계부들이 빼곡하다. 2007년부터 2009년까지 3년 동안의 가계부를 펼쳐봤다. 월평균 기준 식비(41만 → 37만 → 44만 원), 외식비(11만 → 7만 → 9만 원), 주거비(23만 → 15만 → 19만 원) 등 거의 모든 항목의 지출에 큰 변동이 없었다. 보험료, 세금, 경조비를 제외한 네 식구의 생활비는 월 200만 원 남짓이다. 이렇게 자린고비로 살아도 살림은 늘 빠듯하다.

주범은 교육비다. 같은 기간 중·고생 두 자녀의 교육비(사교육 포함)는 월평균 126만 → 157만 → 198만 원으로 치솟았다. 연 30퍼센트 가까운 증가율이다. 특히 사교육비는 물가상승률 범위로 움직이지 않았다. 중2와 중3의 단가가 다르고, 고1이 되면 한 단계가 또 뛴다. 허겁지겁 쫓아가려면 가랑이가 찢어질 수밖에 없다. 고액 연봉을 받는 대기업 임원도 삶의 질에선 별 차이가 없다. 자녀를 국제학교에 넣거나 유학 보내느라 소득의 60~70퍼센트를 교육비로 쏟아 붓는 경우가 허다하기 때문이다.

한국은행에 따르면 한 해 교육비에 투자된 돈은 50조 원에 육박한다. 실질소득이 늘지 않는 상황에서 교육비 지출만 늘다 보니 내수가 살아날 리 없다. 국가 경제에도 부정적이다. 현재 사교육 산업

종사자는 100만 명을 넘는다. 교육산업은 제조업과 달리 다른 산업으로의 경제적 파급 효과가 약하다. 과도한 사교육비 지출은 국민경제 전체의 구매력을 떨어뜨린다. 사교육비 부담은 저출산과 노인 빈곤의 주원인이기도 하다. 우리나라 노인 100명 중 45명은 중위소득(전체 가구를 소득순서로 배열했을 때 한가운데)의 절반이 안 되는 소득으로 살아가는 빈곤층이다. 소득 대부분을 자녀 교육비에 쏟아 부은 탓이다. 그 결과 제대로 노후 준비를 하는 사람은 10명 중 1명에 불과하다.

전문가들은 나이 들어 후회하지 않으려면 과도한 사교육비 지출을 줄이고 3층 연금(국민·퇴직·개인연금) 구조를 촘촘히 짜야 한다고 조언한다. 맞는 얘기지만 받아들이긴 쉽지 않다. 내 자식 잘 키우고 싶은 욕심을 이성의 잣대로 억누를 수 있다면 얼마나 좋으랴. 대학에 들어간다고 끝이 아니다. '이태백'을 벗어나려면 국외연수 등의 스펙 쌓기가 기본이다. 과중한 사교육비에 허덕이는 대한민국의 중년들은 지금 노인 빈곤층을 향해 달려가고 있다.

Tip

평균소득과 중위中位소득

평균소득은 우리나라 전체 소득을 국민 수로 나눈 값이다. 중위소득은 우리나라 전체 가구를 소득순으로 줄 세웠을 때 정확히 한가운데 있는 가구의 소득을 말한다. 평균소득은 전체를 인원수로 나눈 단순 값이어서 소득분포를 파악하기 어렵지만, 중위소득은 개인별 소득분포를 파악하기가 쉽다.

스티브 잡스가 나올 수 없는 이유

_____ 세계 최대의 검색엔진 구글을 만든 세르게이 브린은 여섯 살 때 미국에 이민 온 러시아계 유대인이다. 모스크바의 가난뱅이였던 그의 부모는 미국에서 부단한 노력 끝에 각자 수학교수와 과학자가 됐다. 브린은 부모에게서 물려받은 성공 요인에 대해 다음과 같이 말했다.

"과학과 학문을 사랑하는 것, 그리고 지금까지 수없이 해왔던 아름다운 수학적인 것들."

수학적 재능을 격려해준 부모가 있었기에 성공할 수 있었다는 설명이다. 구글을 만든 원동력은 수학과 과학이다. 애플 신화도 마찬가지다. 인문학적 상상력은 특별한 맛을 내기 위한 양념일 뿐, 주재료는 어디까지나 과학기술이다. '경영학의 아인슈타인'이라는 미국 하버드대 경영대학원의 클레이턴 크리스턴슨 교수는 "일본이 성공한 것은 일본인들이 미국인보다 더 뛰어난 과학자이고 공학자였기 때문"이라고 강조한다. 일본 경제가 급성장하던 1980년대 초 미국 인구는 일본의 3배에 달했지만, 수학·과학·공학을 전공하는 미국 대학생 수는 일본의 4분의 1에 불과했다.

크리스턴슨 교수는 "번영이 교육을 방해하는 적"이라고 지적한다. 일본 경제의 도약에 위기의식을 느낀 미국이 최근 30년 동안 수학·과학·공학 교육을 강조했지만, 호황의 혜택에 안주한 학생들은 어려운 수학이나 과학 대신 쉽고 재미있는 학문에만 매달렸다는 분석이다.

미국 실리콘밸리의 정보기술IT 업체 설립자들은 대개 뛰어난 과학자나 기술자들이다. 대부분 러시아, 동유럽, 인도, 중국 등에서 온 이민자라는 공통점도 있다. 실리콘밸리에서 창업한 이민자들은 수학·과학 공부의 고통을 감내했지만, 번영의 달콤한 과실에 길든 정보통신기업 창업주의 자녀는 수학과 과학을 공부하려 들지 않는다.

크리스턴슨 교수는 반문한다.

"이제 자녀가 (수학과 과학을 공부하는) 고통 없이 번영을 누릴 수 있는데, 왜 그런 고통을 느끼게 하고 싶겠는가?"

동유럽과 아시아 등지에서 이공계에 재능이 있는 이민자들이 계속 유입되지 않으면 미국 경제는 설 자리가 없는 셈이다. 우리나라는 세계 10위권의 무역대국이다. 자동차, 반도체, 휴대전화, TV, 선박, 일반기계 등의 성장세가 지속한 덕분이다. 한국의 경제적 성공에는 교육의 힘이 컸다.

특히 이공계 경쟁력이 밑바탕이 됐음을 부인하기 어렵다. 1970년대 박정희 정권이 중화학공업을 집중적으로 육성할 무렵 화학·조선공학과는 전국의 수재들이 모여드는 인기학과로 떠올랐다. 엔지니어에 대한 우대와 병역 혜택 등 각종 지원이 뒷받침된 덕분이다. 정보기술IT 산업이 본격적으로 성장하기 시작한 1980년대에는 전자공학과가 큰 인기였다. 1980년대 초반부터 1990년대 초까지 이공계 전국 수석 중 3분의 2가량은 서울대 물리학과로 진학했다.

오늘날 반도체·IT·조선산업의 경쟁력을 일군 원천이다. 하지만

10년, 20년 후에도 지금의 산업 경쟁력을 유지할 수 있을까? 1980년
대 남자 고등학교의 문·이과 비율은 1대 2였지만, 지금은 문과 지망
생이 더 많다. 학생들은 수학, 과학이 힘들고 재미없다며 피한다. 지
금 한국은 미국을 닮아가고 있다. 4년제 대학의 과학기술 전공 졸
업자는 2008년 6만 8,000명에서 10년 뒤인 2018년에는 오히려
3,000명 감소할 전망이다. 경제적 번영이 지속하면서 수학, 과학, 공
학을 전공하는 대학생의 숫자가 줄고 있는 것이다. 질적인 문제는
더욱 심각하다. 이공계 우수학생들이 의·약학, 심지어 로스쿨·MBA·
공무원시험 등으로 빠져나가는 현상이 날로 심화하고 있다.

21세기는 지식 정보화 시대다. 교육은 경제 성장을 위한 핵심 투
자재이다. 이공계 교육의 질과 수준이 경제 성장의 질과 수준을 좌
우한다. 과학기술 인력을 키우기 위한 정책수단도 없으면서 10년
후 먹거리나 미래 성장동력을 얘기하는 것은 우스워 보인다.

5장
취업 절벽 –
'88만 원 세대'가 굳어진다

청년 백수 100만 명 시대의 슬픈 자화상

_____ '머리 나쁜 것은 용서해도 못 생긴 것은 용서할 수 없다. 못 생긴 것은 용서해도 직업 없는 것은 용서할 수 없다.' 요즘 젊은이들 사이에서 유행하는 우스갯소리다. '이태백(20대 태반이 백수)'은 10여 년 전부터 청년실업을 상징하는 비유로 자리 잡았다. '대5족'(대학 5학년), '청백전'(청년백수전성시대), '토페인'(토익 페인), '장미족'(장기간 미취업족), '공휴족'(쉬는 것이 두려운 족), '청년실신'(실업자+신용불량자)이라는 용어도 있다.

_____ "신입사원 채용면접을 하다 보면 한숨 나올 때가 정말 많다. 모르는 지식이 많은 것은 그러려니 하겠는데 배울 자세가

되어 있지 않고 야망은 고사하고 뚜렷하게 무슨 일이 하고 싶은 건지조차 알 수가 없다. 모두 다 그렇지는 않지만 그런 젊은이들이 뜻밖에 많다. 근무시간, 근무조건, 급여 등등은 너무 관심이 많다. 그런 것들은 스스로 어떻게 하느냐에 따라 바뀌는 것인데 힘들고 불편한 것을 극복하려는 시도도 해보지 않는다. 엄청나게 많은 교육비용이 쓰인 대가치고는 한심하다."(50대 중소기업 사장)

한국일보는 매년 대학생 인턴 프로그램을 운영한다. 기자와 PD 지망생들이 많은 편인데 대부분 취업에 도움이 되리라는 판단에서 지원한다. 만나 보면 하나같이 외국어 실력과 학과 성적이 뛰어난 인재들이다. 게다가 공손하고 윗사람 비위까지 맞출 줄 안다. 그런데 왠지 조금 허전하다. 무엇보다 패기가 느껴지지 않는다. 사회적 약자에 대한 배려와 공동체에 관한 관심도 부족하다. 오로지 취업을 위한 스펙 쌓기와 실용에만 치중한다는 느낌이다. 지난날 386으로 불렸던 40대는 대학 시절 세상을 바꿔보겠다는 자신감으로 충만했는데, 요즘 젊은이들에겐 그런 투지와 열정이 보이지 않는다는 말이다.

대학에 들어간 게 벌써 30년 전이다. 당시 대학가는 황량했다. 민주주의를 요구하는 학생들의 격렬한 시위가 끊이지 않았고, 군사정권은 강제 징집과 구속 등 강경 진압으로 맞섰다. 시위에 따른 제적 사태가 빈발해 같은 과 동기 30여 명 중 제때 졸업한 경우는 손가락으로 꼽을 정도였다. 그래도 국가보안법이나 집시법 전과만 없으면 취업은 어렵지 않았다. 졸업을 앞둔 대학생들의 고민은 취업 여부가 아니라 어떤 직장을 구하느냐였다.

그만큼 경제가 빨리 성장했고 질 좋은 일자리도 많았다. 1980년대 연평균 경제성장률은 9.8퍼센트. 1980년대 후반 국제유가 하락 등 이른바 '3저 호황'을 맞아 실업률은 2퍼센트 대까지 떨어졌고, 임금은 생산성 수준보다 더 빠르게 증가했다. 지금의 40, 50대는 박정희 정권이 추진한 경제개발계획의 단맛을 누린 세대였던 셈이다. 노동시장에 나온 청년층을 흡수할 여력이 충분하니, 통계청 실업률에 '청년실업률'이라는 항목을 따로 둘 필요조차 없었다.

청년실업이 늘어난 가장 큰 원인은 역시 성장률이 낮아졌기 때문이다. 이명박 정부 5년간 평균 성장률은 2.9퍼센트로 80년대의 3분의 1도 안 된다. 외환위기를 거치며 잠재성장률이 급락한 1998년 이후 청년실업률이 치솟기 시작했다는 점은 고용이 성장률과 얼마나 밀접한 연관이 있는지를 잘 보여준다.

성장해도 고용이 늘지 않는 이른바 '고용 없는 성장'의 영향도 무시할 수 없다. 10년 전만 해도 성장률이 1퍼센트 포인트 늘어나면 10만 개 가까운 일자리가 생길 만큼 성장의 고용창출능력이 컸다. 하지만 지금은 1퍼센트 성장에 4~5만 개의 일자리가 만들어지는 게 고작이다. 특히 청년들이 선호하는 대기업 일자리는 설비 자동화 등의 영향으로 계속 줄어들고 있다. 최근 10년간 종업원 300인 이상 대기업 종사자는 30퍼센트나 급감했다. 문제는 앞으로 2~3퍼센트 대 저성장이 고착화할 우려가 크다는 점이다. 갈수록 성장률은 낮아지고 대기업의 고용창출능력도 떨어지니, 청년실업이 회복될 가능성은 크지 않은 셈이다.

2012, 2013년 총선과 대선을 거치면서 2040세대의 분노에 관한 관심이 커졌다. 여당 고위관계자는 20대는 앞날이 불안하고, 30대는 좌절했고, 40대는 분노했고, 그 때문에 민심이 다 돌아섰다고 했다. 20대의 취업난, 30대의 사교육비 부담, 40대의 노후 불안 등 2040의 분노가 반여反與 정서의 토대라는 분석이다. 하지만 고성장의 과실을 누렸던 40대와 사회의 첫 출발 단계부터 좌절할 수밖에 없는 20대를 어찌 같이 비교할 수 있으랴. 40대가 대학 시절 취업을 고민하기보다는 '정의' '민주' 등의 관념적 이념을 좇을 수 있었던 것도 '일자리'라는 기댈 언덕이 있었기 때문일지 모른다.

정부가 경제개발계획을 추진한 지 만 50년이 넘었다. 50년 동안 한국 경제를 이끌어 온 성장 중심의 패러다임은 이제 종말을 고했다. 대기업이 사상 최대의 수익을 내고 설비투자를 아무리 늘려도 고용이 늘어나지 않는 게 현실이다. 성장만으로 일자리를 만들어낼 수 없다는 점을 인정하고 일자리 위주의 새로운 경제 패러다임을 고

Tip

청년실업률

15~29세 청년층 중 실업자의 비율. 여기에서 실업자는 적극 구직활동을 한 사람을 말한다. 2013년 5월 기준 우리나라의 청년실업률은 7.4퍼센트. 하지만 취업준비생, 구직단념자, 주당 36시간 미만 일하는 불완전 취업자 등 실업자 통계에서 빠지는 사람도 사실상 적극 구직자에 가까운 점을 고려하면 체감 청년실업률은 20퍼센트를 웃돈다는 분석이다.

민해야 한다. 기성세대는 젊은 세대의 좌절을 위무하고 그들과 연대할 의무와 책임이 있다. 젊은이들의 분노를 내버려두는 사회는 희망을 얘기할 자격이 없다.

공무원 시험에 '올인' 하는 젊은이들

_____ 국립대학법인으로 새롭게 출범한 서울대는 2012년 11월 사상 처음 9급 교직원을 공개채용 방식으로 뽑았다. 연봉은 공무원 9급과 같은 2,000만 원대 초반. 대기업의 절반 수준이다. 그런데 깜짝 놀랄 일이 벌어졌다. 42명 모집에 총 2,576명이 지원했다. 서울대 출신만 93명, 이른바 SKY로 불리는 명문대 출신 지원자는 338명에 달했다. 삼성전자, LG전자 등 국내 30대 대기업 출신이 119명이었고, 국내 굴지의 시중은행과 공기업에 다니는 지원자도 적지 않았다. 석사 학위 이상 소지자도 200명 가까이 됐다.

"지금까지 서울대 출신이 9급 교직원 자리에 지원한 적은 한 번도 없었다."

서울대 측의 설명이다. 왜 이런 일이 벌어진 걸까? 이른바 잘 나가는 직장에서 오랜 기간 살아남기가 어렵다 보니 연봉은 적더라도 정년이 보장되고 안정적인 공무원을 선호하는 것이다. 실제 서울대 9급 교직원은 60세 정년과 오후 6시 퇴근과 주말 휴무를 보장받고 퇴직하면 사학연금도 받는다. 3년의 육아휴직과 90일의 출산 휴가가 보장되며, 1년에 최대 21일의 휴가를 쓸 수 있다. 고등학교까지 자녀 학비가 전액 지원되고 대학 학자금도 무이자로 융자해준다.

_____ "이른바 SKY대학을 나와 졸업과 동시에 대기업에 취직했고, 30대 중반에 연봉 7,000만 원을 받고 있으니 남들이 보기엔 썩 괜찮은 인생을 사는 거라고 여길 수도 있겠죠. 또래들보다 수입이 적은 것도 아니고요. 하지만 선배들을 보면 '이렇게 살아서 뭐 하나?' 싶은 생각이 들 때가 잦아요. 대기업 임원이 되는 걸 '별을 딴다'고 표현하잖아요. 그만큼 어렵다는 얘긴데, 실제 임원 승진이 안 돼 40대 후반에 회사를 그만두는 경우가 대부분이에요.

직장을 그만둔 선배들의 행로는 비참하죠. 사업한답시고 퇴직금으로 식당이나 편의점, 커피전문점 차렸다가 1년도 안 돼 홀랑 까먹는 경우가 다반사죠. 아파트 담보로 또 한 번 창업을 시도했다가 날리면 그 즉시 빈곤층으로 전락하는 겁니다. 현실에 안주하며 지내다 불안한 미래를 맞닥뜨리는 것보다는, 지금이라도 공무원으로 갈아타는 게 낫다는 생각입니다."(공무원시험을 준비 중인 30대 회사원)

우리 집은 한때 동물농장이었다. 토끼, 자라, 열대어, 장수풍뎅이, 도롱뇽, 올챙이 등을 담은 상자가 아파트 거실과 베란다에 가득했다. 2006년 겨울 단독주택으로 옮긴 뒤엔 닭과 다람쥐, 개미, 미꾸

라지도 키웠다. 강아지 두 마리와 햄스터, 가재, 앵무새 등도 한 식구였다. 동물 애호가인 아들 때문이다. 아들은 어렸을 때부터 입버릇처럼 생물학자나 동물조련사가 되겠다더니, 중학교에 들어가면서 희망 직업이 은행원으로 바뀌었다. "돈을 많이 벌 수 있기 때문"이란다. 은행 금고와 창구에 쌓인 돈이 모두 은행원 주머니로 들어가는 줄 알았던 모양이다.

고등학교에 진학하자 생각이 또 바뀌었다. 삶의 고단함을 벌써 눈치채버린 걸까. 아들이 「10년 뒤의 나」라는 제목으로 쓴 작문을 우연히 읽었는데 장래 직업으로 공무원을 꼽았다. 대학에서 경영학을 전공한 뒤 행정고시를 봐서 5급 공무원이 되겠단다. 그 이유가 걸작이다. '안정적이다, 퇴근하는 시간이 이르다, 스트레스가 적다.' 직업 선택의 기준이 '내가 좋아하는 것'에서 '돈'을 거쳐 '안정성'으로 바뀐 것이다. 대한민국 공무원이 세계에서 가장 좋은 직업인 줄 어찌 알았는지 신기할 따름이다.

대학이 괜스레 고시학원으로 전락했겠는가. 누구도 5급 공무원이 현재로선 최상의 선택임을 부인하진 못할 것이다. 물론 공직 진출이 생각만큼 쉬운 일은 아니다. 우선 수백 대 1의 경쟁률을 뚫어야 한다. 다행스러운 것은 암기형 시험이어서 적성과 창의성 따위는 무시하고 영어, 국사, 행정법 등 특정 과목을 집중적으로 준비하면 된다. 대신 상당한 시간을 투자해야 하니 대학생활의 낭만은 포기하는 게 좋다. '다양한 독서를 통해 전문지식을 닦아야 할 귀중한 시기'라는 따위의 허언에도 절대 귀 기울여서는 안 된다. 수험용 교과서에만 매달려야 고시 폐인의 대열에 들지 않는다.

일단 시험에만 붙으면 탄탄대로다. 진입이 어려울 뿐 공무원만 되면 경쟁에서 빗겨나 안정된 삶을 누릴 수 있다. '노동 유연성'은 민간에만 요구되는 구호일 뿐 '신분 보장'이라는 단단한 울타리가 쳐진다. 복지부동해도 제자리만 지키면 승진이 되고 월급도 올라간다. 순환보직제이니 전문성이 없어도 이 부서 저 부서 돌아다니며 경력을 쌓을 수 있다.

민간의 활력과 전문성을 공직사회에 이식하겠다며 개방형 직위제를 도입한 지 10년이 넘었지만, 순수 민간비율은 20퍼센트도 채 안된다. 해당 부처 공무원이 유리하도록 자격 요건에 진입 장벽을 잘 쳐놓았기 때문이다. 요행히 외부 전문가가 들어오더라도 공직사회의 순혈주의를 극복하기는 거의 불가능하다.

다른 직업이 따라오기 어려운 최대 장점은 안락한 노후가 보장된다는 점이다. 고시 선후배들이 서로 챙겨주는 패거리 문화가 든든한 탓이다. '모피아'(옛 재무부의 영문표기 MOF를 마피아에 빗댄 말)가 대표적이다. 끼리끼리 밀어주고 당겨주며 정부 고위직과 공기업 사장은 물론, 민간 금융회사 요직까지 독식한다. 관치官治와 반시장적 정경유착의 토대가 절로 만들어지니 누이 좋고 매부 좋다.

관료들을 시샘하는 세력은 '공직사회의 경쟁력 강화'라는 명분으로 고시 중심의 단선적 임용방식을 보완하자는 주장을 줄기차게 해댄다. 석박사 등 전문가 집단의 공채, 특채, 개방직 확대, 인턴십 제도의 도입 등 그간 제기된 아이디어도 많다. 이명박 전 대통령도 공무원 임용방식의 변화를 여러 번 천명했다.

"공직자를 고시로 뽑는 방법 외에 다양한 인재가 각 방면에서 들어오도록 할 생각이다."

"외교관을 외무고시로만 뽑으면 전문성이 떨어진다."

하지만 반세기 전통을 자랑하는 경직된 공무원 채용방식은 요지부동이다. 당장은 관료들과 공생하는 게 편하니 정권도 슬며시 꼬리를 내리게 마련이다.

고시는 전근대적 과거科擧제도와 다를 게 없다. 단 한 번의 시험으로 한국 사회 지배구조의 정점에 오를 수 있다. 견고한 진입 장벽 안에서 기수로 묶여 자기 세력을 확대 재생산한다. 다양하고 전문화한 행정수요 대응과는 거리가 먼 시스템이지만, 밥그릇 지키기엔 그만이다. 아들은 과연 고시의 벽을 뚫고 공무원이 될 수 있을까?

쉽지 않은 게임이 될 것이다. 공무원과 공공기관 취업 경쟁률은 이미 10여 년 전부터 수백 대 1을 넘어섰다. 심한 경우 1,000대 1을 넘기도 한다. '사오정' '오륙도'라는 말처럼 정년이 보장되지 않는 사회 분위기 탓이다. 이러다 보니 대학생 대상의 직업선호도 조사를 해보면 남학생은 '정부기관 및 공사', 여학생은 '교사'가 항상 1위다.

심지어 미혼남녀가 배우자를 고르는 데에도 가늘고 길게 살 수 있는 직업을 선호한다. 최근 한 결혼정보업체가 내놓은 자료를 보면 미혼여성이 선호하는 배우자의 직업은 공무원·공기업(42.4퍼센트), 교사(22.4퍼센트) 등의 순이었다. 미혼 남녀의 배우자 직업 선택기준도 단연 '안정성'이다. 한때 인기 배우자였던 판·검사, 변호사 등 법조인은 2001년 3위에서 2012년 13위로 밀려났다. 전문직이기는 하나 로스쿨 제도 도입과 법률시장 개방 등으로 법조인 수가 급증하면서 미래 시장 환경이 불투명하다는 이유로 공무원 등 안정적인 월급쟁이보다 선호도가 떨어지는 것이다.

나이와 학력 제한이 사라지면서 고용 불안에 지친 직장인, 석박사, 공인회계사 등 학력 인플레로 취업난에 시달리는 고학력 자격증 보유자들이 대거 공기업 공채에 몰리는 현상도 심해졌다. 실제 공무원시험 전문학원이 밀집한 서울 노량진 학원가는 평일 저녁이나 주말이면 번듯한 직장에 다니는 30대, 40대로 문전성시를 이룬다.

한 사회의 우수한 인적자원이 온통 공직으로만 향하는 이런 현상은 분명 정상이 아니다. 언제까지 이런 불합리와 모순된 상황을 내버려둬야 하나. 우리나라가 비록 세계 10위권의 경제 대국으로 성장했지만, 누구도 한국을 선진국이라고 부르지는 않는다. 선진국은 청소원과 대기업 임원의 임금 격차가 우리처럼 크지 않다. 공무원이 아니어도 안정적인 노후를 보낼 수 있도록 국가가 최소한의 인간적 삶의 조건을 보장해 준다.

"대기업은 40대 중반만 넘어도 퇴직을 염두에 둬야 할 만큼 고용 안정성이 떨어지잖아요. 그러니 정년이 보장되고 복리후생제도가 좋은 공무원이나 공기업에 매달리는 거죠."(20대 취업준비생) 이런 젊은 세대에게 우리는 과연 "취업 눈높이를 낮춰라. 실패를 두려워하지 말고 민간 기업과 창업에 과감히 도전하라"고 말할 자격이 있는 걸까?

6장

임금 절벽 –
열심히 일해도 가난을 벗어날 수 없다

1억 원 월급과 75만 원 월급

_____ 몇 년 전 교통사고 소송 과정에서 삼성전자 부사장의 연봉이 공개됐다. 2008년 한 해 동안 급여와 성과급을 더해 10억 2,000만 원의 연봉을 받았다고 한다. 삼성전자 직원 1인당 평균 연봉 6,780만 원(2009년 본사 기준)의 15배, 도시 가구 중위소득 3,626만 원(통계청 2010년 기준)의 28배였다. 연봉이 1,000만 원 이하인 우리나라 전체 근로자 26.3퍼센트(450만 3,432명·2008년 과세대상자 기준)와 비교하면 100배 이상이다.

사장급 CEO의 연봉은 여기서 몇 배가 더 뛴다. 진대제 전 삼성전자 CEO의 연봉은 52억 원으로 알려졌다. 2010년 삼성전자 사업보고서를 보면 최지성 사장 등 4명의 사내이사에게 1인당 평

균 108억 원이 지급됐다. 월급의 15퍼센트를 자진 삭감하겠다고
밝혀 화제가 됐던 어윤대 전 KB금융지주 회장의 연봉은 성과급
을 포함해 20억 원 안팎으로 전해졌다.

_____ "우리는 점심으로 싸온 찬밥을 여자화장실 맨 구석 좁
은 비품 칸에서 무릎을 세우고 먹습니다. 학생들이 옆 칸에서 용
변을 보면 숨을 죽이고 김치 쪽을 소리 안 나게 씹지요."
　대학 청소노동자의 고백이다. 한국의 청소노동자는 약 40만
명. 임금 노동자 중 네 번째로 많다. 이 중 80퍼센트가 50대 이상
여성이다(2008년 중앙고용정보원 자료). 절반 이상이 휴식 공간이 없
어 계단 아래나 화장실이나 석면이 날리는 배관실에서 식은 도시
락을 먹는다. 3년여 전 학교 측의 집단해고에 맞서 농성을 벌였던
홍익대 청소노동자들이 하루 10시간 일하고 받은 임금은 월 75
만 원. 여기에 하루 300원씩 월 9,000원의 식대가 더해진다. 5년
전 삼성전자 부사장 월급(8,500만 원)의 113분의 1이다.

　며칠 전 우리 집 냉장고가 먹통이 됐다. 수리기사가 보더니 압축
기가 고장 났단다. 부품 교체비가 48만 원이라는 말에 큰 맘 먹고
260만 원짜리 새 냉장고를 샀다. 13년간 사용했으니 용도 폐기할
때도 됐다 싶었다. 그런데 단독주택 3층에 살다 보니 부엌에 냉장고
를 설치하기가 여간 어려운 게 아니었다. 문짝을 떼고도 몸체 무게
만 190킬로그램에 달했다.

장정 서너 명이 매달려도 쉽지 않아 보였는데 주문한 냉장고를 싣고 온 젊은이들은 하나같이 체구가 왜소한 앳된 얼굴들이었다. 고장 난 냉장고를 거둬가고 새 냉장고를 장착하느라 4명의 젊은이가 무려 2시간 30분 동안 땀을 펄펄 흘렸다. 그들이 돌아간 뒤 인터넷으로 검색해보니 가전제품 대리점에 소속된 설치기사의 월급은 200만 원이 채 안 됐다. 노동의 값어치가 너무 형편없다는 생각에 가슴 한편이 먹먹해졌다.

대한민국에서 '월급 200만 원'의 소득 서열은 어느 정도일까? 월급 100만 원도 안 되는 아파트 경비원이나 청소원에 비하면 그나마 보수가 나은 편이라고 자위해야 할까? 우리나라는 저임금 근로자(전체 근로자 중간임금의 3분의 2 이하를 받는 근로자) 비중이 세계에서 가장 높다. 2011년 말 미국의 경제학자 존 슈미트John Schmit가 발표한 보고서를 보면, 한국의 전체 근로자 중 저임금 근로자(월급 120만 원 이하) 비중은 25.7퍼센트나 된다. 열심히 일해도 가난을 벗어나기 어려운 근로빈곤층이 4명 중 1명꼴이라는 얘기다. 경제협력개발기구(OECD) 회원국 중 단연 1위다.

다른 한쪽에선 수억~수십억 원의 연봉을 받는 대기업 임원들의 승진 잔치가 요란하다. 실적이 좋은 일부 대기업은 초임 임원인 상무급 연봉이 2억 원을 훌쩍 넘고 전무와 부사장 등 직급이 오를 때마다 급여가 배 이상 오른다고 한다. 주요 대기업 임원의 평균 급여가 우리나라 전체 임금근로자의 39배, 비정규직 근로자의 64배에 달한다는 통계도 있다. 별을 보며 출근하고 밥 먹듯 야근하며 충성을 다한 대가일 것이다. "성과 있는 곳에 보상이 주어지고 책임이 무거운 임원에게 더 많은 보수를 주는 건 당연하다." "실적이 나빠지면 언제 잘릴지 모르는 구조조정 1순위이다. 그 정도 보상은 당연하지 않느냐?"라는 항변도 들린다. "임원의 생산성이 평사원보다 높지 않으냐"는 반론도 나온다.

문제는 임원들 몫이 상대적으로 너무 많고 아래 직급과의 임금 격차가 날로 벌어지고 있다는 점이다. 대기업 임원의 생산성이 아무리 높더라도 평균 연봉이 평사원의 14배(재벌닷컴 조사)나 되는 현실을 정상이라고 보긴 어렵다. 생산성을 합리적 잣대로 측정하긴 쉽지 않거니와 기업 실적이 좋아진 데는 경영진은 물론 직원들과 아래도급업체, 비정규직의 땀과 희생이 있었다고 봐야 한다. 성과를 만든 요인은 다양한데 유독 임원에게 엄청난 몫을 몰아주는 게 과연 정당하냐는 것이다.

오늘날 대기업의 성공은 재벌 중심 성장정책의 결과물이다. 박정희 정권은 압축 성장을 위해 분배는 나중 일이라며 일단 파이를 키우는 데 집중했다. 그래서 한정된 국가 예산을 재벌에 몰아줬고, 경쟁력이 떨어지는 중소기업과 농업은 늘 찬밥 신세였다. 이제 과잉생산이 문제 될 만큼 파이가 커졌지만, 대기업 위주 성장정책에는 변함이 없다.

삼성전자의 성과만 해도 정부의 저금리, 감세, 환율 방어 등이 있었기에 가능했다. 환율은 수출 기업의 수익성을 결정적으로 좌우하는 요인이다. 또한 법인세 감면 및 임시투자세액공제의 80퍼센트 이상은 대기업에 돌아가는데, 삼성전자에 주어진 감세 혜택만 수조 원에 달한다. 부당한 납품대금 인하 등을 감내해 온 중소 협력업체들의 희생도 무시할 수 없다. 그리고 솔직히 본인 실력만으로 임원 됐나? 학연, 지연 등 연고주의와 오너에 대한 충성심이 능력보다 더 중시되는 경우가 많은 게 한국 사회다. 수억 원의 연봉을 받는 공기업 CEO나 감사 자리를 꿰차려면 권력 실세의 낙점을 받아야 한다는 건 상식이다.

임금이 수요와 공급이라는 시장원리만으로 결정되는 것도 아니다. 존 슈미트는 사회적 합의나 제도가 임금을 결정하는 가장 중요한 요인이라고 말한다. 공무원이 대표적이다. 우리나라 대통령의 올해 연봉은 대기업 초임 상무보다 적은 1억 8,941만 원이다. 대통령의 생산성이 대기업 임원보다 낮아서 이런 연봉이 책정된 건 아닐 것이다.

민간이라고 예외일 수는 없다. 어느 나라를 가든 식당 종업원이나 청소원은 다른 일자리에 비해 노동력 공급이 많은 편이지만, 핀란드(8.5퍼센트) 노르웨이(8.0퍼센트) 벨기에(4.0퍼센트) 등의 저임금 근로자 비중은 한국의 3분의 1에서 6분의 1에 불과하다. 비정규직과 여성에 대한 임금차별 금지, 높은 수준의 최저임금 등 사회적 제도를 통해 청소원이나 전화상담실 상담원에게도 중위소득을 보장하기 때문이다. 이 나라 국민의 행복지수가 높은 배경이기도 하다.

전문직과 일반 직종 간 임금 격차도 크지 않다. 독일 의사의 월평균 임금은 4,641유로(2008년 기준·현재 환율로 683만 원). 전문간호사는 의사 임금의 56퍼센트, 전자제품 조립원은 52퍼센트, 건설 철근 공은 47퍼센트 수준이다. 반면 한국의 간호사 임금은 의사(2009년 전문의 기준 월평균 616만 5,000원)의 35퍼센트, 전자제품 조립원은 24퍼센트, 건설 철근공은 29퍼센트에 불과하다. 스웨덴도 경비·청소부 등의 임금이 변호사·과학자 등 전문직 임금의 70퍼센트를 웃돈다.

우리나라 대기업 임원들의 고액 연봉은 정당한 걸까? 무엇보다 국내 기업들은 임원 급여를 결정하는 과정이 투명하지 않다. 총수가 지배하는 이사회가 개인별 임원 보수를 결정하는 구조인데다 전체 총액 외에는 공개도 하지 않는다. 미국식 성과주의의 외피를 두르고 있지만, 실은 임원 몸값을 정하는 데 총수의 입김이 강하게 작용한다는 뜻이다. 임금은 삶의 질을 결정할 뿐더러 소비와 성장의 원천이기도 하다. 성과 있는 곳에 보상이 따르는 건 당연해 보이지만, 정당한 수준의 보상이냐는 차원이 다른 문제다.

지나친 성과주의가 세계 최고의 임금 불평등과 빈부 격차를 낳고 있는 현실도 고려해야 한다. 실제 우리나라의 상대빈곤율은 외환위기 이후 최고 수준이다. 삼성경제연구소에 따르면 한국 사회 중산층 비중은 최근 6년 새 5퍼센트 포인트나 줄어들었다. 선진국보다 임금 격차가 크고 저임금 비중이 높은 탓에 중산층 보호가 어렵다는 분석이다.

그래서 마이클 샌델 하버드대 교수의 정의론을 빌리자면, 이런 의문이 자연스레 든다. 임원들이 무슨 자격으로 직원들보다 수십 배 많은 연봉을 받는가? 직원들과의 임금 차이가 크지 않았던 10년, 20

년 전 임원들은 재능도 없고 일도 적게 했는가? 본인의 노력이나 실력과는 무관하게 권력을 등에 업고 내려온 임원에게 억대의 보수를 주는 것은 정의로운가?

임금 양극화는 경제 성장에도 도움이 안 된다. 국민 살림살이가 펴려면 내수가 살아나야 한다. 그런데 임금 격차가 커져 소비성향이 낮은 부유층에 돈이 쏠리면 성장의 발목을 잡게 마련이다. 서민에게 돈이 돌아야 소비와 생산이 늘고 고용도 창출되는 선순환 구조가 이뤄진다.

민간기업의 몫 나누기를 규제할 방법은 없다. 결국 세금과 복지 지출을 통한 국가의 소득재분배 기능을 강화하는 게 해법이다. 노르웨이처럼 고소득자와 대기업의 세금 부담을 늘리고 복지 수준을 높여 사회안전망을 확실히 구축해야 한다. 양극화를 없애려면 부자 감세와 복지 축소가 아니라 부자 증세와 복지 확대로 가야 한다. 객관적이고 합리적인 임금 책정을 위한 사회적 합의도 시급히 이뤄질 필요가 있다.

Tip

상대빈곤율

전체 가구의 소득을 일렬로 나열했을 때 한가운데 위치한 가구 소득의 50퍼센트 미만에 해당하는 가구 비율을 말한다. 2011년 기준 우리나라 60세 이상 임금 가구의 상대빈곤율은 28.0퍼센트, 자영업가구는 30.0퍼센트로 조사됐다.

공공기관 청원경찰 연봉이 9,000만 원

_____ "청원경찰이 시장가격에 비해 지나치게 비싼 임금을 받는 게 아닌가?" "국민의 혈세로 운영되는 국책은행이 방만한 경영을 일삼고 있다는 증거가 아닌가"

몇 년 전 한국은행 게시판에선 청원경찰의 9,000만 원대 연봉을 둘러싸고 논란이 벌어졌다. 비난이 주를 이뤘다. 사실 비슷한 업무에 종사하는 시중은행의 용역회사 소속 청원경찰 실수령액은 월 100만 원을 간신히 넘는 게 현실이다. 같은 한국은행에 근무하더라도 용역회사에 고용된 특수경비원들의 연간 급여는 2,500만~3,000만 원 선이다. 한은 청원경찰의 평균 연봉 6,300만 원, 최대 9,100만 원보다 턱없이 적은 액수이다. 사회통념에 비춰 청원경찰이 이런 고액 연봉을 받을 만큼의 부가가치를 생산하는지 의문이 가는 것은 당연하다.

대기업·공공부문의 정규직과 비정규직 간 임금과 복지수준은 하늘과 땅 차이다. 공공부문의 정규직, 특히 노조의 보호를 받고 있는 근로자들은 '귀족 노조원'으로 불린다. 한국은행 청원경찰과 운전기사의 9,000만 원대 연봉이 대표적인 사례다. 민간 금융기관에서도 이런 고액 연봉자를 발견하기란 어렵지 않다. 불필요한 지점과 부서를 통폐합하기 위해 구조조정을 하려면 2년 치 월급을 더 얹어주는 게 관행처럼 돼 있다.

일반 대기업도 사정은 비슷하다. 특히 수출 대기업에 근무하는 임직원들의 소득은 상당한 수준이다. 문제는 상대적으로 호조세인 수출실적이 설비투자와 내수 진작으로 연결되지 않는 데 있다. 수출과 내수경기의 양극화는 양 부문에 속한 근로자의 소득 양극화를 낳는다. 그렇다고 대기업 직원들의 조직 충성도가 뛰어난 것도 아니다.

미국의 한 컨설팅 업체가 국내 대기업과 금융기관 직원들의 조직 충성도 및 만족도를 조사한 적이 있다. '친한 친구나 가족에게 자기 회사 입사를 권유하겠느냐'는 질문을 던져 적극 권유(4점), 권유(3점), 권유 않겠음(2점), 반대(1점) 등으로 점수를 매기는 방식이었다. 놀랍게도 국내 최고의 기업이라는 삼성전자 직원들의 평균은 2점 미만이었고 다른 대기업들은 그보다 더 낮은 수준이었다. 이는 선진국 기업들의 평균(3.6점)을 크게 밑도는 수치이다.

"한국 근로자들은 밖에 나가서 자기 회사 욕을 하는 경우가 너무 많다. 누워서 침 뱉기인 데도 아랑곳하지 않는다."

조사를 진행했던 컨설팅 업체 관계자의 지적이다. 우리나라 노동시장의 양극화에는 '귀족노조'로 불리는 공공부문과 대기업 정규직의 이기주의가 자리 잡고 있음을 부인할 수 없다. 비정규직과 다름없는 업무에 종사하면서도 임금은 2배 이상 많은 게 현실이기 때문이다.

당연히 대기업과 공공부문 정규직을 규탄하는 목소리가 나온다. 상대적 기득권 집단으로서 자기 이익 챙기기에만 급급한 이들이 노동시장의 양극화를 조장하는 주범이라는 것이다. 이상수 전 노동부 장관이 "노동 유연성의 타깃은 대기업 정규직이 돼야 한다"고 공언했던 것도 이런 이유 때문일 것이다.

하지만 처우를 둘러싼 논란이 직종 간 형평성에만 초점을 맞춰 진행되는 것은 바람직하지 않다. 대기업 정규직의 이기주의에도 나름의 이유는 있다. 사실 정규직과 비정규직의 노동 지위는 종이 한 장 차이에 불과하다. 기업이 어려워지면 비정규직 못지않게 정규직에도 구조조정의 화살이 날아오는 게 일상이기 때문이다. "언제 해고될지 모르는데 일단 많이 받고 보자"는 노조 이기주의가 작용하는 배경이다.

그럼에도 기득권 집단인 정규직의 이기주의는 결국 자승자박이 될 수밖에 없다. 대기업 정규직이 노동시장의 불평등 해소에 앞장설 때 노동시장의 양극화가 근본적으로 해결될 수 있다는 얘기다. 한국 사회 양극화의 악순환 고리를 끊어내려면 정규직이 통 큰 결단을 내릴 필요가 있다. 물론 일방적인 양보만 강요하는 건 아니다. 급격한 고령화 시대를 맞아 임금을 다소 축소하는 대신 근로시간을 줄이고 정년을 연장하는 것이다. 지금 받을 수 있는 파이를 줄여 가늘고 길게 가는 구조를 만드는 셈이다.

기업들도 경영이 조금만 어려워지면 손쉬운 구조조정에 의존하려 들지 말고 근로자 재취업 교육에 힘써야 한다. 평소 경영 과실을 과감히 직원들에게 나눠주는 노력도 필요하다. 정부는 고용을 늘리고 정년을 연장하는 기업에 법인세 감면 등의 인센티브를 주고, 임금 동결 및 삭감을 통해 고용 창출에 이바지하는 근로자들에겐 소득공제 등의 혜택을 줄 필요가 있다. 이런 식으로 노사정이 의기투합하면 평생고용이 불가능한 것만도 아니다.

사라져가는 중산층

_____ 1989년 사회지표조사에서 자신이 중산층이라고 생각하는 한국인은 60.6퍼센트였다. 1인당 국민소득이 3.5배 불어난 2011년에는 한국인의 50.1퍼센트가 스스로 저소득층이라고 답했다(현대경제연구원 조사). 삼성경제연구소에 따르면 2인 이상 도시 임금근로자 가구 가운데 중산층 비중은 1991년 74.6퍼센트에서 2011년 63.7퍼센트로 줄었다. 1인가구나 농어촌가구를 포함하면 중산층 비중은 더 떨어질 것으로 예상된다.

_____ '가난한 사람은 소득이 낮은 데 따른 사회적 비용을 추가 부담해야 한다.' 워싱턴포스트 인터넷판에 보도된 기사다. 예컨대 자동차가 없는 가정은 대형 할인점을 이용하기 어려워 싼 가격에 식료품을 살 수 없다. 대형할인점에서 개당 1달러에 파는 흰 빵을 동네 상점에서 2.99달러 주고 사 먹어야 한다. 공과금을 낼 때도 은행 계좌가 없어 비싼 수수료를 지급하며 대행업소를 이용하는 사례가 흔하다.

중산층을 확대하는 데 가장 효과적인 방법은 저소득층의 소득을 늘려주는 것이다. 하지만 현실에선 거꾸로다. 똑같은 효용을 얻기 위해 가난한 사람들이 더 큰 비용을 지급해야 한다. 저소득층의 생활비 부담이 더 큰 역설은 비단 미국만의 일이 아니다.

시중은행은 거액을 맡기는 부자 고객에겐 높은 금리를 준다. 하지만 소규모 예금에는 쥐꼬리만 한 금리를 얹어줄 뿐이다. 연간 수십억 원의 소득을 올리는 변호사, 의사 등 상류층 고객의 무담보 신용대출 금리가 서민들의 주택담보대출 금리보다 훨씬 낮다. 서민들에 대한 혜택을 줄여 고액 예금자에게 더 많은 혜택을 주는 것이다.

시장 원리를 내세워 서민들을 차별하는 경우는 곳곳에 널려 있다. 국내 한 대형 건설사는 인천 송도에서 분양가상한제를 적용해 아파트를 분양하면서 대형 평형은 분양가를 크게 내렸지만, 소형은 오히려 분양가를 올렸다. 소형 평형의 수요가 더 많기 때문이라는 이유였다. 하지만 서민들의 내 집 마련을 위해 도입한 분양가상한제가 오히려 서민들의 마음을 아프게 한 역설을 어찌 이해해야 할까.

가난한 사람은 사회적 비용만 더 부담하는 게 아니다. 출발선부터 공정한 기회를 보장받지 못한다. 우리나라 아동 청소년 8명 중 1명은 빈곤 환경에 노출돼 있다. 그들이 계층 상승을 하기는 거의 불가능하다. 그들의 절반은 '한부모 가정'에 속하며 주거 환경과 교육 여건도 열악하기 때문이다. 소득 불평등이 고착화할 수밖에 없는 구조다. 바로 여기에 정부의 역할이 있다. 소외된 이웃과 사회적 약자에 대한 배려야말로 중산층 비중을 끌어올릴 수 있는 최선의 정책이다.

하지만 역대 정부는 말로만 중산층 재건을 외쳤을 뿐이다. 그에 맞는 정책적 노력은 보여주지 못했다. 노무현 전 대통령은 한국 사회 각 분야의 불균형 해소를 위해 각별한 노력을 기울였지만, 서민들의 삶은 크게 나아지지 않았다. 오히려 부동산 값이 폭등하고 비정규직만 양산해 빈부 격차는 더욱 벌어졌다. 보수는 물론 진보 진영에서조차 중산층 늘리기에 실패한 대통령이라는 평가를 받았던 배경이다.

참여정부와는 달리 이명박 정부는 기존 불균형 전략을 더욱 강하게 밀어붙였다. 대기업 법인세를 낮추고 부동산 부자들에 대한 종합부동산세와 양도세를 대폭 줄여줬다. 부유층과 대기업을 겨냥한 감세 및 규제 완화 정책이 서민들에게도 떡고물을 안겨줄 것이라고 자신했다. 하지만 중산층 비중은 참여정부 때보다 더 떨어졌다.

박근혜 정부는 "중산층 비중을 70퍼센트까지 끌어올리겠다"고 약속했다. 문제는 이명박 정부와 마찬가지로 규제 완화를 통한 대기업 위주의 성장전략을 추구하고 있다는 점이다. '효율'과 '경쟁'을 통해 사회 전체의 파이를 늘리면 중산층이 두터워질 것이라는 생각이다. 하지만 수출 대기업 중심의 성장이 내수 진작과 저소득층의 일자리 창출로 연결되기는 쉽지 않은 구조여서 박근혜 정부의 중산층 확대 정책도 난관에 봉착할 가능성이 크다.

한국의 상대빈곤율(중위소득의 50퍼센트에 미달하는 빈곤가구의 비율)은 외환위기 이후 최고 수준이다. 우리 사회 중산층 비중은 최근 6년 새 5퍼센트 포인트 이상 줄어들었다. 선진국보다 임금 격차가 크고 저임금 비중이 높은 탓에 중산층 보호가 어려운 게 현실이다. 이런 상황에서 '중산층 비중 70퍼센트'를 달성하기는 쉽지 않다. 결국 세금과 복지 지출을 통한 국가의 소득재분배 기능을 강화하는 게 해법이다. 북유럽처럼 고소득자와 대기업의 세금 부담을 늘리고 복지 수준을 높여 사회안전망을 확실히 구축해야 한다. 중산층을 늘리려면 부자 감세와 복지 축소가 아니라 부자 증세와 복지 확대로 가야 한다.

7장
금융 절벽 –
대한민국 가계의 60퍼센트가 빚의 노예다

화창한 날 우산 주고 비 오는 날 뺏어간다

_____ 3,000만 원 대출한도의 마이너스통장을 개설한 지 10년이 넘었다. 딱히 대출의 필요성을 느꼈다기보다는, 주거래은행 창구 직원의 권유로 얼떨결에 만들었던 것으로 기억한다. 그런데 생활하다 보면 급전이 필요한 경우가 종종 생겨 마이너스통장이 여간 편리한 게 아니다. 소득은 좀체 늘지 않는데 아이들 교육비 등 씀씀이는 커지고 물가는 치솟으니, 이제 마이너스통장이 없으면 생활할 수 있을지 걱정스러울 정도다. 물론 응분의 대가는 치르고 있다. 10년 이상 꼬박꼬박 이자를 냈고 지금도 두 자리 수 가까운 이자를 부담한다.

담보 없이 개인신용으로 빌려주는 돈이니 담보대출에 비해 비싼 금리를 받는 건 이해가 간다. 한데 이상한 것은 시장금리가 떨어져도 금리 깎아줄 생각은 좀체 하지 않는다는 점이다. 금리가 내렸으니 반영해달라고 닦달하면, 마지못해 0.1~0.2퍼센트 포인트 깎아주는 시늉을 하는 게 고작이다. 반대로 시장금리가 오르면 득달같이 금리를 올리겠다고 통보해 온다. 그것도 시장금리 인상분보다 훨씬 큰 폭으로. 가계부채가 사회적 이슈로 등장한 2011년 가을에도 거래은행에서 전화가 왔다. 가계 빚을 줄이라는 정부 방침에 따라 금리를 1.1퍼센트 포인트 올리겠다는 것이었다. 한국은행의 금리 인하로 시장금리는 계속 떨어진다는데 한꺼번에 그리 많이 올리겠다니 억울하기 짝이 없었다.

'비 올 때 우산 빼앗아 가는 곳'. 금융소비자들이 '은행' 하면 흔히 떠올리는 이미지다. 평소에는 마음껏 돈을 쓰라고 부추기다가 어려운 일이 생기면 하이에나처럼 매몰차게 돌변해 빚 독촉을 해대기 때문이다. 시중은행들은 2012년 상반기에만 10조 원 이상의 순익을 냈다. 정부의 가계 빚 억제대책에 기대 각종 대출금리를 올린 덕분이다. 반면 가계 빚은 눈덩이처럼 불어나 1,000조 원을 넘어섰고, 개인의 부채상환능력은 금융위기 직전의 미국에도 못 미칠 정도로 심각하다. 가히 한국 경제의 시한폭탄인 셈이다.

가계 빚이 늘어난 데는 정부와 금융회사들의 책임이 크다. 정부는 개방적 금융위기 이후 침체한 부동산 경기를 살리기 위해 빚내서 집을 사도록 부추겼다. 금융권은 돈벌이를 위해 경쟁적으로 가계대출을 늘려왔다. 특히 주택담보대출은 금융회사 입장에선 땅 짚고 헤엄치기나 다름없다. 20~30년 동안 원금에 가까운 이자를 챙길 수 있는데다 채무자의 상환능력이 떨어지면 집을 압류해 강제 처분하면 된다. 대출구조도 금리 인상이나 주택가격 하락에 취약한 변동금리가 90퍼센트를 넘는다.

그러니 과잉 친절까지 베풀며 돌려받기 어려운 수준의 과도한 대출을 유도하는 것이다. 그러다 위기 상황이 오면 마구잡이 대출에 대한 모든 책임을 서민들에게 떠넘긴다. 금융회사들이 금리를 올려 대출 수요를 밀어내면 서민들은 조건이 더 열악한 제2금융권을 찾을 수밖에 없고, 결국 가계의 빚 구조는 더 나빠지는 악순환에 빠지게 된다. 그야말로 '약탈적 금융'이다.

물론 은행도 기업인지라 돈벌이를 무조건 탓할 수만은 없다. 그러나 경제가 어려운 상황에서 은행이 무분별한 대출로 사상 최대의 수익을 내는 건 정상이 아니다. 은행은 경제가 원활히 작동하기 위한 사회의 필수 기반시설이다. 은행이 경제 인프라로서의 공공성을 망각한 채 자기 배만 불리는 것은 자멸의 길을 재촉하는 것이다.

서민들에게 고통을 전가하면서 은행 배만 불리는 방식으론 지금의 심각한 가계부채 문제를 해결하기 어렵다. 과도한 이자 중간이윤과 불합리한 수수료 체계를 바로잡아 가계와 중소기업의 구조조정을 도와야 한다. 그래야 은행도 지속 가능한 수익구조를 만들어낼 수 있다. 우리 사회가 은행에 자금중개라는 엄청난 권력을 부여한 이유를 잘 생각해야 한다.

은행의 최고경영자CEO들은 입버릇처럼 고객과 함께하는 따뜻한 은행이 되겠다고 말한다.

"비가 오지 않을 때 우산을 빌려주고, 비가 온다고 해서 우산을 뺏는 그런 비겁한 행동은 하지 않겠다."

강권석 전 기업은행장이 입버릇처럼 설파했던 '우산론'이다. 최근 서진원 신한은행장도 "비 올 때 제일 먼저 우산을 뺏는 은행이라는 오명을 씻겠다"고 다짐했다. 말이 아니라 행동으로 보여주기 바란다. 은행의 화려한 돈 잔치 밑에서 신음하는 서민들과 중소기업의 고통을 외면해선 안 된다.

부유층과 권력자만 우대하는 금융

_____ 1년여 전 금융당국 고위 관료와 대화를 나누다 그가 적용받는 신용대출 금리 수준을 듣고는 깜짝 놀랐다. 내가 이용하는 같은 은행에서 그는 5퍼센트 대 초반의 마이너스대출을 쓰고 있었다. 당시 은행 신용대출 평균 금리가 7.9퍼센트 수준이었으니 상당한 우대금리를 적용받는 셈이었다. 연봉 차이가 크지 않은 나에 비해 4퍼센트 포인트 가까이 낮을 뿐더러 그 은행이 임직원들에게 제공하는 마이너스대출 금리 6퍼센트와 비교해도 파격적이었다. 더욱이 나는 10년 이상 '우수고객' 대접을 받아왔다. 온갖 공과금을 이체해 놓은 월급통장에 마이너스대출을 설정한 데다 연금저축, 정기예금 등에도 가입한 상태였다. 고위 공무원과

나의 신용대출 금리는 과연 공정하게 책정된 걸까?

　상당수 직장인이 마이너스대출 통장을 이용한다. 소액의 생활자금이 부족할 때 한도 내에서 언제든 꺼내 쓸 수 있는 장점이 있기 때문이다. 하지만 1년에 한 번씩 바뀌는 금리 결정 과정에 시중금리 흐름이나 개인 신용도가 제대로 반영되는지는 의문이다. 실제 대출 기한이 도래하면 은행 콜센터 직원이 전화해 일방적으로 조정된 대출금리를 통보해온다. 담보 없이 신용으로 빌려주는 것만도 감사하라는 투다. 더욱이 금리가 내릴 때는 '찔끔' 내려주고 금리 인상기엔 1~2퍼센트 포인트 '왕창' 올리는 경우가 일반적이다.

　수년 전 정부과천청사에 출입했을 때도 비슷한 경험을 했다. 청사에 입주한 농협 창구에서 다른 은행 송금을 의뢰했는데 수수료를 받지 않았다. 농협과 거래한 적이 없어 웬 떡이냐 싶었는데, 직원은 "모든 청사 근무자들에게 무료로 해주고 있다"고 했다. 얼마 뒤 청사 내 현금자동입출금기ATM에서 현금을 찾았는데 역시 수수료가 부과되지 않았다. 여름 휴가철이 다가오자 농협에서 문자메시지가 날아왔다. 시중은행의 환전 이벤트도 50퍼센트 정도 할인해주는 게 고작이었는데, 조건 없이 환전 수수료를 70퍼센트 깎아줄 테니 이용하란다.

　돈 몇 푼이 아쉬운 서민들에겐 600~3,000원 정도인 은행 수수료도 상당한 부담이다. 그러니 어떻게든 우량고객이 돼 수수료 혜택을 받아보려고 발버둥을 치는 게 현실이다. 일반인은 오랜 기간 은행과

거래하며 신뢰를 쌓아야만 수수료 혜택을 받을 수 있다는 얘기다. 그런데 오로지 공무원이라는 이유로 수수료 면제 혜택을 주는 걸 어떻게 이해해야 하나? 공무원의 권한을 의식한 과도한 특혜로밖에 볼 수 없다. 소득이나 연체율 등과 무관하게 특정 직업에 종사한다는 이유로 우대금리를 제공하는 것 또한 국회의원들이 의정활동과 전혀 관련 없는 오만 가지 특혜를 누리는 것과 마찬가지다.

고액 자산가와 공무원 등 기득권층을 우대하고 서민들을 홀대하는 금융권의 약탈적 관행은 최근 감사원의 금융권 감독실태 보고서에서도 확인된다. 신한은행은 고객 학력이 낮다는 이유로 비싼 대출 이자를 물리거나 아예 대출을 거절해왔다. 대다수 시중은행은 가산금리를 허락 없이 올려 매년 수조 원대의 천문학적인 추가 이익도 챙겼다.

다른 금융회사도 은행에 뒤지지 않는다. 카드사들은 불과 수백 명 정도인 VVIP 카드 회원에게 각종 부가서비스를 제공하느라 매년 수십억 원씩의 손실을 감수한다. 그러면서도 수천억 원의 순익을 내고 있다. 부유층에게 과도한 혜택을 베풀고 그 손실은 서민들이 낸 카드론 이자 등으로 메우는 것이다. 사고 위험이 클수록 더욱 필요한 게 보험이다. 그런데 보험사들은 국회의원 변호사 등 고액 연봉자의 보험료를 싸게 책정하고 절실하게 보험이 있어야 하는 서민들에겐 비싼 보험료를 받고 있다.

금융회사도 영리를 추구하는 사기업인 이상 일정 부분 수익성을 따지지 않을 수 없다. 하지만 금융업은 국가와 국민이 허가해준 면

허중으로 운영되는 특수한 비즈니스다. 일반 제조업보다 더 많은 공공성과 사회적 역할이 요구된다는 뜻이다. 경제의 혈관 역할을 하는 금융이 돈벌이에만 매달리면 사회가 건강하게 성장하기 어렵다. 서민들과 영세기업에 한 푼이라도 싼 자금을 공급하는 착한 은행, 소나기 올 때 우산을 펴주는 따뜻한 은행만이 고객의 신뢰를 바탕으로 튼튼한 뿌리를 내릴 수 있다. 예대금리차에 의존해 서민들 주머니의 푼돈을 빼앗아 공무원, 재벌 등 기득권층에게 혜택을 주는 식의 약탈적 관행은 이제 끝낼 때가 됐다.

저축률 세계 1위에서 가계부채 천국으로

_____ 대기업에 다니는 최 모(46) 씨는 2009년 2억 원을 대출받아 경기 파주시 운정지구에 3억 5,000만 원짜리 아파트를 분양 받았다. 자기 집이 있었지만, 발전 가능성이 큰 지역이라는 판단에 한 채를 더 산 것이다. 홀벌이인 그의 월 소득은 세후 420만 원선. 대출 원리금과 아이 두 명의 학원비 등을 내고 나면 남는 돈이 거의 없다. 설상가상 아파트값 내림세가 이어지면서 분양가보다 5,000만 원 이상 떨어졌다. 완공과 동시에 집을 팔려고 내놓았지만, 아직 팔릴 기미조차 보이지 않는다.

"월급은 쥐꼬리만큼 오르는데 대출 원리금은 꼬박꼬박 빠져나가고, 집은 팔리지 않고, 정말 미쳐버릴 것 같습니다."

_____ 서울 서대문구 한 전통시장에서 생선 장사를 하는 김 모 (46) 씨. 주변에 대형할인점, 할인점 등이 늘어나 매출은 갈수록 줄어드는 반면, 아이들이 커가면서 교육비를 비롯한 생활비는 늘어나 적자의 연속이었다. 도저히 적자를 메울 방법이 없어 3년 전 인근 저축은행에서 20퍼센트 중반의 금리로 1,000만 원을 빌렸다. 그런데 이게 화근이었다. 모자란 생활비를 손쉽게 대출로 해결하다 보니 순식간에 가계 빚이 불어났다. 2년 전쯤 20퍼센트 중반대 금리로 카드론 1,000만 원을 빌렸고, 1년 전 큰 애가 대학에 진학하면서 대부업체에서 30퍼센트 후반대 금리로 1,000만 원을 또 빌렸다.

"우리 같은 서민들이 은행 돈을 쓰기는 쉽지 않아요. 아파트 담보라도 있으면 모를까, 전세 사는 상인들은 저축은행·카드사 등 2금융권에서 고금리 대출을 쓰거나 심지어 사채나 일수를 이용하는 때도 흔하지요. 담보가 있어도 대출 심사가 까다롭고 심사 기간도 오래 걸려서 돈이 급하다 보면 대부업체로 달려가는 경우도 많고요. 부인 몰래 사채를 사채로 돌려막다가 들통 나 이혼한 상인들도 여럿 있습니다."

2005년 말 단독주택을 사면서 집값의 3분의 1을 대출로 충당한 적이 있다. 월급으로는 원금을 갚아나갈 능력이 안 됐기 때문에 거치 기간을 늘려 잡았다. 당분간 이자만 부담하다가 집값이 오르면 원금까지 해결할 수 있으리라는 판단이었다. 주택담보대출 금리가

5퍼센트 안팎일 무렵이었으니, 1억 원을 빌려도 연간 이자 부담은 500만 원 수준에 불과했다. 3~4년 뒤 집값이 1억 원 정도 오른다면 이자를 제하고도 9,000만 원 이상 남으리라는 계산이었다.

사실 자기 돈 갖고 집을 사는 사람은 많지 않다. 서울 지역 근로자가 매달 84만 원씩 저축해 109제곱미터(33평)형 아파트를 사려면 평균 56년 6개월이 걸리는 현실이니, 너도나도 '머니 게임'에 매달리는 걸 나무랄 수도 없다. 물론 집값이 꾸준히 올라준다면 아무런 문제도 안 될 것이다. 그런데 주택경기가 얼어붙으면서 거래는 실종됐고 부동산 버블 논쟁만 무성하니 고민이 아닐 수 없다.

지금 한국의 부동산시장은 장기 불황과 미분양 주택 누적, 거래 실종으로 빈사 상태다. 인구 및 주택 수요층의 감소로 장기 집값 전망도 좋지 않다. 더욱이 가계의 부채 상환능력은 사상 최악 수준이다. 가계 소득이 정체한 가운데 빚이 계속 늘다 보니 실소득 대비 부채비율이 160퍼센트를 넘는다. 글로벌 금융위기 이후 미국, 영국, 일본 등 선진국들의 가계부채가 줄어들고 있는 것과는 대조적이다. 우리나라 가계 빚은 주로 아파트, 토지 등 실물자산을 기반으로 하고 있다. 금리가 오르는 상황이 온다면 대출을 얻어 집을 산 사람들은 집값 하락 손실에다 원리금 상환부담 가중으로 치명상을 입을 수밖에 없다. 가계부채 부실은 금융기관의 부실과 소비 위축을 가져올 게 분명하다. "한국 경제의 가장 큰 걱정거리는 가계부채"라는 경고가 끊이지 않는 이유다.

그렇다면 가계부채의 심각성은 어느 정도일까? 우리나라의 2012

년 말 현재 가계부채 총량은 959조 4,000억 원. 사실상 생계형 가계부채로 볼 수 있는 자영업자 대출액을 포함하면 1,100조 원을 넘어선다. 이 가운데 은행권 주택담보대출은 2009년 말 264조 2,283억 원에서 2012년 말 316조 9,088억 원으로 19.9퍼센트(52조 6,805억 원)나 치솟았다. 문제는 미국, 영국, 스페인, 노르웨이 등 선진국은 주택경기가 점차 회복되면서 가계부채 규모가 축소되는 반면, 우리나라는 가계부채 규모가 계속 커지고 있다는 점이다. 더욱이 우리나라 가계의 실소득 대비 부채 규모는 세계 최고 수준이다.

한국은행의 '2012년 가계금융·복지조사' 결과를 보면 우리나라 가구의 58.9퍼센트는 원리금 상환 부담 탓에 생계에 어려움을 겪고 있다. 특히 빚이 있는 저소득층(소득 하위 20퍼센트) 가구는 벌어들인 돈에서 세금과 4대 보험 등을 빼고 손에 남는 실소득이 월평균 39만 원이다. 그중 31만 원을 빚 갚는 데 쓰는 것으로 나타났다. 저소득층 가구의 금융부채 잔액은 3,838만 원으로 연소득의 8배를 넘는다. 이런 추세는 갈수록 악화하고 있어 저소득층이 신용 불량 가구로 전락하는 건 시간문제인 셈이다.

소득은 거북이처럼 느릿느릿 증가하는데 가계부채는 토끼처럼 껑충껑충 뛰고 있으니, 버거운 원리금 부담 탓에 저축은 언감생심이고 소비에 돈을 쓸 여력도 있을 턱이 없다. 결국 '가계부채 부담 → 소비 부진 → 내수 침체 → 저성장 및 소득 정체 → 가계부채 증가'라는 악순환에 빠져들 수밖에 없다. 시한폭탄처럼 다가오는 가계 빚 문제를 어떻게 해결할 것인가? 썩은 환부를 과감히 도려내는 외과 수술이 필요하다. 지금도 빚을 부담스러워하는 사람들에게 더 많은 돈을 빌려줘 집을 사고 소비를 하도록 유도하는 방식은 환부를 더욱 악화시킬 뿐이다. 지금부터라도 경제구조의 근본 패러다임 변화를 고민해야 할 때다.

Tip

가처분소득

개인 의사에 따라 마음대로 쓸 수 있는 소득. '실實소득'이라고도 한다. 개인의 연간 소득에서 국민연금, 건강보험료 등 4대 보험을 비롯한 각종 세금을 뺀 뒤 그 전해의 이전移轉소득을 합한 개념이다.

8장
창업 절벽 –
창업은 빈곤층으로 가는 지름길이다

자영업 절대 하지 마라

_____ 평범한 직장인이었던 박 모(50) 씨. 1997년 외환위기 직후 자의 반 타의 반으로 회사를 그만뒀다. 사내에서 명예퇴직 대상자로 찍히지는 않았으나 자발적 퇴직을 권하는 흉흉한 분위기를 견디기 어려웠다. 이후 그가 난생처음 자영업에 뛰어들어 택한 건 닭갈비 집. 먹는 업종치고 상대적으로 리스크가 적다는 주변의 권고에 따른 것이었다. 장사는 비교적 잘 됐지만, 새벽부터 밤늦게까지 육체적으로 너무 고달픈 일이었다.

박씨는 2000년 닭갈비 집을 정리하고 고깃집 사장으로 변신했다. 고깃집은 저녁장사 위주다 보니 몸은 비교적 편했지만 재료 수급과 직원관리 등이 만만치 않았다. 1년이 다 되도록 제 궤도를 찾지 못한 채 어려움을 겪다가 결국 1억 원의 손해를 보고 가게 문을 닫을 수밖에 없었다. 이어 조리가 쉽다는 감자탕 집에 도전했지만 또다시 4,000만 원의 적자를 보고 문을 닫았다. 세 번의 실패 끝에 남은 건 억대의 빚과 이혼으로 풍비박산 난 가정.

"적은 액수라도 매달 월급을 받는 직장인이 고깃집 사장보다 훨씬 낫습니다. 지금 와서 생각해 보면 자영업에 뛰어드는 건 독배를 마시는 것과도 같아요."

_____ 50대 초반의 방 모 씨는 2011년 갑상선암 판정을 받고 회사를 그만뒀다. 그러다 생계를 위해 2012년부터 광주에서 CU 편의점을 시작했다. 처음에는 수익이 괜찮았다. 그런데 주변에 5~6개의 편의점이 경쟁적으로 들어서면서 매출이 급감했다. 설상가상 건강마저 나빠졌다. 어쩔 수 없이 폐점을 요청했지만, 본사에서는 "계약기간 3년이 안 됐다"는 이유로 1년분의 해지위약금을 요구했고 폐업 전까지 24시간 영업을 하도록 강요했다. 신학기라 아르바이트생을 구하지 못했던 김씨는 건강 때문에 새벽 3~4시 이후 잠깐 문을 닫을 수밖에 없었다. 그러자 본사는 '점포 영업 중단'이라며 일방적으로 계약 해지를 통보했다.

40대 중반 허 모(여) 씨도 비슷한 경험을 했다. 허씨는 2010년 세븐일레븐 직원에게서 편의점 오픈을 권유받았다. 남편이 실직해 경제적으로 어려운 상황이었다. 그 직원은 "최저 월 500만 원의 수익이 보장된 알짜 편의점"이라고 꼬드겼다. 권리금 6,800만 원이 부담스럽다고 하자 2,000만 원을 회사에서 지원해주겠다고 했다. 허씨는 결국 부모님께서 30년간 거주해 온 아파트를 담보로 6,000만 원을 빌려 편의점을 열었다. 그 후 2년 반 동안 남편과 함께 밤낮없이 일했지만 월 500만 원은커녕 인건비도 나오지 않았다. 허씨가 폐점을 하려 했더니 회사 측은 해지위약금 6,000만 원을 요구했다. 허씨는 "사채라도 빌려 위약금을 갚고 싶은 심정"이라고 울먹였다.

최근 유행하는 프랜차이즈 외식업종을 일찍 시작해 비교적 성공했다는 평가를 들은 친구가 있다. 그는 저녁이면 젊은 고객들로 발 디딜 틈이 없던 서울 강남역 부근의 가게를 얼마 전 정리했다. 고개를 갸우뚱하는 친구들에게 이런 답이 돌아왔다.

"3년 동안의 수지를 맞춰보니 겨우 인건비 정도 건졌더라. 자영업은 절대 할 게 못 된다."

왜 자영업을 해선 안 된다는 걸까? 친구의 경험담에 따르면 한국 사회에선 자영업자가 돈을 벌기가 구조적으로 불가능하다. 예컨대 3~4년 전만 해도 식당 매출의 40퍼센트 가량이 순이익이었다. 하지만 지금은 임대료와 음식자재비가 많이 올라 100원어치 팔면 20원 정도 남기는 게 고작이다. 순이익이 반 토막 났다는 얘기다. 그나마 세금으로 절반 가까이 토해내야 한다. 두 집 건너 한 집꼴로 식당과 주점이 난립할 만큼 공급 과잉도 심각하다. 우리나라의 자영업자 비율은 선진국의 3배 수준이다. 친구가 내린 결론은 이렇다.

"그동안 모은 돈, 퇴직금, 대출 등으로 10억 원 정도의 현금을 동원할 수 있는 대기업 임원 출신이라도 고깃집, 호프집, 분식집 등 자영업 세 번만 하면 부인을 파출부로 내보내야 할걸. 은퇴 후 자영업에 뛰어드는 건 망하는 지름길이야. 차라리 한 달 수입 200만 원을 목표로 대리운전이나 아르바이트를 하는 게 낫다고 봐. 자영업으로 그동안 번 돈 날리지만 않으면 그럭저럭 일생을 마칠 수 있거든."

그러고 보면 7년 전 증권회사에서 명예퇴직한 뒤 1년 이상 프랜차이즈 식당을 알아보다가 결국 포기한 고교 동창은 운이 좋았던 셈이다. 그는 전 재산을 털어 시도한 창업에서 한 번 실패하면 다시는 재기할 수 없을 것이라는 불안감 탓에 신중에 신중을 기하다 결국 마음을 바꿔 창업을 포기한 케이스다.

최근 발표된 국제노동기구(ILO) 자료를 보면 한국의 자영업자 수는 취업자 100명 중 34명꼴로 세계 최고 수준이다. 경제협력개발기구(OECD) 주요국 중 이탈리아(17.0퍼센트), 스페인(16.1퍼센트), 캐나다(15.4퍼센트), 헝가리(13.1퍼센트), 영국·호주(각 12.7퍼센트), 핀란드(12.0퍼센트), 독일(11.2퍼센트), 일본(10.2퍼센트) 등은 자영업자 비중이 10퍼센트 대이고 덴마크(7.8퍼센트), 미국(7.4퍼센트), 노르웨이(7.1퍼센트) 등은 10퍼센트를 밑돈다. 자영업자와 함께 같은 사업장에서 일하는 무급 가족 종사자를 포함하면 우리나라는 전체 취업자 중 40퍼센트가량이 자영업과 관련된 일을 하는 것으로 추정된다. 한국의 자영업자 비중이 높은 것은 정규 노동시장에서 퇴출당한 사람들이 재취업하기가 너무 어려워 자영업으로 몰리기 때문이다.

이처럼 많은 사람이 몰려 경쟁이 치열한데다 내수경기마저 안 좋다 보니 매년 서울 시내 음식점 3곳 가운데 1곳이 문을 닫는 게 현실이다. 이는 국세청 자료에서도 확인된다. 2011년 폐업한 자영업자는 82만 9,669명. 전체 자영업자 519만 5,918명의 16퍼센트에 달한다. 당연히 장기 생존율은 매우 낮다. KB국민카드 조사로는 지난 10년간 창업한 자영업자 100명 중 75명꼴로 문을 닫았다. 10년 생존율이 25퍼센트에 불과한 셈이다.

부부가 매달려 하루 24시간, 휴일 없이 일해도 노동의 대가는 박하기만 하다. 자영업자의 30퍼센트는 한 달 수입이 220만 원에 못 미치는 생계형이다. 가장 흔한 치킨가게의 연평균 소득은 2,500만 원(2011년)에 불과하다. 반면 빚은 많다. 상용직 근로자의 가구당 부채는 2011년 기준 5,100만 원이지만 자영업자 부채는 8,500만 원으로 훨씬 많다. 우리나라 경제활동인구의 3분의 1을 점하는 자영업자 문제를 해결하지 않고는 한국 경제의 순항도 기대할 수 없다.

도전을 허락하지 않는 정글사회

_____ "평균수명 100세 시대라는데 우리 나이 겨우 50이잖아. 이 나이에 새로운 일에 도전하고 싶은 마음이 왜 없겠어? 그런데 한 번 실패하면 다시는 재기의 기회를 잡을 수 없다고 생각하는 순간, 덜컥 겁이 나더라고. 서울 신촌이나 홍대 부근 목 좋은 곳에 고깃집을 열까 생각했어. 그런데 접근성이 1층보다 떨어지는 2층

에 가게를 내더라도 임대료와 시설비를 합쳐 5억 원 넘게 들겠더군. 5억 원은 한눈팔지 않고 열심히 직장 생활하면서 평생을 모아야 하는 돈이잖아. 그런데 주변에 보면 은퇴 후 자영업에 뛰어들었다가 평생 모은 돈을 한방에 말아먹는 경우가 너무 많더라고. 차라리 증권사 영업 경험을 살려 소규모 주식 투자로 용돈 벌이나 하는 게 낫겠다 싶었지. 창업을 포기했더니 오히려 마음이 편해지더군."

40대 초반에 증권회사를 그만둔 친구의 얘기다. 그는 2년 넘게 창업을 고민하다 결국 전업투자가의 길을 걷기로 했다. 자금을 보수적으로 운용하면 용돈 벌이는 하지 않겠느냐는 생각에서다. 그는 개인 사무실을 빌려 5년 이상 전업투자가의 길을 걷고 있다.

한국 사회에서 대학을 졸업하고 20~30년 이상 성실하게 직장생활을 하다 은퇴하면 행복한 노후가 보장될까? 천만의 말씀이다. 일부 대기업, 공기업 임원, 고위관료 출신을 제외하면 대다수 직장인은 인생 2모작(소규모 창업이 대부분)을 열심히 해야 겨우 먹고 살 수 있다. 문제는 한 번이라도 사업에 실패하면 언제든 빈곤층으로 추락할 위험이 크다는 것이다. 거의 유일한 재산인 아파트를 담보로 빌린 돈과 알량한 퇴직금을 날리게 되면 곧장 절벽 밑으로 떠밀리는 게 현실이다. 창업에 실패한 이들을 받쳐줄 사회안전망은 부족하고 재기의 안전판도 없기 때문이다.

한국 대학생들이 유독 창업을 피하는 까닭도 여기에 있다. 통계를 보면 미국 실리콘밸리의 창업자는 평균 2.8번 만에 성공한다. 삼세 번이 기본인 셈이다. 미국에선 도전 자체로 박수받고 한두 번 실패해도 언제든 재기할 수 있으므로 기업가정신이 충만하다. 반면 한국 사회에선 단 한 번의 실패와 시행착오도 허용되지 않으니 다들 도전과 창업을 꺼리게 된다. 실제 창업을 준비하는 대졸자는 100명 중 5명도 안 된다.

한국 사회는 일단 빈곤층으로 추락하면 다시 일어서기가 거의 불가능하다. 문제는 누구나 갑작스러운 실직, 사고, 질병 등으로 한순간에 절벽 밑으로 떨어질 수 있다는 점이다. 실직자와 사업에 실패한 자영업자들이 재기할 기회를 주는 프로그램이 마련돼야 하는 이유다. 실직자들의 재취업을 돕는 직업훈련 서비스를 강화하고 영세 자영업자에 대한 실업급여 지급 등 제도적 장치도 서둘러야 한다.

'재기 안전판'이 없기는 기업인들도 마찬가지다. 한 번이라도 파산 경력이 있으면 당장 대출이 막히고 사회적으로 매장되는 게 한국 현실이다. 선진국은 다르다. '패자 부활'을 허용할 뿐더러 오히려 '실패'를 용인하고 장려한다.

"실수를 저지르지 않는 사람은 그저 위에서 시키는 대로 일하는 사람이다. 뭔가를 하려고 노력하다가 실패한 사람을 질책하고 망가뜨려서는 안 된다. 연구개발은 99퍼센트의 실패를 각오하지 않으면 안 되는 창조의 과정이기 때문이다."

일본 혼다자동차의 창업주 혼다 소이치로本田宗一郎의 경영철학이다. 실제 혼다자동차는 '올해의 실패왕'이라는 제도를 운용하고 있다. 해마다 연구자 중에서 가장 큰 실패를 한 직원을 뽑아 100만 엔(약 1,120만 원)의 상금을 준다. 직원들이 비전을 실현하기 위해 열심히 도전하고 연구하는 과정에서 빚어지는 실패라면 오히려 권장하고 용기를 북돋워야 한다는 게 바로 '혼다이즘'의 요체다.

몇 년 전 윤종용 당시 삼성전자 부회장이 '실패를 용인하는 혼다의 조직문화'에 대해 언급한 적이 있다. 그는 창조는 시행착오를 하면서 만들어진다는 사실을 인식하고 온 힘을 다한 실패를 용인하고 도전을 중시하는 문화를 만들어가야 한다고 역설했다. 교과서적인 얘기처럼 들리지만, 한국 기업 현실과는 한참 동떨어진 얘기여서 주목을 받았다.

윤 부회장뿐만이 아니다. 다른 대기업 최고경영자CEO들에게서도 실패를 두려워해 도전 자체를 피하는 조직문화가 심각하다고 걱정하는 소리를 심심찮게 듣는다. 일의 결과도 중요하지만, 10년 후의 먹거리를 찾으려면 실패에 연연하지 않고 과감히 도전하는 자세가 필요하다는 주장이다. 하지만 이런 지적을 받는 임직원들의 반응은 대체로 시큰둥하다.

"기업이 10개를 투자하면 6~7개는 실패하는 게 정상입니다. 반도체나 휴대전화같이 우리가 10년 후에 먹고 살 수 있는 분야를 찾으려면 과감한 투자를 통해 새로운 것을 찾아야 하는데 지금은 9개에 성공하고 1개만 실패해도 껍데기까지 벗겨 내는 분위기입니다. 정치와 노사관계가 지금처럼 불안정한 상황에서 누가 적극 투자에 나서겠습니까?" "최근에도 실적 부진을 이유로 강도 높은 구조조정을 진행 중인데, 이런 분위기에서 '실패를 두려워하지 말라'는 게 과연 현실성이 있습니까?"

대기업 직원들의 항변이다. 지금처럼 철저한 성과주의를 추구하는 조직문화에서는 새로운 것을 시도하기보다 '책임질 일은 절대 하지 않겠다'는 보신주의가 판을 칠 수밖에 없다는 것이다.

실패를 용납하지 않기는 주주들도 마찬가지다. 외환위기 이후 도입된 주주 자본주의가 오히려 지나친 주주 보호 탓에 투자와 성장을 저해하는 수준까지 왔다는 우려의 목소리가 높다. 몇 년 전 국민은행 강정원 행장의 연임 성공 배경을 놓고도 주주 자본주의의 폐해를 지적하는 사람들이 많았다. 강 행장 재임 3년 동안 국민은행의 위상이 후발주자인 신한·우리은행의 맹추격과 외환은행 인수 실패 등으로 크게 추락했다. 그런데도 새로운 성장동력 발굴보다는 배당이익에 관심이 많은 외국인 주주들(전체 지분의 83퍼센트)의 신임 덕분에 연임에 성공했다는 분석이다. 씨티은행 하영구 행장의 5연임 배경을 놓고도 비슷한 분석이 나온다.

단기 성과에만 집착하는 대기업 오너들의 근시안과 '황제경영'도 문제다. 오너의 잘못된 판단이 회사를 망하게 할 수도 있다. 그럼에도 이를 견제하고 제대로 목소리를 낼 수 있는 구조는 전혀 갖춰지지 않은 게 우리 기업 현실이다. 사석에서 만난 대기업의 한 임원은 "오너 회장이 관심을 보이는 사안은 뻔히 잘못될 줄 알면서도 따라가는 경우가 많다"고 토로했다.

혼다의 성공에는 소유와 경영의 분리라는 비결이 숨어 있다. 생산과 연구는 혼다 소이치로가 맡았지만, 나머지는 경영의 달인으로 불린 전문경영인에게 맡겼다. 소이치로는 은퇴하면서 대부분 주식을 회사에 무상 증여했고, 혼다 이사회에는 혼다 성을 가진 임원이나 감사가 단 한 명도 없다. 독자 경영위원회가 오너 집안의 입김을 철저히 배제하고 사장을 선발한다. 직원들에게 '실패를 두려워하지 말라'고 외치기 전에 실패를 용납하지 않는 구조부터 뜯어고쳐야 한다.

Tip

주주株主 자본주의

지난 30년간 세계경제의 운영원리가 됐던 미국식 자본주의의 상징적 개념. 기업 활동은 기본적으로 주주의 이익을 옹호하는 방향으로 이뤄져야 한다는 전제를 깔고 있다. 기업은 주주의 것만이 아니라 소비자와 종업원, 지역사회, 관계 기업 등 다양한 이해관계자의 것이기도 하다는 '이해관계자 자본주의'에 대립하는 개념이다. 하지만 최근 '1대 99의 사회'를 비판한 월스트리트 점령운동Occupy Wall Street에서 보이듯 글로벌 금융위기의 주범으로 몰리면서 흔들리고 있다.

9장
주거 절벽 –
부동산에도 계급이 있다

아파트 공화국의 슬픈 진실

_____ 2006년 말 서울 강북의 단독주택으로 이사했다. 결혼 후 15년간 살아온 아파트의 폐쇄적인 구조가 답답해 덜컥 저지른 일이었는데 다행히 지금까지 가족 모두 만족해한다. 잔디가 깔린 앞마당에는 사과, 살구 등 과수와 벚나무, 단풍나무가 만발하고 뒷마당엔 골프연습장까지 있다. 대지 95평의 3층 주택이니 '저택'으로 불러도 손색이 없을 것이다. 초대를 받아 방문한 지인들은 "집이 너무 크고 좋다"며 믿기지 않는다는 표정들이다. 목동의 20평대 아파트에 살던 사람이 4배 이상 넓은 주택으로 옮겼으니 그럴 법도 하다. 그들에게 "목동의 20평대 아파트보다 싼 가격에 샀다"고 하면 또 한 번 깜짝 놀란다.

곰곰이 생각해보니 단독주택에 살아보기는 결혼 생활 16년 만에 처음이었다. 분가하기 전까지 30여 년을 줄곧 단독주택에 살았으면서도, 어느 순간 주택이라면 으레 아파트를 떠올리게 됐다. 상자 모양의 획일적인 아파트는 서울 등 대도시뿐만 아니라 농촌과 어촌에까지 경쟁적으로 들어서 '아파트 공화국'이라는 소리도 들린다.

한국인들의 아파트에 대한 광적인 집착은 통계 수치로도 확인된다. 국토교통부 자료를 보면 새로 짓는 주택 중 아파트 비중은 1980년대 초반 약 50퍼센트 수준에서 1990년대 중반 이후 80퍼센트를 넘어섰고 지금은 90퍼센트나 된다. 현재 우리나라 인구의 절반이 아파트에 살고 있다.

반대로 1980년대 초반 전체 주택건설 물량의 30퍼센트 선이던 단독주택은 1990년 15퍼센트, 1995년 10퍼센트 정도로 급락했다. 많은 한국인이 우리나라는 땅이 좁고 거주 인구가 많아서 아파트가 대안일 수밖에 없다고 말한다. 하지만 좁은 땅에 인구밀도가 높은 네덜란드나 영국은 단독주택 건설 비중이 70퍼센트를 넘는다. 땅값 비싸기로 유명한 일본도 60퍼센트 가량이다. 미국은 물론 프랑스, 영국 등 유럽에서도 '아파트=빈민주택'으로 통한다.

그런데도 왜 한국인들은 선진국에서 '슬럼가의 대명사'로 꼽히는 아파트에 열광하는 걸까? 1993년 한국을 찾았다가 서울을 뒤덮은 거대한 아파트촌에 충격을 받았다는 프랑스 지리학자 발레지 줄레조는 『아파트 공화국』이라는 책에서 한국의 아파트가 유독 '첨단주택의 상징'으로 대접받는 이유를 정부, 재벌, 중산층의 3자 결탁에서 찾는다.

정부는 산업화 이래 주택부족 문제를 해결한다는 명목으로 아파트를 '빨리, 많이, 싸게' 공급하는 데 주택정책의 초점을 맞춰 왔다. 권위주의 정부의 효율성 논리는 건설업체의 경제성 논리와 결합해 획일적인 주거문화를 가져왔다. 그 과정에서 국민은 아파트를 계층 상승의 수단으로 이용했다. 줄레조는 "한국에서 도시 중산층을 의미하는 가장 함축적인 상징으로 고층아파트가 자리 잡았다"고 분석한다.

답답한 콘크리트 일색의 아파트와 같은 집합주택은 주거문화를 획일화함으로써 전통적인 마을이나 가족단위의 공동체를 해체하고 개인주의를 만연시킨다. 주거환경 및 도시경관의 훼손, 온실효과, 대기오염 등의 부작용도 낳는다. 그런데도 단독주택은 갈수록 씨가 말라갔다. 아파트는 돈이 되지만, 돈이 안 되는 단독주택은 '찬밥' 신세였기 때문이다.

틈 없이 분주한 삶을 사는 현대인에게 아파트 생활은 무척 편리하다. 하지만 아파트가 생명이 살아 숨 쉬는 건물은 아니다. 다양한 계층과 세대가 어울려 사람 냄새나는 커뮤니티를 만들려면 단독주택과 3, 4층 규모의 집합주택 등 다양한 주택이 공급돼야 한다.

단독주택에 살아보니 몸은 다소 불편해도 개똥을 치우고 잡풀을 뽑으며 집을 가꾸는 재미가 쏠쏠하다. 꽃, 채소, 과실수 등을 키우는 행복도 아파트에선 누리기 어렵다. 주택은 '투기 대상'이 아닌 '삶의 공간'이라는 상식이 회복될 때 단독주택의 가치도 인정받게 될 것이다. 최근 들어 단독주택, 땅콩주택, 타운하우스 등 자연 친화적인 주택에 관한 관심이 늘고 있다니 뒤늦은 감은 있으나 반갑고 다행스럽다.

'부동산 패닉'이 다가온다

_____ 직장생활 13년째, 결혼 9년째 맞벌이인 김민수(가명·41) 씨는 다중채무의 덫에 빠져 순식간에 하우스푸어(집 가진 가난뱅이)로 전락했다. 그는 3년 전 2억 원을 대출받아 서울 강북에 4억 원대 아파트를 마련했다. 매달 내는 이자만 70만 원이 넘는다. 그런데 최근 암 수술을 받은 모친의 치료비 2,000만 원을 신용카드 여러 개로 결제한 뒤 갑자기 돈줄이 마르기 시작했다. 대출 이자에다 카드빚을 갚느라 아이 유치원 비용조차 부담스럽게 느껴진다.

김씨는 "겨우 내 집을 장만했는데 대출 원금 갚을 길은 막막하고 예상치 못한 의료비 부담까지 더해지니 감당이 안 된다"며 "집을 내놓을까도 생각해봤지만 요즘 팔리지도 않는데다 막상 집이 팔려도 대출을 갚고 나면 전세를 전전하는 렌트푸어밖에 더 되겠느냐"고 토로했다.

_____ 40대 중반인 남동생은 무주택자다. 전세로 살든, 직접 소유하든 무슨 상관이냐던 동생이 집을 구하러 나선 적이 있었

다. "나이 40이 넘도록 집이 없는 게 말이 되느냐"는 부모님의 성화 탓이었다. 강원도 춘천에 있는 직장을 고려해 서울 광진구의 105.6제곱미터(32평형) 아파트를 알아보다가 가격이 5억 5,000만~6억 원선이라는 얘기를 듣고는 포기했다. 남동생은 "장기적으론 집값이 내려갈 수밖에 없으니, 그때까지 상대적 박탈감을 감수하겠다"고 했다.

아파트라는 주거양식이 등장한 이래 우리나라 집값이 크게 두 번 요동친 것으로 기억한다. 서울올림픽 직후인 1980년대 말과 1990년대 초의 폭등세가 한 번이요, 2000년대 들어 참여정부 시절 또 한 번의 급격한 상승을 경험했다. 1차 상승기에는 평수와 지역을 가리지 않고 무차별적으로 집값이 올랐다. 하지만 2000년 이후엔 특정 지역(이른바 '버블 세븐')의 중대형 고급아파트가 주로 올랐다.

두 차례의 가격 상승을 주도한 계층은 1955~1963년 태어난 베이비붐 세대. 1980년대 중반 이후 가정을 꾸린 이들이 새로운 주택 수요를 창출하며 집값을 무섭게 끌어올린 것이다. 2000년대 들어 중장년층으로 성장한 베이비붐 세대는 자녀가 커가고 소득이 늘어나자 중대형 평수의 고급아파트로 갈아타기 시작했다. 서울 강남의 타워팰리스로 상징되는 주상복합 아파트 붐이 대표적인 사례다. 이런 대체 수요는 삶의 질이 중시되면서 편의시설이 잘 갖춰진 강남과 목동, 분당, 과천, 평촌 등 버블 세븐에 집중됐다.

그런데 베이비붐 세대의 본격적인 은퇴와 저출산이 맞물리면서 인구구조가 급변하고 있다. 우선 결혼과 함께 집을 장만하려는 세대의 인구비중이 줄어들고 있다. 소비보다 자산축적이 많아 집을 넓혀가거나 세컨드 하우스를 사려는 중장년층 인구도 2015년부터 증가세가 꺾일 것으로 전망된다. 인구 구조상 주택 수요는 이제 9부 능선에 도달한 셈이다. 더욱이 2018년부터 절대 인구수도 줄어든다. 통계청은 2011년부터 716만 명에 이르는 베이비붐 세대의 은퇴가 본격화하면서 주택경기의 구조적인 침체가 시작될 것으로 내다봤다.

집값은 독신자 등 1인 가구의 증가, 이민자 유입, 투기 수요에도 영향을 받지만, 인구구조가 결정적 변수임은 전 세계적으로도 확인되고 있다. 주요 선진국들도 베이비붐 세대의 은퇴가 시작되면서 주택 수요가 급감했다. 글로벌 금융위기 이후 20퍼센트 이상 떨어진 미국 주택가격이 최근 반등 기미를 보이고 있다. 하지만 장기적인 내림세는 피하기 어려울 것이라는 게 전문가들의 일치된 의견이다. 그간 거품이 다소 빠졌다고는 하나, 우리나라 집값은 아직도 고평가돼 있다. 그만큼 주택 구매에 따른 리스크가 크다는 얘기다.

위에서 사례를 든 김민수 씨와 같이 집값이 오를 것으로 기대하고 빚을 내서 집을 샀다가 어려움에 부닥친 하우스푸어도 급증하고 있다. 현대경제연구원의 조사로는 우리나라 하우스푸어(2011년 말)는 157만 가구(가구원 수 549만 명)에 달한다. 그들은 실소득의 무려 40퍼센트 이상을 대출 원리금상환에 쓰고 있다. 금리가 오르거나 경기가 더 나빠지면 언제든 다중多重채무자로 전락할 수 있다는 뜻이다.

실제 우리 사회 다중채무의 위험은 폭발 일보 직전이다. 금융 빚을 3개월 이상 갚지 못해 신용회복위원회에 개인워크아웃(채무조정)을 신청한 사람은 2011년 6월 말 현재 100만 명(누적)을 넘어섰다. 빚 탕감을 위해 법원에 개인파산이나 개인회생을 신청, 채무가 면책된 이들도 매년 5만 명을 넘는다.

이처럼 주택 수요가 급감하고 빚을 내 집을 샀다가 파산 위기에 처한 사람이 많은 데도 박근혜 정부는 주택담보대출 규제 완화, 다주택자 양도세 감면 등 주택경기 부양책을 적극 추진하고 있다. 이는 집값이 오를 것이라는 허황한 기대심리를 키워줄 우려가 크다.

어떤 자산이든 수요보다 공급이 많으면 가격은 내려가게 마련이다. 10년 후 집을 사려는 사람보다 팔려는 사람이 많을 것으로 예상한다면, 중장기적으로 주택 공급을 줄이는 게 맞다. 국내 산업에서 비중이 과도한 주택건설업을 신속히 구조조정을 해야 함은 물론이다. 하지만 정부 정책은 거꾸로 가고 있다. 말로는 구조조정을 강조하면서도 부실 건설회사와 빚더미 가계의 수명을 연장해주는 이중적 태도를 보이고 있다. 조만간 우리 부동산시장에 몰아칠 패닉이 두렵다.

36년 전보다 더한 전세입자의 설움

_____ "월급쟁이 십일 년 만에 내 집을 하나 장만하게 된 감격스러움이야 어찌 필설로 다 이르겠는가. 내 집 갖기 작전의 순자

기자본 일금 일백삼십만 원의 거금을 만들기까지 겪어 온 파란곡절은, 아내 말마따나 참말 치사하고 더러워서 돌이켜보고 싶지도 않다." (1974년 『문학과 지성』 봄호에 발표된 조선작의 단편소설 「고압선」의 도입부)

이 소설의 주인공은 서른일곱 살 가장이다. 서울 동대문구 제기동의 한옥 문간방에서 30만 원 전세로 시작한 그는 11년간 모은 130만 원으로 은행 융자 90만 원을 낀 260만 원짜리 집을 장만한다. 대지 34평에 건평 19평, 가운데 마루를 두고 작은 방 네 개가 빙 둘러 있는 집이다. 지붕 위로 고압선이 지나간다. 모자란 돈 40만 원은 건넌방과 문간방 두 개를 전세 내주고 해결한다.

산업화가 시작된 이래 수십 년 동안 한국인들이 내 집을 마련해 온 전형적인 방식이다. 과거의 셋방살이는 아파트나 다가구주택 등의 독립된 공간에서 생활하는 지금의 전세와는 달랐다. 매일 집주인의 눈치를 살펴야 하는 곁방살이였으니, 주인공이 이리 한탄하는 것도 무리는 아니다.

"셋방살이 주제에는 아내와 나의 방사도 건숭건숭이게 마련이었다. 혹시 이 깊은 밤중까지도 주인집에서 잠들지 않고 우리들의 기척을 엿듣는 것이 아닐까 싶어, 괜스레 초조하고 조바심이 나서 영 형편없는 작업이 돼버리기가 십중팔구였는데……."

셋방살이를 전전하는 설움이 워낙 크다 보니 내 집 마련은 필생의 꿈이자 소중한 자산 증식 수단이었다. "내가 저축을 늘려가는 비율보다 부동산가격은 항상 앞질러 저만큼 달리고 있어서" 빚을 내서 집을 사더라도 손해 보는 경우는 거의 없었다.

강산이 세 번도 더 변한 요즘, 세입자의 삶은 조금 나아졌을까? 한국인 10명 중 4명은 지금도 셋방살이 신세(2005년 인구주택 총조사 결과)다. 전세가 356만 가구(약 1,000만 명), 월세와 사글세가 300만 가구(약 660만 명)에 달한다. 그런데 집값이 너무 비싸 1970년대처럼 37세에 내 집 마련은 꿈도 꿀 수 없다. 28세에 직장생활을 시작한 대한민국의 평균 월급쟁이가 서울에서 110제곱미터(33평형) 아파트를 장만하려면 아무리 근검절약해도 57세가 돼야 한다. 특히 서울 강남권 아파트를 사려면 검은 머리가 파 뿌리가 될 72세는 돼야 한다.

더욱이 셋방살이 가구의 83퍼센트는 전월세 보증금 5,000만 원 미만인 서민들이다. 그들이 서울에서 집을 장만하기는 거의 불가능하다. 나머지 17퍼센트도 자기 돈으로 집을 살 여유는 없다. 결국 수억 원의 은행 융자를 받아야 내 집 마련이 가능하다. 저출산·고령화 여파로 예전처럼 집값이 꾸준히 올라줄 가능성이 희박한 만큼 굳이 빚을 내서 집을 살 이유는 없다.

그러니 요즘 셋방살이 서민들의 꿈은 내 집 마련이 아니라, 저렴하고 안정적으로 생활할 수 있는 전월세 주택의 확보다. 문제는 전셋값 오름폭이 집값보다 크다는 점이다. 국민은행에 따르면 1986년부터 2008년까지 주택 매매가격은 125퍼센트 올랐지만 전셋값은 263퍼센트나 치솟았다. 최근 주택 수요가 줄면서 전셋값 오름세는 더욱 가파르다. 특히 서민들이 선호하는 중소형 아파트의 전셋값 상승이 두드러진다. 집값 하락과 저금리 탓에 집주인들이 전세를 월세로 바꾸는 경우도 늘어 세입자의 주거 부담은 갈수록 커지고 있다.

세입자들이 집을 살 여력이 없고 집을 소유하고 싶은 욕구도 줄었다면, 내 집 마련의 기회를 늘리는 데 초점을 맞춘 정부의 주택정책도 바뀌는 게 옳다. 장기전세주택과 공공임대주택의 공급을 늘리고 건설사들의 미분양 물량을 전세로 전환하는 정책도 연구해야 한다.

하지만 정부 정책은 거꾸로 가고 있다. 수조 원의 국가 재정으로 미분양 아파트를 사주는가 하면, 오로지 분양 아파트를 늘리는 데 열심이다. 전세대란에는 눈을 감은 채 금융 규제를 풀어 빚을 내서 집을 사라고 유혹한다. 과거 집 없는 사람들은 곁방살이의 설움을 10년만 견디면 내 집을 살 수 있었지만, 요즘 세입자들은 과다한 임대료를 견디지 못해 반지하, 쪽방, 비닐하우스 등 더 작고 열악한 집으로 쫓겨나고 있다.

2부

절벽 허물기-
인간적 자본주의로 가는 길

한국 사회의 절벽을 어떻게 허물 것인가? 20~30년 이상 열심히 직장생활을 하면 안정적인 노후가 보장되고, 사업에 한두 번 실패했더라도 재기의 기회를 주며, 교육 의료 등 인간의 기본적인 삶과 관련된 분야는 국가가 책임져주는 그런 사회를 어떻게 만들 것인가?

최고의 복지는 일자리 창출이라고 한다. 결국 좋은 일자리를 많이 늘려 중산층과 서민층의 소득을 높이는 게 절벽사회에서 벗어나는 지름길이다. 문제는 현재 대한민국이 일자리를 늘리기 쉽지 않은 사회경제적 구조로 되어 있다는 점이다. 고용률을 떨어뜨리는 요인은 다양하지만, 그중에서도 핵심은 저성장과 인구 감소다.

우선 일자리를 늘리려면 성장이 뒷받침돼야 한다. 성장 없이 양질의 일자리를 만들어내는 것은 불가능하다. 그런데 이명박 정부 5년간 한국경제는 연평균 2.9퍼센트 성장하는 데 그쳤다. 새로 출범한 박근혜 정부가 제시한 2013년 경제성장률은 그보다 낮은 2.3퍼센트. 정부가 아무리 용을 쓰더라도 3퍼센트 대 성장률 달성을 장담하기 어려운 저성장 시대로 접어들고 있는 것이다. 이런 저성장 기조는 시간이 갈수록 고착화할 가능성이 크다.

인구 감소도 심각한 재앙으로 다가오고 있다. 1970년 4.53명이던 우리나라 합계출산율(가임 여성이 평생 낳는 아이의 수)은 계속 감소해 지금은 1.2명 안팎에 머물고 있다. 1983년 2.08명을 기록한 이후한 번도 2.0명을 회복하지 못했다. 2005년에는 세계 최저인 1.08명을 기록하기도 했다. 한 사회가 인구구조를 유지하는 데 필요한 평균 출생아 수를 의미하는 인구 대체율은 2.1명이다. 한국 여성의 출산율은 그 절반에 불과한 셈이다.

2009년 전체 인구의 10.7퍼센트 수준인 65세 이상 고령인구가 2050년에는 40퍼센트에 육박하게 된다. 대한민국이 세계에서 가장빠른 속도로 늙어가는 나라가 되고 있다는 얘기다. 고령화는 생산가능인구의 감소를 의미한다. 이는 노동투입 요소의 감소와 피부양 인구 급증에 따른 저축률 하락을 가져와 경제성장에 치명적인 악영향을 줄 수밖에 없다.

이처럼 절벽사회의 초침은 시시각각 파국을 향해 움직이고 있다. 더는 머뭇거릴 시간적 여유가 없다. 지금 당장 새로운 변화를 모색해야 한다. 양극화를 심화시키는 수출 대기업 위주의 성장전략으로는 절벽사회의 위기를 타개할 수 없다는 점이 분명해졌다. 그렇다면 지금부터라도 대기업과 중소기업, 정규직과 비정규직, 대형할인점과 영세 자영업자가 함께 공존할 수 있는 상생의 경제 패러다임을 적극 고민하고 실천해야 한다.

'자본주의 4.0' '인간적 자본주의' '따뜻한 자본주의' 등 이름은 뭐라도 좋다. 지금 같은 승자독식의 무한경쟁 체제로는 대한민국의 미래를 담보할 수 없다는 점만은 분명하다. 새로운 상생의 패러다임을 찾지 못하면 낭떠러지 아래 공멸의 길로 갈 수밖에 없다.

1장
인구 개혁 –
저출산 · 고령화의 해법

행복한 가정이 저출산 해결의 출발점이다

_____ 나소열(54) 충남 서천 군수는 마흔여섯 살의 나이에 늦둥이 둘째 딸을 낳았다. 인구가 줄어드는 농촌 지역의 군수로서 출산장려운동의 모범을 보이기 위해서였다. 나 군수는 당시 군청에서 30만 원의 출산장려금을 받은 뒤 "조만간 셋째 아이 낳기에 도전하겠다"고 했다.

그는 약속대로 4년 전 셋째 아이의 아빠가 됐다. 그렇지만 서천 군민들도 나 군수처럼 아이 낳기에 열성적인 건 아니다. 1960년 14만 9,000명에 이르던 서천군 인구는 2005년 6만 4,600명, 2008년 6만 500명으로 줄었다. 나 군수의 적극적인 출산장려책에도 인구 6만 명 붕괴는 시간문제라는 게 서천군의 분석이다.

저출산이 가져올 사회적 재앙은 상상을 초월한다. 출산율이 떨어지면 전체 인구에서 재화와 서비스를 생산하는 노동력이 감소하고 고령자 비중은 늘어나게 된다. 생산인구가 줄어들고 부양인구가 늘어나는 만큼 사회적 비용도 커질 수밖에 없다. 예컨대 미국에서 65세 이상 노년층 대상의 노인 의료보장 비용은 2000년 미국 국내 총생산(GDP)의 4.3퍼센트에 불과했지만 2030년에는 11.5퍼센트, 2050년에는 21퍼센트로 늘어날 전망이다.

결국 이 같은 재앙을 막으려면 출산율을 끌어올려야 하는데 어지간한 재원으론 해결하기가 쉽지 않다는 게 문제다. 이미 우리 지방자치단체들은 저출산 문제를 해결하기 위해 각종 아이디어를 동원하고 있다. 전남 강진군은 첫째 아이 출산 때 120만 원, 둘째 240만 원, 셋째 이상 720만 원의 양육비를 지원한다. 인천시는 3명 이상 다자녀 가구에 음식점 주유소 등의 요금을 할인해 주는 카드를 발급한다. 전북 남원시는 전국 최고 수준인 100만 원(둘째)~3,500만 원(열째)의 출산장려금을 지원한다. '다다익선상多多益善賞', '다복왕상多福王賞' 등을 만들어 시상하는 자치단체도 여럿이다. 하지만 이런 대책이 출산율 제고에 미치는 효과는 미미한 게 현실이다.

왜 그럴까? 자치단체가 내세운 당근들이 애를 낳고 싶은 욕구를 끌어내기엔 너무도 미흡하기 때문이다. 결혼한 부부들에게 절실한 건 출산장려금보다도 자녀를 키우는데 들어가는 비용(육아비, 교육비 등)을 줄여주는 것이다. 그러려면 사회적 합의를 통해 특별 대책을 마련할 필요가 있다. 이명박 정부 시절 대통령 직속 미래기획위원회는 다자녀를 둔 가장의 정년 연장과 셋째 자녀부터 대입 전형·취업에서 우대 혜택을 주는 방안을 검토한 바 있다. 충남여성정책개발원은 세 자녀 이상 낳는 가정의 남편에게 대체복무 등 병역 혜택을 주자는 정책을 제안했다. 직장 여성이 아이를 낳으면 승진이나 승급을 시켜주는 출산가산점제 도입도 거론됐다. 하지만 상대적 불이익을 우려하는 계층의 반대로 진척이 안 되고 있다.

제도 개선 외에 일과 육아의 양립을 용인하는 사회적 분위기를 만드는 것도 중요하다. 현대 여성들은 직장생활을 가정생활 못지않게 중시한다. 그런데 대다수 고용주는 여직원들의 임신과 출산을 반기지 않는다. 그렇다고 사회가 육아 부담을 나누는 것도 아니다. 직장과 사회가 아이를 짐으로 여기는데, 어느 여성이 출산장려금을 받겠다고 선뜻 아이를 낳겠는가? 출산 가정에 대한 경제적 인센티브도 필요하지만, 가족과 아이의 가치를 소중하게 여기는 사회 분위기가 더 중요하다는 얘기다. 혼인과 출산으로 여성들이 받는 승진 제한과 퇴직 권고 등 각종 사회적 불이익과 비효율적인 장시간 근로 관행도 타파해야 한다.

"출산과 육아문제를 모두 개인이 책임져야 하는 상황에서 그 어떤 정책이 효과를 볼 수 있겠습니까?"

세 아이의 아빠인 나 군수의 호소다. 결국 제도 개선을 통한 저출산 해결에는 한계가 있다는 얘기다. 한국의 여성들에게 '아이를 낳기만 하면 사회가 책임지고 돌봐준다'는 인식을 심어줘야만 저출산 문제는 해결될 수 있다.

북한을 적극 활용하고 이민 문호 개방하자

_____ 1881년 프랑스에서는 맞벌이 부부의 일과시간에 아이를 맡아주는 유치원이 세워졌고 1913년엔 출산휴가를 허용하는 기업이 등장했다. 이어 1917년 출산장려책으로 가족수당 제도가 도입됐다. 1972년에는 '국립가족수당기금(CNAF)'이라는 정부기관이 설립됐다. 기금의 재원 구성은 기업 65퍼센트, 개인세금 20퍼센트, 정부보조금 10퍼센트 등이다.

기업들이 미래의 노동력 확보를 위해 아이를 낳고 키우는 데드는 비용의 3분의 2를 떠맡기로 한 것이다. 혼외정사로 낳은 아이도 차별하지 않는다. 혼외출산 자녀에게 양육비 보조를 비롯한 법적 보호장치가 기혼 부부와 똑같이 적용되는 것이다. 이처럼 프랑스 사회에선 이미 100여 년 전부터 '아이는 여성이 낳지만 사회가 함께 키운다'는 인식이 자리 잡았다.

_____ 한국의 대표적 국책연구기관인 한국개발연구원(KDI)이 2011년 말 "기혼가정의 출산율높이기에 초점을 맞춘 현재의 출산대책은 한계가 뚜렷하다"며 "유럽처럼 동거와 혼외출산 문화를 용인하자"는 이색적인 연구보고서를 내놓았다. 유럽도 여성들의 경제활동 참여가 활발해지면서 저출산 현상에 맞닥뜨렸지만, 동거 연인 사이에서 태어난 자녀를 사회가 차별 없이 받아들여 출산율을 반등시켰다는 것이다.

실제 유럽 주요국 성인(25~45세)의 가정 형태를 보면 동거가 4

분의 1이나 된다. 우리나라의 전체 출생아 중 혼외 출생아 비중은 2.11퍼센트(2011년 기준)로 출생아 100명 중 2명꼴이다. 반면 경제협력개발기구(OECD) 회원국의 평균 혼외 출생 비율은 2009년 36.3퍼센트에 달한다. 프랑스(52.6퍼센트), 스웨덴(54.7퍼센트), 영국(45.4퍼센트), 미국(36.8퍼센트), 독일(32.1퍼센트) 등이다.

저출산·고령화 추세가 지속하면 현재 4~5퍼센트 수준인 잠재성장률이 2020년 3퍼센트, 2030년 2퍼센트 대로 떨어질 것이라는 게 연구기관들의 분석이다. 노동력 감소는 성장률 하락을 가져오고 일자리의 감소로 이어진다. 악순환이다. 고용을 늘리려면 성장잠재력을 높이는 게 필수적이나 인구 증가세 둔화와 고령인구 증가로 생산활동인구(15~64세)는 2012년을 정점으로 계속 줄어들고 있다.

이런 상황에서 부족한 노동력을 확보하고 잠재성장력을 끌어올리는 방법은 무엇일까?

첫째, 청년실업을 완화하고 일자리를 구하기 어려운 여성과 노인 일자리를 늘려야 한다. 한국 여성의 경제활동참가율은 50퍼센트에 불과하다. 성인여성 2명 중 1명이 놀고 있다는 얘기다. 여성들의 경제활동 참여를 유도하려면 일과 가정을 양립할 수 있는 사회적 여건을 갖춰주는 게 무엇보다 중요하다. 가사와 양육 부담을 함께 나누는 남성들의 의식개혁과 함께 출산 양육 친화적인 근무 환경을 만들어줘야 한다는 얘기다.

둘째, 북한을 활용하는 전략을 적극 고민해야 한다. 북한의 핵위

협으로 한반도를 둘러싼 긴장이 고조되고 있지만, 그들을 대화로 끌어내는 방법은 역시 경제적 유인을 통한 대화와 타협뿐이다. 개성공단에서 일하는 북한 근로자의 최저 임금은 월 67달러. 중국 칭다오靑島공단의 3분의 1, 베트남 탄뚜언 공단의 3분의 2 수준에 불과하다. 개성공단 외에 북한 전역에 토지이용료, 인건비 등에서 비교우위를 갖춘 남북 경제협력지대를 확충해 간다면 우리나라의 잠재성장률을 끌어올리는 데 큰 역할을 할 수 있을 것이다.

셋째, 연구개발R&D이 산업현장과 유기적인 관계 속에서 진행될 수 있어야 한다. 우리나라의 GDP 대비 연구개발비 비중은 3.8퍼센트로 세계 3위이지만, 대학과 연구기관이 산업과 유리된 채 자기들만의 리그에 매달리는 게 문제다. 에너지와 환경, 신약 개발 등 고부가가치 미래 성장산업에 대한 적극적인 투자와 산업화 노력도 요구된다.

넷째, 외국인 이민자에게 더 폭넓게 문호를 개방하는 방안도 적극 검토할 때가 됐다. 지금은 외국인 노동자들이 혈혈단신 한국에 들어왔다가 몇 년 뒤 본국으로 돌아가 버리는 게 일반적이다. 이보다는 가족 단위로 들어와 지속해서 노동력을 공급할 수 있는 구조를 갖추는 게 중요하다. 미국은 경기부양을 위해 오랜 기간 이민자들을 적극 받아들이는 정책을 써왔다. 미국이 장기적으로 현재의 노동인력을 유지하려면 2050년까지 연평균 1,080만 명의 이민자를 흡수해야 한다는 게 유엔의 연구결과다. 2050년 미국 인구 11억 명 중 73퍼센트가 1995년 이후 미국에 유입된 이민자와 그들의 자손일 것이라는 추정이다.

물론 이민이 노동력 부족을 근본적으로 해결해주는 방안은 아니라는 지적도 있다. 미국의 인구학자 필립 롱맨은 이민이 인구 고령화를 해결하는 데 큰 도움이 되지는 못한다고 말한다. "이민자들 대다수가 아기가 아니라 인생의 3분의 1가량을 이미 살아버린 사람들이고 그들은 노년을 향해 가고 있기 때문이다. 단기적으로 볼 때 이민자들은 퇴직자에 대한 노동자의 비율을 늘려줄 수도 있으나 장기적으로는 갓 태어난 아이들에 비해 인구 구성에서 청년층의 비율을 높여 주지 못하는 것"이라는 설명이다(『텅 빈 요람』).

이민자가 늘어나면서 생기는 범죄와 사회적 갈등도 고려해야 한다. 영국, 프랑스 등은 수백만 명의 이민자와 거류 외국인 문제로 인종차별 논란 등 분란이 끊이지 않고 있다. 외국인 거류자가 140만 명을 넘어선 우리나라도 언제든 심각한 갈등이 생길 수 있다. 그렇더라도 세계 최고의 속도로 출산율이 떨어지는 우리로선 좀 더 유연하고 개방적인 이민 정책을 고민해야 할 시점인 것만은 분명해 보인다.

Tip

잠재성장률Potential Growth Rate
한 국가의 경제가 동원 가능한 모든 생산요소를 활용해 달성할 수 있는 최대의 성장률을 말한다. 물가를 상승시키지 않고 달성할 수 있는 성장률의 최대치로, 잠재성장률이 5퍼센트라면 물가상승 없이는 5퍼센트를 초과해 성장하기 어렵다는 의미다.

2장
일자리 개혁 -
안정적인 일자리 지키기

기득권층이 양보해야 한다

_____ 국내 여행업계 1위 하나투어 직원들의 정년은 65세다. 2005년 '잡 셰어링'을 도입하면서 55세였던 정년을 65세로 한 꺼번에 10년이나 연장했다. 만 50세가 되면 주 4일을 근무하면서 정상 급여의 80퍼센트를 받고 만 55세부터는 주 3일 일하는 대신 급여의 60퍼센트를 받는 식으로 정년을 연장한다. 그런데 2013년 들어 65세 정년을 75세로 10년 더 연장하는 방안을 노사가 적극 검토하기 시작했다.

정년을 늘리는 대신 육아나 학위 취득 목적의 잡 셰어링이 늘어나는 등 인적자원 관리가 더 효율적으로 이뤄질 수 있다는 판단에서다. "대학 동기들이 40대 중·후반에 명예퇴직하는 모습을 보면서 회사에 대한 고마움이 절로 일어 더 열심히 일하게 된다."
라는 게 하나투어 직원들의 한결같은 반응이다.

국내 기업들의 평균 정년은 55세이다. 하지만 직장인들이 피부로
느끼는 '체감정년'은 훨씬 낮다. 취업포털 잡코리아의 조사 결과를
보면, 대기업 직장인들의 체감 정년은 48.8세, 중소기업 직원들은
그보다 낮은 48.2세였다. 우리나라 직장인들은 평균적으로 20대 중
반에 입사해서 50대 중반이면 정년을 맞는다. 청년실업과 군 복무
등의 영향으로 사회 진출은 늦고 정년은 빠르다 보니 생애 근로 기
간이 평균 31년에 불과하다. 경제협력개발기구OECD 평균과 비교하
면 12년이나 짧다. 생애 근로 기간이 짧으면 노후가 그만큼 길어진
다는 뜻이고 노인들의 기초 생활 및 의료 보장을 위한 국가의 재정
부담이 커질 수밖에 없다는 얘기다. 일본, 유럽 등 선진국들이 앞다
퉈 정년 연장에 나서는 것도 노인들의 삶의 질 개선과 함께 연금재
정 지출 부담을 줄이려는 의도가 강하다고 봐야 한다.
　우리나라는 노인복지 체계가 미흡한 가운데 세계에서 가장 빠
른 속도로 고령화가 진행되고 있다. 더욱이 700만 베이비붐 세대
(1955~1963년생)의 본격적인 은퇴까지 겹쳐 2017년부터는 노동력
공급 감소가 본격화할 것이라는 게 전문가들의 경고다. 정년 연장은
노동력을 안정적으로 확보하고 재정 부담을 줄이기 위해 시급히 다
뤄야 할 국가 대사인 셈이다.
　이처럼 근로 기간은 OECD에서 제일 짧지만, 근로시간은 세계 최

고 수준이다. 우리나라 근로자들의 연평균 근로시간은 일본, 독일 등 선진국보다 400~700시간이나 많다. 장시간 근로는 삶의 질을 떨어뜨리고 신진 인력의 원활한 수급을 방해하는 주범이다. 결국 대한민국 직장인들은 세계 최장의 근로시간 등 가혹한 노동 조건 속에서 죽어라고 일만 하다가 한창 가족을 부양해야 할 나이인 50대 중반에 일터에서 쫓겨나는 셈이다.

우리 사회의 심각한 불안 요소인 청년실업과 노인 빈곤 문제를 해결하기 위해 근로시간을 단축하고 정년을 연장해야 한다는 데 이의를 다는 사람은 아무도 없을 것이다. 하지만 막상 국가정책의 우선순위에선 한참 뒤로 밀리는 게 현실이다. 이해당사자들의 거센 반발 탓이다. 재계는 근로시간을 단축하고 정년을 늘리는 만큼 임금을 줄여야 한다는 입장이다. 하지만 노동계는 근로시간 단축과 정년 연장에 찬성하면서도 임금 축소에는 반대하고 있다.

양측의 반대논리를 들여다보면, 자기만의 이익에 집착해 현실을 왜곡하고 있음을 알 수 있다. 우선 근로시간이 줄어든다고 해서 그만큼 임금 지출이 증가한다고 보긴 어렵다. 우리 직장인들의 과도한 근로시간에는 상사 눈치 보기 등에 따른 불필요한 초과 근로도 많다. 근로시간을 단축해 압축적으로 일하게 되면 생산성이 그만큼 향상될 수 있다는 얘기다. 근로자로서도 임금을 다소 양보해 삶의 질이 향상되고 일자리가 늘어나는 선순환 구조를 만들어낼 수 있으니 절대 손해 보는 장사가 아니다.

정년 연장도 마찬가지다. 근로자들은 임금 피크제 등으로 임금을 일부 양보하고 사측도 재정을 일부 더해 근로 기간 연장에 적극 동참한다면, 우리 사회의 불안과 갈등을 없애고 미래 세대의 부담을 획기적으로 덜어주는 계기가 될 수 있다. 실제 정년 연장이 직원들의 충성도를 높여 생산성 향상에 도움이 된다고 보고 적극 시도하는 기업도 늘고 있다. 현대중공업, 홈플러스 등 대기업은 물론 선임 직원들의 숙련된 기술과 노하우를 필요로 하는 주물과 단조·금형 등의 중소·중견기업이 대표적인 사례다.

다행히 박근혜 정부 출범 이후 정치권이 2015년부터 60세 정년을 의무화하는 법안을 통과시켰다. 상당수 기업은 정년 연장이 인건비 부담을 가중시킨다며 반발하고 있어 명예퇴직 등의 방법으로 빠져나갈 공산이 크다. 그래서 고령 취업자가 많은 기업에 금융 지원이나 세제 혜택 등 성과보수를 줘 정년 연장을 유도하는 게 바람직하다.

재계의 중심은 재벌이요, 노동계의 주축은 대기업 정규직 노조다. 국민 전체로 보자면, 우리 사회 극소수의 이익집단일 뿐이다. 하지만 미국의 경제학자 맨서 올슨이 『집단행동의 원리』라는 책에서 설파했듯이, 이들 소수는 정부를 상대로 조직적인 집단행동(로비)에 나섬으로써 사회 전체의 부를 갉아먹고 있다. 우리 사회 불안과 위험의 근원은 바로 안정된 일자리를 만들어내지 못하기 때문이다. 소수 기득권층이 근로시간 축소와 정년 연장을 통해 일자리를 나누는 정책을 가로막고 있는 것이다.

우리나라 65세 이상 노인의 45퍼센트는 빈곤층이다. 학교를 졸업하고도 경제적으로 독립하지 못한 청년 백수가 100만 명이다. 똑같은 일을 하면서도 임금 차별을 받는 비정규직이 무려 600만 명이다. 기득권층인 재벌과 정규직 노조가 사회 통합과 국가 발전이라는 큰 틀에서 양보하고 타협하지 않는 한 난마처럼 얽히고설킨 한국 사회의 문제를 해결하긴 요원하다. 재벌과 대기업 정규직 노조의 양보가 절실한 이유다.

대기업은 근로자와 소비자들의 신뢰가 없다면 지속 성장을 보장받기 어렵다는 점을 인정하고, 이익의 사회환원을 통해 동반성장 구조를 만드는데 적극 앞장서야 한다. 또한 대기업 노조는 비정규직과 실업자들을 끌어안아야 한다. 선언적으로 '비정규직 철폐'만 외칠 게 아니라 실질적으로 비정규직 차별을 없애는 방안을 고민하고 대안을 제시하는 노력이 필요하다. 민주노총이 비정규직 사업을 위해 수십억 원의 기금을 모으는 것도 의미가 있다. 하지만 대기업 노조가 단체협상을 수정해 비정규직을 조합원으로 인정할 수 있어야 한다.

유럽 각국은 비정규직 비율이 10퍼센트 안팎으로 많지 않을 뿐더러 정규직과의 임금 격차도 크지 않다. 적정 임금이 보장되지 않으면 노후복지나 빈곤 해소에 들여야 하는 사회적 비용이 커지고 사회 불안을 낳을 수 있다고 보기 때문이다. 우리도 노사정 대타협을 통해 비정규직 문제 해결을 적극 고민할 때가 됐다. 무엇보다 대기업 노조가 정규직의 임금과 후생복지에만 신경 쓰지 말고 비정규직과의 연대를 적극 모색해야 한다. 한국 사회의 기득권층이 이기주의에서 벗어나야만 공동의 이익을 지켜낼 수 있다.

질 좋은 중소기업 일자리를 늘려라

_____ 통계청의 2011년 사회조사 결과를 보면 13~29세 청년
층이 선호하는 직장은 국가기관(28.7퍼센트), 대기업(21.6퍼센트),
공기업(15.6퍼센트) 등이지만 중소기업은 고작 2.3퍼센트에 그쳤
다. 보수가 열악하고 남이 알아주지도 않는다는 이유에서다. 하지
만 대기업 못지않은 높은 임금 수준을 자랑하는 중견·중소기업
도 적지 않다. 자동차 부품업체 ㈜성우하이텍의 대졸 초임 연봉
이 3,500만 원을 넘는 등 3,000만 원대 초봉을 주는 중소기업이
드물지 않다. 2012년 대졸 신입직 초임 평균 연봉은 3,481만 원
이었다.

중소기업계는 요즘 희색이 만면하다. 전문가들이 혹평한 박근혜
정부의 '2013년 경제정책 방향'에 대해서도 "높이 평가한다"고 환
영했다. 중기 정책자금 조기 집행, 미래창조펀드 조성, 징벌적 손해
배상제 도입, 서비스 분야 중기 적합업종 확대 등 중기 지원책이 가
득하기 때문이다. 이는 기실 예상됐던 일이다.

박근혜 대통령은 당선 후 중소기업중앙회를 가장 먼저 찾았다.
2013년 1월 7일 대통령직 인수위원회 첫 모임을 주재한 자리에선
"중소기업의 성장을 가로막는 손톱 밑 가시를 뽑겠다"고 약속했다.
'중소기업 대통령'을 자임한 셈이다. 이후 두 달 동안 중소기업청과
공정거래위원회 등 중앙부처를 비롯해 지방자치단체, 금융권 등에
서 다양한 중기 지원책이 쏟아졌다. 금융권이 내놓은 중기 정책자금

및 보증 지원 규모만 수백조 원에 달한다.

정부의 불필요한 규제나 대기업의 고질적인 납품단가 후려치기, 기술·인력 탈취 등 '손톱 밑 가시'를 없애는 건 물론 중요하다. 상대적 약자인 중소기업에 대한 정책적 배려도 필요하다. 문제는 이런 정책들이 새삼스러운 게 아니라는 점이다. 이미 중앙부처와 지방자치단체 등에서 진행 중인 중기 지원책만 1,100개를 넘는다. 역대 대통령도 하나같이 중기 육성 및 보호를 부르짖었다. 정권이 출범할 때마다 각종 지원책을 담은 '중소기업 육성 로드맵'이 만들어졌고 천문학적인 혈세가 투입됐다.

하지만 독일처럼 세계 시장을 선도하는 탄탄한 중소기업, 이른바 '히든 챔피언'은 거의 탄생하지 않았다. 오히려 대기업과 중소기업 간 양극화만 심화했을 뿐이다. 젊은이들은 여전히 중기 취업을 피하고 영업활동으로 이자도 갚지 못하는 한계 중소기업이 계속 늘어나는 게 현실이다. 특혜성 자금 지원 위주의 전시성 대책을 남발해온 탓이다.

그래도 중기는 우리 경제의 희망이다. 구조적인 저성장이 고착화할 조짐을 보이고 있는 지금, '일자리'와 '복지'의 선순환을 일궈내려면 중기 경쟁력을 키우는 수밖에 없다. 대기업의 일자리 창출능력은 이제 한계에 도달했기 때문이다. 이제라도 실효성 있는 중기 대책을 다시 짜야 한다. 뭘 고쳐야 할까?

첫째, 중기 보호도 중요하지만 경쟁력을 상실한 '좀비 기업'의 퇴출도 원활히 이뤄져야 한다. 정치 논리로 한계 중소기업을 구제하는 관행이 되풀이되면 시장에 과잉 경쟁이 초래되고 정작 기술력 있는 기업들이 필요한 지원을 받지 못하게 된다. 선택과 집중이 이뤄져야 히든 챔피언도 나올 수 있다.

둘째, 13개 중앙부처와 16개 광역자치단체에서 중구난방으로 진행돼 온 각종 중기 지원 사업을 재정비해야 한다. 다양한 지원책이 전문 분야별로 특화되고 시너지 효과도 낼 수 있도록 중기 정책을 조율하는 컨트롤타워가 필요하다.

셋째, 국외 진출을 시도하는 중기부터 집중적으로 지원해야 한다. 독일이 세계 최대의 무역 강국이 될 수 있었던 것은 일찍부터 세계 시장을 겨냥해 온 강소强小기업이 많았기 때문이다. 좁은 국내 시장에서 보호정책에 안주하기보다는 과감히 세계 시장을 노크하는 중기를 적극 지원해야 성장과 고용 창출에 도움이 된다. 중소기업이 국외 시장에 나가서 경쟁하지 않고 지금처럼 대기업의 하청기지 역할에만 머물러 있으면 성장과 일자리는 요원하다.

넷째, 중소기업이 국외로 활발히 진출하려면 영어와 중국어 등을 구사할 수 있는 인력 유입이 필수적이다. 하지만 현재의 중기 임금 수준과 근무환경으론 우수 인력 채용이 거의 불가능하다. 독일은 1940년대 말부터 1950년대 초까지 중소기업이 엔지니어 등 우수 인력을 고용하면 정부가 대기업과의 임금 격차를 보전해주는 정책을 한시적으로 폈다. 이를 통해 대기업만 선호하던 우수 인력이 중기에도 들어갔고 중기 경쟁력이 점차 강화되면서 정부 지원 없이도 홀로서기가 가능해졌다.

현재 독일 대기업과 중소기업 임직원의 임금 차이는 10퍼센트를 넘지 않는다. 반면 국내 중기 임금은 1980년대 대기업의 80퍼센트에서 지금은 50퍼센트 수준으로 급락했다. 우수 인력이 들어가 연구개발R&D 및 국외 마케팅 능력을 키울 수 있도록 지원하는 게 급선무다. 대만은 석박사급 전문인력이 중소기업에서 근무할 수 있도록 정책적 지원을 해주고 있다. 우리나라도 우수 인재 확보에 애쓰는 중소기업에는 연구개발R&D 자금 지원, 법인세 감면 등의 인센티브를 제공해 임금 및 복리후생을 대기업 수준으로 끌어올리도록 유도해야 한다. 국책연구기관 소속 연구원들이 1, 2년간 중소기업에 파견돼 국채 과제를 함께 다루는 것도 방법이다.

Tip

히든 챔피언

독일의 경영학자 헤르만 지몬(런던비즈니스스쿨 교수)이 1994년 저술한 『히든 챔피언』이라는 책에서 처음 거론된 용어. 세계시장 점유율 1~2위, 연간 매출 40억 달러 이하, 수출 비중 50퍼센트 이상 기업 중 일반에 잘 알려지지 않은 업체를 말한다.

3장
재벌 개혁 –
재벌의 탐욕 경영 끊어내기

목전의 이익을 초월해야 할 때도 있다

_____ 2007년 국내에 처음 소개된 탐스슈즈라는 운동화는 없어서 못 팔 정도로 인기가 좋다. 학생 실내화같이 평범한 모양에 가볍고 편안한 착용감이 특징이다. 어떤 옷이나 장소에도 잘 어울리는 디자인 덕분에 어린이부터 노인까지 다양한 소비층을 확보하고 있다. 키이라 나이틀리, 스칼렛 요한슨 등 할리우드 스타들이 애용하면서 인지도가 높아졌다. 블레이크 마이코스키라는 미국 청년이 아르헨티나를 여행하다 맨발로 다니는 가난한 아이들에게 신발을 전달하겠다고 약속한 뒤 2006년 탐스슈즈를 창업했다.

탐스슈즈가 4년 만에 세계적인 브랜드로 성장할 수 있었던 비결은 제품 경쟁력 외에 신발회사라는 기업의 본질과 맞닿은 독특한 사회적 책임CSR 활동 덕분이다. 탐스슈즈는 소비자가 신발 한 켤레를 사면 다른 한 켤레를 제3세계의 신발 없는 아이들에게 기부하는 방식으로 판매한다. 이른바 '착한 소비'다. 2009년 40만 켤레에 이어 2010년엔 100만 켤레를 기부했다. 탐스슈즈는 자선단체가 아니라 영리를 추구하는 기업이다. 사회에 지속적인 도움을 주는 비즈니스 모델이 수익 창출로 연결된 대표적인 사례다.

_____ 1972년 설립된 스포츠용품 제작업체 나이키는 글로벌 시장에서 매년 엄청난 성장률을 기록하며 승승장구했다. 잘 나가는 다국적 기업이었으나 현지 사회에 대한 기부 등 '기업의 사회적 책임CSR'에는 둔감했다. 윤리규범도 뒷전이었다. 그러던 1993년 나이키의 인도네시아 작업 현장이 TV에 공개됐다. 어린 근로자들이 시간당 19센트의 임금을 받으며 노예처럼 생활하는 모습이 폭로된 것이다.

미국의 사진잡지 『라이프』는 1996년 12세 파키스탄 소년이 나이키 축구공을 꿰매는 사진을 실었다. 후폭풍은 거셌다. 전 세계에서 나이키 불매운동이 벌어졌고 50여 개 매장이 공격당했다. 1998년 봄 나이키의 수익은 69퍼센트나 급락했다. 13년 만에 영업손실을 기록한 나이키는 직원 1,600명을 해고해야 했다.

기업이 사회공헌에 적극 나선다고 해서 당장 순익이 늘어나는 것은 아니다. 하지만 CSR을 소홀히 했다가는 영업에 치명타를 입을 수도 있다. CSR에 적극적인 기업들이 좋은 평판을 얻고 장기적인 성과가 더 좋다는 얘기다. 좋은 평판은 기업뿐 아니라 나라 경쟁력에도 영향을 미친다. "이제 사회적 책임감 없이 행동하는 비즈니스는 더는 불가능하다. 기업 스스로 자성하고 책임감 있게 행동해야 한다."(마이클 홉킨스의 『지구 바겐세일』 중)

시장통 허름한 건물에 자리한, 퀴퀴한 냄새를 풍기던 옛날 극장은 이제 사라진 지 오래다. 대신 화면 때깔부터 첨단 냄새를 물씬 풍기는 복합상영관이 전국 주요 도시를 점령했다. 화려한 인테리어로 무장하고 현대식 빌딩에 입주한 복합상영관은 하나같이 CJ, 롯데 등 재벌 계열사가 운영한다. 골목 상권은 장사가 안 돼 죽을 맛이지만, 재벌이 운영하는 극장과 음식점, 식음료 매장, 대형할인점 등은 늘 손님들로 넘쳐난다.

영세 상인들이 막강한 자본력과 마케팅 파워를 앞세운 골리앗을 당해낼 재간이 있을 리 없다. 그러니 백화점이나 극장에 갈 때마다 이런 생각이 절로 든다.

'여기에 빵집이나 팝콘 판매장 하나 내면 평생 먹고 사는 데 지장 없겠구나.'

매일 수천, 수만 명의 고객이 장사진을 치는 곳에서 장사하니 망할 리가 있으랴 싶다. 서민들에겐 머릿속에서나 떠올려보는 '대박'의 꿈이 재벌 2·3세에겐 일상으로 벌어진다. 공정거래위원회가 공개한 자료를 보면, 롯데그룹 총수의 딸은 극장에서 팝콘 장사를 한다. 전국의 롯데시네마 수도권과 지방 점에서 15개의 팝콘 판매장을 운영하며 연간 수백억 원의 매출을 올린다. 계열사 영업망에 무임승차해 손 안 대고 코 푸는 격이다(경제민주화 열풍이 거세진 2013년 5월에야 슬며시 철수했다).

삼성, 현대차, 신세계, 현대백화점 등 다른 재벌 그룹의 2·3세도 마찬가지다. 삼성타운, 신라면세점, 해비치호텔, 신세계·현대백화점 등 계열사와 기존 유통망을 이용해 땅 짚고 헤엄치기 식으로 손쉽게 돈을 벌고 있다. 총수 자녀가 계열사의 도움을 얻어 사익私益을 추구하는 전형이다. 재벌의 문어발식 계열사 확장실태를 분석해 자료를 낸 공정위 간부는 재벌 2·3세로 내려올수록 창업세대의 기업가정신이 희박해지고 있다고 토로했다.

이병철, 정주영, 김우중 등 창업 1세대도 비자금 등으로 권력과 유착돼 손가락질을 받긴 했다. 하지만 카리스마 넘치는 기업가정신으로 초일류 기업의 기틀을 다진 것도 사실이다. 박정희식 성장 패러다임을 성공으로 이끈 일등 공신이기도 했다. 그들은 1인 독재의 제왕적 권력을 휘두르면서도 기업활동이 국익國益에 직결된다는 사업보국事業報國, 경제적 이익의 사회환원을 통한 공익公益정신에는 비교적 투철했음을 부인하기 어렵다. 이병철 삼성 창업주는 큰 기업은 작은 기업과 달라야 한다는 철학을 갖고 있었다.

"기업에는 기업에 따르는 사회적 책무가 있다. 작은 기업은 자기 기업만을 살리는 데 힘을 쏟기만 해도 된다. 큰 기업주는 그래서는 안 된다. 요즘처럼 수많은 관련 기업들과의 밀접한 연관을 고려해야

만 할 때는 큰 기업주는 단순히 자기 기업만을 살리려 애써서는 안 된다. 목전의 이익을 초월한 기업 활동을 해야 할 때도 있다."

하지만 재벌 2·3세의 요즘 행태에서 창업세대의 기업가정신을 발견하기란 쉽지 않다. 재벌 2세들을 취재해본 경험이 있는 한 언론인은 그들의 조급한 돈벌이 행태를 이렇게 분석한다.

"많은 재벌 2세들은 가업을 일으킨 아버지의 강렬한 카리스마에 대해 엄청난 콤플렉스를 느끼며 가슴앓이를 하고 있다. 늘 남을 의심하고 귀가 얇고 조바심을 낸다. 성공한 아버지를 극복해야 하니 항상 가슴 속에 부담감을 안고 살아간다."

2000년대 들어 재벌들이 2, 3, 4세대로 내려오면서 가족 수가 많이 늘어나다 보니 계열사를 만들어 일감을 몰아주거나 빵집, 순대, 떡볶이 등 중소 상인들 영역까지 진출하게 됐다는 평가도 있다.

기업은 소비자의 신뢰를 먹고 산다. 소비자의 신뢰를 잃으면 영업 활동도 이윤 창출도 불가능하다. 우리나라의 자영업자는 약 600만 명. 가족을 포함하면 기업의 가장 주된 고객층이라고 봐야 한다. 목전의 작은 이익에 급급해 영세 자영업자들을 벼랑 끝 위기로 내모는

Tip

기업의 사회적 책임(CSR · Corporate Social Responsibility)
기업이 단순한 경제적 역할을 넘어 이해관계자를 포함한 사회, 환경 등에 책임감을 가져야 한다는 개념. 윤리경영, 사회공헌, 지속 가능 경영, 기업시민 등의 개념을 모두 포괄한다. 유럽에서는 '기업의 사회적 책임', 미국에선 '윤리적 경영'이라는 용어를 주로 쓴다.

것은 기업의 지속 가능한 생존에도 치명적이다. 이제 CSR은 기업경영에서 선택이 아닌 필수과목이 됐다. '고객과 함께하는 기업이 되라'는 게 지금의 시대적 요구다. 창업세대 기업가정신의 본질이기도 하다. 이런 흐름을 외면하는 기업은 도태될 수밖에 없다.

존경받는 부자가 많아야 한다

_____ 영국 도버 해협에 맞닿아 있는 프랑스 북부에 칼레Calais 라는 소도시가 있다. 영국과 프랑스가 14세기 중반 왕위계승 문제로 충돌했던 백년전쟁(1337~1453) 초기인 1345년. 영국의 에드워드 3세가 노르망디에 상륙해 파죽지세로 프랑스군을 밀어붙였다. 승리를 눈앞에 둔 듯했으나 칼레에서 프랑스군의 완강한 저항에 부닥쳤다. 칼레 시민은 한마음으로 똘똘 뭉쳐 영국군의 공세를 11개월 동안이나 막아냈다. 영국군의 작전에 적잖은 차질이 생겼음은 물론이다. 에드워드 3세는 간신히 항복선언을 받아낸 뒤 대학살로 보복하려다가 마음을 바꿔 도시 대표자 여섯 명만 처형하기로 했다. 대신 시민 스스로 처형 대상자를 고르게 했다.

시민은 누구를 희생양으로 삼을지를 놓고 혼란에 빠졌고 선뜻 나서는 이도 없었다. 그때 한 사람이 손을 들었다.

"내가 처형 대상자가 되겠소."

칼레 최고의 부자 외스타슈 드 생피에르였다. 이어 칼레 시장과 법률가 등 귀족계급 다섯 명이 차례로 손을 들었다. 그들 여섯

명은 다음날 목에 밧줄을 감고 맨발로 영국군 진지를 찾아갔다. 그런데 처형 직전에 임신한 왕비의 살려달라는 간청을 받아들인 에드워드 3세의 지시로 기적처럼 생명을 구한다. 이후 칼레 지도층 여섯 명의 용기와 희생정신은 '노블레스 오블리주'의 상징이 됐다.

_____ 유대인들의 생활규범을 담은 『탈무드』는 자선의 방법을 여덟 단계로 나누고 있다. 가장 숭고한 자선행위는 상대가 스스로 지탱할 수 있도록 도와주는 일이다. 공동사업을 벌여 자립할 수 있도록 이끌어 주거나 일자리를 마련해주는 일이 여기에 해당한다. 두 번째는 누가 베푸는지, 누가 받는지 서로 모르게 하는 선행이다. 가장 낮은 여덟 번째 단계는 싫은데 억지로 하는 선행이다. 마지못해, 그것도 남이 보는 앞에서 선행한 뒤 감사 인사를 기다리는 경우다. 『탈무드』는 "비록 가장 낮은 단계의 선행이라도 아무것도 하지 않는 것보다는 낫다"고 적고 있다.

이런 가르침 때문인지 유대인들은 기부를 생활화하고 있다. 미국 억만장자들의 기부서약운동을 주도하는 조지 소로스, 록펠러 3세, 마이클 블룸버그 등 유대인이다. 2009년 5월 기부서약운동이 시작된 지 1년 만에 40명의 억만장자가 1,500억 달러(약 165조 원)를 기부하겠다고 약속했다. '투자의 달인'으로 불리는 세계 3위의 부자 워런 버핏은 재산의 99퍼센트를 기부하겠다고 했고 560억 달러의 재산을 보유한 마이크로소프트의 설립자 빌 게이츠는 1,000만 달러를 제외한 전 재산을 내놓겠다고 서약했다.

뮤지컬 「오페라의 유령」을 작곡한 앤드루 로이드 웨버는 "워런 버핏을 조금이라도 닮았으면 좋겠다"면서 피카소의 작품(한화 574억 원)을 팔아 자선사업에 쓰기로 했다. 마이클 블룸버그 뉴욕시장도 임기를 마친 후 자선사업에 나설 계획이라고 한다. 미국의 억만장자들이 죽기 전에 자선활동에 자신의 돈을 사용하려는 문화가 새로운 경향으로 자리 잡아가고 있다는 게 미국 언론의 보도다.

미국 기업인과 부자들의 자발적인 기부문화가 새삼스러운 것은 아니다. 연간 소득 100만 달러 이상인 부자들은 해마다 총 수입의 3~4퍼센트를 자선기금으로 내놓고 있고 연봉 3만 달러 수준의 평범한 직장인도 1,000달러 이상을 기부하고 있기 때문이다.

이처럼 서구의 부자들은 자녀에게 많은 재산을 물려주지 않는다. 유산을 많이 물려주면 열정과 창의력을 이끌어내기 어렵다고 보기 때문이다. "빌에게 많은 재산을 물려주었다면 마이크로소프트를 세우지 못했을 것이다." 빌 게이츠 부모의 얘기다.

그들은 나라가 위기에 처했을 때 노블레스 오블리주를 앞장서서 실천하는 전통도 지켜오고 있다. 최근 버핏 등 미국의 슈퍼부자들이 조지 부시 정부의 감세정책으로 심각한 위기에 처한 재정문제를 해결하기 위해 "부자들에게 세금을 더 걷으라"고 요구하고 나선 게 대표적이다. 대다수 미국인이 아등바등 먹고 사는 동안 부자들만 비정상적 감세 혜택으로 부를 불렸다는 반성의 외침이다. 프랑스의 슈퍼

부자 16명도 "재정적자 극복을 위해 특별기부 형태로 세금을 더 내겠다"고 정부에 제안했다.

선진국 기업들엔 '기업의 사회적 책임CSR' 활동이 생존전략으로 자리 잡은 지 오래다. 세계적인 투자은행 시티뱅크는 개발도상국에서 대출 여부를 결정할 때 환경에 미치는 영향을 고려한다. 아웃도어 브랜드 팀버랜드Timberland는 직원들이 지역 자선단체에서 봉사할 수 있도록 일정 경비와 함께 일주일간의 휴가를 준다. 검색사이트 구글에서 '기업의 사회적 책임'이라는 키워드를 치면 3만 개 이상의 사이트를 찾을 수 있다. 현재 2,000개 이상의 선진기업이 매년 CSR 활동보고서를 쓰고 있다.

미국 부자들의 자발적인 기부문화와 기업들의 적극적인 CSR 활동이 순수한 동기에서 출발한 것은 아니었다. 거액 기부의 효시인 석유왕 록펠러는 불법행위에 대한 검찰 수사로 사회적 비난 여론이 비등한 상황에서 부의 사회환원을 택했다. 거대 다국적 기업들 역시 1960~1970년대 탐욕스러운 글로벌 자본주의에 대한 시민단체와 소비자들의 압력을 방어하기 위해 CSR 활동에 나서게 됐다.

하지만 지금은 도덕성을 갖춘 부자와 기업인들이 오히려 경쟁우위를 점할 수 있다는 시대가 됐다. 한국 사회에도 기업 이윤의 사회환원이 기업과 사회가 상생하는 데 도움이 된다는 믿음이 확산하고 있다. 부자라고 해서 공공의식이 유달리 높은 것은 아니다. 비윤리적이며 사회적 책무를 외면하는 기업인에 대한 시민단체와 소비자들의 압력, 윤리경영에 대한 투자자와 직원들의 요구 등 사회구성원들의 노력이 필요한 이유이기도 하다.

한국의 부자들은 아직 갈 길이 멀다. 대기업과 부유층은 이명박 정부의 친기업·감세 정책으로 큰 혜택을 봤다. 특히 재벌들은 하루가 멀다고 계열사를 늘려가며 사상 최대 호황을 구가하고 있다. 그 결과 4대 그룹의 GDP 대비 매출은 최근 3년 새 40퍼센트에서 50퍼센트 수준으로 껑충 뛰었다.

문제는 그들에게서 사회적 책임의식을 찾아보기가 쉽지 않다는 점이다. 대기업들이 벌이는 사회공헌 활동도 오너 총수가 횡령, 배임, 사기 등 범죄를 저지른 후 기업에 대한 사회적 반감을 누그러뜨리려 마지못해 하는 경우가 많다. 삼성과 현대차그룹이 각각 8,000억 원과 1조 원의 사회공헌 기금을 내놓은 것도 편법 상속과 최고경영자의 비리 등 사회적 물의에 대한 속죄의 의미가 강했다. 그나마 개인이 아닌 법인 돈으로 생색을 내는 경우가 다반사다. 세금을 내지 않고 자녀에게 부를 대물림 하기 위해 온갖 불법과 편법을 동원하고 비상장 계열사에 일감을 몰아줘 사돈의 팔촌까지 먹여 살린다.

물론 세금을 늘리는 데는 결사반대다. 그들에게 재정 건전성이나 복지 확충 따위는 정부나 고민할 문제다. 서울시 무상급식 투표에서 부유층이 몰려 사는 타워팰리스 주민의 투표율이 59.6퍼센트로 서울시 평균의 2배를 넘은 게 단적인 예이다.

"우리나라 대기업 회장들은 모이기만 하면 세금을 줄여달라고 요청한다. 욕심나면 가지려고 하는 갓난아이 같다. 한국 대기업이 약탈적 경영을 하는 건 자본주의 초기 단계이기 때문이다."

보수진영의 전략가로 꼽히는 윤여준 전 환경부 장관의 지적이다.

"우리 가문은 국가 경제 덕에 얻은 이익을 다시 사회에 환원해야 할 의무가 있다는데 오래전부터 공감해왔다."(데이비드 록펠러) "일정 규모 이상의 재산이 있는 사람이라면 모든 돈을 다 쓸 수는 없다. 가장 좋은 방법은 그 돈을 자손들에게 물려주는 게 아니라 자손들을 위해 더 좋은 세상을 만드는 데 쓰는 것이다."(마이클 블룸버그)

우리도 이런 부자를 만나고 싶다. "국민 다수가 고통받는 이때 부자들이 세금 더 내는 것을 꺼릴 이유가 없다. 비어가는 나라 곳간이 걱정되니, 제발 우리처럼 여유 있는 계층에게 세금을 더 걷어라."

재벌 총수에게서 이런 말을 듣는 날이 왔으면 좋겠다.

시장권력을 넘어서야 한다

_____ 2013년 6월 7일 삼성전자 주가가 6.18퍼센트 폭락했다. 주당 150만 원을 넘는 초우량주 삼성전자가 6퍼센트 넘게 폭락하기는 10개월 만의 일이어서 증시는 물론 대한민국이 화들짝 놀랐다. 왜 이런 일이 벌어진 걸까. 삼성전자는 2013년 1분기에 8조 7,800억 원의 영업이익을 냈다. 국내 전체 상장사 영업이익의 약 30퍼센트나 된다. 문제는 이 가운데 4분의 3(6조 5,100억 원)이 스마트폰을 만드는 무선사업부에서 나왔다는 점.

미국계 증권사인 JP모건이 전날 "갤럭시S4의 판매량이 빠르게 줄고 있어 3분기 이후 영업이익률이 줄 것"이라는 보고서를 발표하자 직격탄을 맞은 것이다. 국내 유가증권시장 상장사 순이익의 3분의 1, 시가총액의 3분의 1이 삼성전자 몫이다. 그중에 4분의 3은 스마트폰이 이룬 성과다. 스마트폰의 실적이 악화하면 초우량 기업 삼성전자가 타격을 입고 대한민국이 휘청거릴 수 있다. 대한민국의 삼성그룹 의존도가 너무 크다는 얘기다.

자본주의라는 단어에선 왠지 자본가의 노동 착취 같은 불온한 느낌이 묻어난다. 그래서인지 요즘엔 자본주의 대신 '시장경제'라는 말을 흔히 쓴다. 경제 교과서는 시장을 자유롭고 합리적인 공간으로 표현한다. 자유와 창의를 존중하는 시장경제가 개인은 물론 사회 전체의 이익에 이바지한다는 설명도 뒤따른다. 하지만 미 하버드대 종신교수를 지내며 1960년대 미국의 경제정책을 입안했던 경제학자 존 갤브레이스는 견해를 달리한다. 그는 2004년 펴낸 마지막 저서 『경제의 진실』에서 시장경제는 '사기'라고 질타한다. 시장은 "기업들의 조작 장"이며, 시장경제는 "자본주의에 대한 온화한 대안"이라는 것이다.

그가 보는 시장경제는 시장권력의 정점에 있는 대기업들의 위장 수단일 뿐이다. 기업들은 '소비자가 왕'이라며 떠받들지만, 실은 유명 연예인을 동원한 TV 광고와 판촉 등으로 소비자의 기호와 구매력을 조종하는 데 불과하다. 정치자금을 매개로 정치인을 움직이고 광고를 미끼로 언론을 지배한다. 또 관료들을 매수해 국방·조세·환경정책 등 공공부문까지 좌우한다. 석유자원을 확보하기 위해 전쟁을 부추기는 것도 대기업이다.

우리나라도 예외는 아니다. 시장권력은 이미 관료사회와 언론을 지배하고 있고 법조계까지 조종하는 괴물이 됐다. 검찰총장, 법원장 등을 지낸 고위 법조인들이 대기업의 사외이사, 집행임원으로 대거 영입돼 활동하는 등 시장권력과 법조권력 간 이종교배가 활발하다. 대법관 출신인 김영란 전 국민권익위원장이 "판사 시절 대기업으로부터 청탁도 많이 들어왔다"고 고백한 데서 미루어 짐작할 수 있다. 대기업 총수들이 수천억 원대 횡령이나 배임을 저질러도 집행유예나 사회봉사명령 등 가벼운 처벌만 받고 빠져나오는 배경일 것이다.

그럼 정치권력은 시장권력의 지배에서 벗어날까? 고 노무현 대통령은 2005년 7월 대·중소기업 상생협력시책 점검회의에서 "권력은 시장으로 넘어간 것 같다"고 말했다가 진보진영의 집중포화를 맞았다. 그의 시장권력에 대한 생각은 임기 말인 2007년 좀 더 구체적으로 드러난다.

"정치는 가치를 추구하는 행위이지만 시장은 이익을 추구하는 것이다. 이 시장이 우리 정치를 지배하게 됐을 때 가치의 위기가 발생한다."

시장권력에 대한 그의 우려는 딱 여기까지였다. 사고와 구호는 진보적이었으되, 실제 정책은 보수에 가까웠다는 말이다. 경제정책은 더욱 그랬다. 집권 초기 10대 국정과제에 '기업을 경영하기 좋은 나라'를 포함한 데서 알 수 있듯이 다분히 친기업적이었다. 유시민 통합진보당 대표는 "재벌에 머리를 숙이고 도와달라고 한 것이다. 그런데 도와주지는 않아서 좌절을 느꼈을 것이다."라고 옹호했지만, 시장 통제에 실패한 참여정부의 무능은 '기업 친화적'을 표방한 이명박 정부를 등장시킴으로써 시장권력의 우위를 완벽히 입증했다.

그러던 시장권력이 요즘 위기에 처했다. 글로벌 금융위기 이후 심화한 양극화와 자본주의의 새로운 패러다임을 요구하는 추세와 맞물려 여야가 좌 클릭 경쟁에 나서고 있기 때문이다. 새누리당은 그간 보수의 정체성을 상징하던 '큰 시장, 작은 정부' 대신 '복지국가와 경제민주화'를 전면에 내세우며 중도 좌파로, 중도 좌파를 지향하던 민주당은 더 왼쪽으로 기울고 있다. 양당 모두 정부의 조정과 통제기능을 살려 시장권력을 제어하겠다는 뜻을 분명히 밝히고 있는 것이다.

갤브레이스는 "기업을 통제하지 못하는 사회에 미래는 없다"면서 대기업에 대한 효과적인 규제의 필요성을 강조했다. 그러나 시장권력의 우위를 인정하며 그들과 한 몸처럼 굴었던 정치권의 갑작스러운 '재벌 때리기'에선 진정성이 느껴지지 않는다. 제도 개선을 통해 시장권력의 횡포를 잠재울 수 있을지도 의문이다. 경쟁과 효율을 강

Tip

존 갤브레이스(1908~2006)

주류 경제학의 우상을 파괴한 것으로 유명한 미국의 진보적 경제학자. 케인스 이후 최고의 경제학자로 꼽힌다. 하버드대, 프린스턴대 교수를 지냈고, 오랜 기간 민주당 정권의 경제 자문역으로 활동했다. 현대사회를 '지도원리가 사라진 불확실한 시대'라 정의한 그의 저서 『불확실성의 시대』는 현대판 고전이 됐다.

조하는 자본의 논리가 지속하는 한 시장권력의 확대는 불가피한 게 아닐까? 좌 클릭 경쟁의 결말이 궁금하다.

관경 유착 끊기가 경제민주화의 핵심이다

_____ "모피아(MOFIA · 옛 재무부의 영문 이름 MOF와 마피아의 합성어)는 자리보전 및 세력을 확장하려는 속성이 있다. 정부 내에는 그들을 통제할 전문가가 없다. 모피아들이 이 틈을 타 KB금융과 우리금융을 합친 거대은행을 만드는 등 금융당국의 입맛에 맞는 정책을 추진하겠지만, 근본적인 해결보다는 눈앞의 과제를 임시봉합하려는 관치금융의 부작용이 함께 드러날 것이다."

전성인 홍익대 경제학과 교수의 경고다. 자리보전 및 세력을 확장하려는 모피아의 속성은 박근혜 정부에서도 어김없이 나타나고 있다. 이명박 정부 시절 이른바 '4대 천왕'(MB와의 친분으로 주요 금융지주사 회장에 오른 인사들)이 주물렀던 KB · 우리금융 회장 등 금융권 알짜자리를 모피아라 불리는 과거 재무부 관료 출신들이 속속 접수하고 있는 것이다.

국제금융센터 원장, 여신금융협회장, 한국거래소 이사장, 신용보증기금 이사장 등 주요 금융 공기업과 금융단체장도 싹쓸이하고 있다. 금융계 안팎에선 정권 초 주요 금융기관장이 물갈이되는 틈을 타 모피아들이 금융당국과의 소통이 원활하다는 장점을 내세워 세력 확장을 꾀하고 있다고 분석한다.

2012년 말 대한민국을 뜨겁게 달군 18대 대통령 선거는 보수와 진보진영이 총력전을 펴는 모양새였지만 경제정책에서 차별성을 발견하기는 쉽지 않았다. 극좌 편향을 보이다 2012년 4월 총선에서 패배한 진보는 그간 보수진영의 구호였던 성장과 일자리를 부쩍 강조했고, '줄·푸·세(세금을 줄이고 규제는 풀고 법질서를 세우자)'로 서민 경제를 어려움에 빠트렸던 보수는 경제민주화와 복지 등 진보적 어젠다를 대폭 수용했기 때문이다.

보수의 변신은 득표전략의 일환이기도 했다. 하지만 양극화 해소와 사회적 갈등 완화라는 시대적 요구에 따른 불가피한 선택이기도 했다. 박근혜 후보 당선 직후 대통령직인수위원회가 선보인 정부조직 개편안이 기존 보수정권의 상징인 '작은 정부'와는 달리 경제부총리를 부활시키고 2개 부처를 신설·복원하는 등 정부의 역할을 강조하는 '큰 정부'를 지향한 것도 새로운 경제 패러다임을 요구하는 시대정신의 반영일 것이다.

문제는 보수 기득권 계층의 반발이다. 그들은 새 정부가 출범하기도 전부터 '복지 발목잡기'에 나섰다. 박 당선인이 무리하게 복지공약을 강행할 때 경제가 망가질 것이라며 노선 수정을 압박하고 나선 것이다. 중도 표심을 잡기 위해 복지 확대를 약속했지만 핵심 지지 세력이 원치 않는 방향인 만큼 공약에 얽매이지 말고 현실적으로 조정해야 한다는 논리였다. 새 정부 출범 이후에도 재벌, 보수언론, 관료층을 중심으로 반 경제민주화 움직임이 지속했다.

경제민주화와 복지 강화라는 진보적 과제에 저항하는 세력의 중심에는 관료들이 있다. 특히 복지공약 이행과 밀접한 관련이 있는 보건복지부와 경제부처 관료들은 박근혜 정부 집권 초반부터 "복지 공약 실현을 위해선 박 대통령이 추계한 예산보다 훨씬 많은 돈이 들 것"이라며 숨김없이 그대로 공약 수정의 필요성을 제기했다. 박 대통령은 과연 관료들의 저항을 이겨낼 수 있을까?

참여정부에서 청와대 정책실장과 부총리 겸 전 교육인적자원부 장관을 지낸 김병준 국민대 교수는 "집권해도, 대통령이 돼도, 세상 바꾸기가 쉽지 않다"고 단언했다(『99%를 위한 대통령은 없다』). 그러면서 주된 이유로 사사건건 개혁과제의 발목을 잡는 관료조직의 저항을 꼽았다.

실제 그간 출범한 거의 모든 정권이 관료조직에 휘둘리다 뜻을 이루지 못하고 주저앉은 게 현실이다. 참여정부는 강력한 개혁의지를 표방하며 출범했지만 국민의 외면 속에 쓸쓸히 퇴장했다. '골고루 잘사는 나라'를 꿈꿨던 참여정부의 핵심 전략은 국가균형발전이었다. 기득권층을 의식해 '성장과 분배의 선순환'이라는 미사여구로 포장했지만, 분배 쪽에 무게 중심이 더 실렸음을 부인하긴 어렵다. 성장을 외면한다는 보수세력의 반발에도 사회적 양극화의 심화는 참여정부의 국정 철학에 힘을 실어줬다.

그러나 결과는 참담했다. 대기업과 중소기업, 정규직과 비정규직 간 양극화는 확대되고 서민들의 삶은 더 어려워졌다. 신자유주의 노선을 수용하는 등 정책의 일관성도 없었다. 주요 국정과제로 저출산·고령화 등 미래 위험에 대비한 성장동력 창출을 제시했지만, 저성장과 고용 부진으로 국민의 신뢰만 갉아먹었다. 참여정부 5년 동안 평균 성장률은 아시아(7.0퍼센트)는 물론 세계 평균(4.9퍼센트)에도 못 미치는 4.3퍼센트에 머물렀다.

참여정부의 쓸쓸한 퇴장을 놓고 다양한 해석이 나왔다. 아마추어적 국정 운영으로 정책의 구체화에 실패했다는 일반적인 평가와 더불어 재벌을 위시한 보수층의 발목잡기에 무릎을 꿇은 것이라는 지적도 만만찮았다. 그러나 상당수 전문가는 관료집단 장악에 실패한 걸 더 결정적인 요인으로 꼽는다. 집권 초기 관료집단 개혁을 시도했으나 똘똘 뭉쳐 밥그릇 지키기에 나선 직업관료들의 벽을 뚫지 못했다는 것이다. 이명박 정부도 초기에는 기업인 출신 대통령의 개인적 경험에 따른 부정적 인식 탓에 '모피아'로 불리는 재무관료를 멀리했지만, 결국엔 그들에 포위돼 대기업 중심의 성장전략을 밀어붙였다.

한국의 관료집단은 몇 가지 특징이 있다.

첫째, 유능하고 전문성도 갖췄다. 관료들의 치밀한 기획력과 외환위기, 글로벌 금융위기 등의 대응 경험은 국가운영을 맡은 세력에겐 큰 자산일 수밖에 없다.

둘째, 직업공무원제의 울타리 속에서 신분 보장이 철저하다. 대통령의 관료 통제력에 한계가 있을 수밖에 없다는 뜻이다.

셋째, 직업공무원제가 수십 년 동안 이어져 오면서 사회 각계로 진출한 선후배들이 서로 밀어주고 당겨주는 커뮤니티가 공고하다. 이 커뮤니티는 정치권력 및 자본과도 연결돼 공고한 이익집단을 형

성하고 있다. 관료 커뮤니티의 정서가 집권세력의 철학과 정책보다 우선하는 경우를 수없이 경험했다는 게 김병준 교수의 토로다.

넷째, 관료들은 세수稅收 관련 자료 등 주요 정보를 합법적으로 독점하고 있다. 정보 및 권력기관의 개인정보 집중 및 감시를 통해 국민의 일거수일투족을 들여다보는 것이다. 이는 필요한 경우 개혁 정책을 좌절시키는 무기로 적절히 활용될 수 있다.

다섯째, 한국의 관료집단은 무엇보다 변화와 혁신을 두려워하는 보수주의자들이다. 특히 엘리트 관료들은 상당수가 미국 유학을 경험한 친미 개방주의자요, 뼛속까지 신자유주의 신봉자들이다. 진보를 자처했던 참여정부가 우파 정책을 편 것도 성장주의를 맹신하는 경제관료들이 사회경제정책을 좌지우지했기 때문이다.

한국 사회는 지금 계층 간, 지역 간, 세대 간 첨예한 갈등으로 몸살을 앓고 있다. 기득권층의 양보를 통해 양극화를 누그러뜨리지 않으면 언제 폭발할지 모른다. 시대 흐름과 동떨어져 보이는 '정통보수' 박근혜의 당선은 경제민주화와 복지 확대라는 진보적 의제를 과감히 수용했기에 가능했다. 만일 '박근혜 복지'가 관료들의 저항에 막혀 공염불에 그친다면, 집권 첫해부터 지지율이 곤두박질한 이명박 정권의 전철을 밟을 수도 있다.

현재의 위기를 타개하려면 결국 관료들을 움직이게 하여야 한다. 아무리 좋은 정책이라도 이를 집행하는 관료들의 철학과 추진력이 뒷받침되지 않으면 실패할 수밖에 없다. 공직사회가 먼저 변화하는 모습을 보여주는 게 바람직하다. 하지만 한국의 관료들이 위와 같은 한계를 지닌 집단이라는 점도 분명히 인식해야 한다. 관료들이 기득권 안주에서 벗어나 국민을 위해 책임감 있게 일하게 하는 건 결국 집권세력의 의지와 결단뿐이다.

중견기업 키워야 경제 허리가 튼튼해진다

_____ 1935년 설립된 독일 카처사는 산업용 고압청소기 분야 세계 1위 기업이다. 애초 어린이 장난감 등 다양한 제품을 생산하다 1970년대 중반 높은 기술력이 요구되는 고압청소기에 집중하기 위해 다른 제품군을 포기했다. 이후 고집스럽게 산업청소기 한 우물 전략을 고수해 세계적인 강소强小기업으로 우뚝 설 수 있었다.

카처사의 또 하나의 성공 비결은 세계화 전략. 한우물만 파다가 해당 업종에 불황이 닥치면 위기가 찾아올 수 있기 때문이다. 특정 제품에 집중해도 세계로 시장을 넓히면 얼마든지 좁은 시장의 한계를 극복할 수 있다는 얘기다. 카처사는 1962년 첫 국외지사를 설립한 이래 한국 등 60개국에 진출했다. 지난해 매출 19억 2,000만 유로 중 85퍼센트가 국외에서 나왔다.

독일은 '중견기업의 천국'으로 불린다. 독일의 중견기업 수는 전체 기업의 12퍼센트가 넘고, 고용에서 차지하는 비중은 46퍼센트에 달한다. 특히 대중에게 잘 알려지지 않지만 각 분야에서 세계시장 점유율 1~2위를 다투는 중견 우량기업, 즉 '히든 챔피언'이 무려 1,500여 개에 달한다. 이는 우리나라 전체 중견기업 수(1,291개)보다도 많은 것이다. 독일 정부가 2003년부터 '아젠다 2010'을 통해 신용대출 지원, 창업지원, 기술지원 등을 꾸준히 해 온 결과물이다. 유럽 재정위기를 이겨낸 독일경제의 힘은 벤츠, BMW, 지멘스 같은 대기업이 아니라 탄탄한 허리, 즉 중견기업에서 나왔다고 볼 수 있다.

독일 히든 챔피언 기업들은 기업수명이 평균 60년 이상, 평균 매출 4,300억 원, 세계시장 점유율 33퍼센트 이상을 자랑한다. 그들 중 100년 이상 된 가족기업이 43퍼센트나 된다. 1668년 설립된 제약기업 머크는 12대째 가족기업으로 운영되고 있다. 지금도 전체 지분의 70퍼센트를 보유한 10~13대 가족 130명이 회사 운영방침을 결정한다. 가족기업은 공동경영을 통해 안정적 지배구조를 갖추고 있어 위기에 강하고 기회 포착에도 빠른 장점이 있다.

우리나라는 독일과 산업구조가 비슷하다. 제조업 중심이고 전체 기업의 99퍼센트가 중소기업이다. 그런데 왜 독일과 같은 히든 챔피언이 나오지 못하는 걸까? 독일에 답이 있다. 한우물을 파는 전문성, 과감한 세계 진출, 숙련된 기술인력, 유연한 지배구조 등이다.

한국 정부도 1~2년 전부터 중견기업 육성정책을 펼치고 있지만 아직은 걸음마 단계다. 다양한 중소기업 지원제도에도 눈먼 정책자금이 많다 보니 중소기업들이 기술 개발보다는 자금 확보를 위한 로비에 열중하는 게 현실이다. 실패를 용인하지 않는 사회 분위기 탓에 젊은이들이 과감한 기술창업 대신 공무원 시험에 열중하는 것도 문제다. 이런 환경에서 중소기업들이 유능한 인재를 구하기는 쉽지 않다.

우리나라가 선진국의 문턱을 넘으려면 우량 중견기업, 글로벌 중견기업을 다수 육성하는 게 무엇보다 중요하다. 국내 중소기업계는 박근혜 대통령이 "중견기업은 우리 경제의 튼튼한 허리이자 일자리 창출과 신제품 개발, 수출의 새로운 성장 엔진"이라고 강조한 데 큰 기대를 걸고 있다. 중소기업이 글로벌 경쟁력을 갖춘 히든 챔피언으로 성장할 수 있도록 연구개발R&D 투자 및 세계화 전략을 위한 정책적 뒷받침이 더욱 강화돼야 한다.

유전무죄 법조공화국을 개혁하라

_____ "(법무법인 로고스의) 고문 변호사로 재직할 당시 월평균 3,000만 원 정도를 받았는데, 현재 변호사 업계 상황으로 봐서는 과하지 않다." 박근혜 정부가 출범하기 직전인 2013년 2월 중순 정홍원 국무총리 후보자가 한 말이다. 총리실 관계자는 "정 후보자가 로펌에서 근무한 1년 8개월 동안 약 6억 원 정도를 받았으며, 대부분 사건 수임료인 것으로 확인됐다"며 "대기업 관련 사건은 없었고, 대부분 지인에게서 의뢰받은 작은 사건들"이라고 했다.

월평균 3,000만 원의 보수가 과하지 않은 것이라면, 그리고 지인에게서 의뢰받은 '작은 사건들'만 맡았어도 이 정도 수입을 올린다면, 변호사들은 도대체 얼마를 버는 걸까? 대형 로펌의 경우 검찰과 법원의 고위직을 지내고 퇴임한 전관前官 출신들에게 월 5,000만 원가량을 지급한다는 게 법조계의 통설이다. 실제 2011년 대검차장 출신인 정동기 감사원장 후보자는 법무법인 바른에서 7개월간 일하면서 7억 원가량을 받았고 박한철 헌법재판관은 김앤장에서 4개월간 일하면서 2억 원(월 5,000만 원)을 받은 사실이 공개됐다. 로펌 고문 등으로 취업한 경제부처 장관급은 연 5억 원 이상, 국장급은 3억 원대 보수를 받는 것으로 알려져 있다.

미국 LA주의 대법원 판사 존 크랠릭(60)은 변호사 시절인 2000년 로펌을 시작하면서 사무실 벽에 '이상理想 선언문'이라는 글을 써 붙였다. 다른 로펌보다 저렴한 가격으로 정확한 법률 상담을 제공하겠다는 다짐이었다. 하지만 그의 이상주의가 변호사 업계의 비즈니스 모델로 '꽝'이라는 사실이 드러나는 데는 오랜 시간이 걸리지 않았다. 그는 '고객을 등쳐먹기 위한 수법으로 많은 변호사가 선호하는, 법률적인 말장난으로 페이지를 늘리는 짓을 피하고 싶었'지만, 결국 적자가 누적돼 파산위기를 맞았다.

그럼 우리 법조계는? 법과 정의를 수호하는 파수꾼 역할을 제대로 하는 걸까? 미국보다 진입 장벽이 턱없이 높아 오랜 기간 특권적 이익을 누려왔는데도 크랠릭 판사의 고백이 낯설지 않게 느껴지는 건 왜일까? 실제 변호사는 장사치 정도의 냉소 대상으로 전락한 지 오래고 소명의식에 철저해야 할 판·검사조차 탐욕에 눈이 멀어 비리에 연루되는 경우가 잦은 게 현실이다. '일부' 정치검찰에 대한 국민의 신뢰는 바닥을 지나 땅밑 정화조 수준이고 법원도 '무전유죄 유전무죄'라는 불신의 벽을 뚫지 못하고 있다.

멀리 '차떼기'까지 갈 필요도 없다. 잇단 향판鄕判 비리와 벤츠 여검사 등 최근 사회적 물의를 일으킨 사건의 주인공 중 상당수가 법조인이다. 정치권에 대한 혐오가 하늘을 찌르는데 그 주역 또한 법조 출신이다. 당 대표 경선과정에서 돈 봉투를 받았다고 폭로한 고승덕 전 새누리당 의원과 돈 봉투 속 명함의 주인공인 박희태 당시 국회의장, 2007년 한나라당 대통령 선거 후보 경선과 관련해 돈 선거 의혹을 제기한 홍준표 전 대표와 원희룡 전 최고위원도 법조 출신이다. 최연희·주성영·강용석 의원 등 한때 '성性나라당'이라는 부끄러운 별명을 얻은 데 앞장선 주역도 하나같이 검사와 율사 출신이다.

새누리당의 전신인 한나라당 제18대 의원 구성은 대한민국이 아직도 엄청난 학벌사회임을 보여준다. '법조당法曹黨'을 자인할 정도로 법조인 출신이 많아 전체 의원 167명 가운데 22.7퍼센트(38명)나 된다. 그 어렵다는 사법고시를 뚫고 법조계에 진출했으니, 법조인 1명이 국민 100만 명을 대표할 수 있다고 믿는 모양이다. 단순히 숫자만 많은 게 아니다. 검찰 권력을 그대로 옮겨놓은 듯, 2007년 이후 강재섭, 박희태, 안상수, 홍준표 등 검사 출신 여러 명이 당 대표를 지냈다.

그 잘난 법조인이 국회에 많이 들어왔으니 의정 활동은 좀 나아졌

올까? "법조인들은 기존 관념을 뛰어넘는 상상력이 부족하며 서민들의 삶과도 괴리돼 있다."(이상돈 중앙대 법대 교수·새누리당 정치쇄신특별위원) "판·검사 출신은 현장의 치열함을 모른다."(홍준표 전 한나라당 대표)

엘리트 의식에 젖은 보수 법조인이 이끌었던 한나라당 4년 동안 인권의식이 후퇴하고 부자 감세, 출자총액제한제 폐지 등 1퍼센트를 위한 정책이 강화됨으로써 사회적 갈등을 확대 재생산했다는 평가가 지배적이다. 그러면서 법조인의 이해가 걸린 법안과 정책 마련에는 필사적이다. 변호사 등 고소득자의 세금 누락을 막기 위한 세무검증제 도입 관련 법률이 국회에서 왜곡된 게 대표적이다. 최근에도 준법지원인 임명을 의무화하는 법률을 통과시켜 변호사 밥그릇 챙기기라는 비난을 샀다. 율사 출신이 장악한 법사위가 '변호사 권익위원회' 역할을 하는 탓에 국민 전체의 이익에 도움이 되는 법률이 국회에서 누더기가 돼 버리는 경우가 허다한 것이다. 민의民意를 대변하는 정치인이 아니라 법조 로비스트 수준이다.

우리나라 국민의 0.035퍼센트(판·검사 4,400여 명, 변호사 1만 2,600여 명)에 불과한 법조인이 여당 국회의원의 약 23퍼센트를 점하는 현실은 분명 정상이 아니다. 새누리당이 특권정당, 부자정당에서 벗어나지 않는 한 친親서민 구호의 진정성을 누가 믿겠는가.

법조인들이 전문성을 활용해 국민에게 봉사하는 본연의 역할로 돌아가게 하려면 어떻게 해야 할까? 변호사가 국회의원에 당선되면 일체의 상근직을 겸직할 수 없도록 법을 고쳐야 한다. 현행 변호사법 제38조는 '변호사는 보수를 받는 공무원을 겸할 수 없다'고 하면서도 국회의원이나 지방의회 의원 등은 예외로 겸직을 허용하고 있다.

선진국 의회가 여성 등 사회적 약자에 대해 의석의 일정 비율을 의무적으로 할당하듯이, 특정 직군職群의 비중이 지나치게 많은 것은 제한할 필요가 있다. 예컨대 '변호사, 교수, 관료, 언론인 등 특정 직군이 전체 국회의원의 10퍼센트 이상을 점해서는 안 된다'는 법조항을 만드는 것이다. 법제사법위원회에 집중적으로 배치된 법조 출신 의원들의 횡포를 막는 제도적 장치도 필요하다. 각 상임위 심의를 거친 법안은 법사위 심의를 거치지 않고 바로 국회사무처 검토를 거쳐 본회의에 회의에 부칠 수 있도록 국회법을 개정하는 게 바람직하다.

규제 완화가 능사는 아니다

_____ '대불공단 전봇대를 뽑아라.' 2008년 1월 이명박 대통령 당선인은 각종 규제의 폐단을 지적하며 대불공단 전봇대를 언급했다. 입주업체들의 각종 민원에도 5년 동안 꿈쩍하지 않던 대불공단 전봇대 2개는 불과 이틀 만에 제거됐다. 이후 '전봇대'는 탁상행정의 표본이 됐고 '규제 완화'는 이명박 정부의 핵심 어젠다로 자리 잡았다. 규제 완화의 성과는 화려했다. 국무총리실 규제개혁실은 2009~2010년 총 2,000건의 규제를 정비했다.

'기업 친화적'을 표방한 이명박 정부는 재벌에 대한 규제도 마구 풀었다. 문어발식 확장을 규제하던 출자총액제한제도가 대표적이다. 중소기업계는 규제 완화가 재벌의 중소기업 땅 뺏기로 귀결돼 시장독재로 흐를 것을 우려했다. 하지만 규제를 시장경제의 적으로 보는 이명박 정부에겐 고려의 대상이 되지 못했다. 이후 대기업들은 부동산, IT, 유통, 물류, 엔터테인먼트, 광고 등 무차별적으로 사업영역을 확장했다. 10대 그룹 계열사는 2005년 350개에서 2010년 말 538개로 치솟았다. 이 중 상당수는 일감 몰아주기를 통한 편법 상속을 위해 설립된 비상장 계열사들이다. 최근 중소기업들이 대기업 참여 제한을 신청한 230개 중소기업 적합품목 중 삼성과 LG그룹이 각각 34개로 가장 많이 진출해 있다.

대기업 최고경영자CEO 출신 대통령이 '친기업 정부'를 외치는 상황에서 납품단가 후려치기 등 불공정 행위에 대한 단속이 제대로 이뤄질 리 없다. 실제 대기업 계열사가 중소기업으로 위장해 중소기업 공공구매 시장에 참여하거나 아래도급 중소기업의 기술과 인력을 빼앗아 가도 솜방망이 처벌뿐이다. 중소기업과 서민들의 삶은 갈수록 힘들어지고 재벌의 배만 살찌우는 양극화 심화는 '규제 완화 만능주의'가 낳은 필연적인 귀결인 셈이다.

위기의식을 느낀 이명박 정부는 동반성장과 상생을 외치며 다시 규제의 칼을 빼 들었다. 중소기업 사업영역 보호, 대형 유통업체의 골목상권 진입 규제, 그리고 비록 현실화하지는 않았지만 재계약이나 신규 계약 때 전월세를 5퍼센트 이상 올리지 못하도록 제한하는 전월세 상한제 등이 대표적인 상생 정책이다.

진보진영의 어젠다인 경제민주화를 선점해 대통령에 당선된 박근혜 정부는 한 발 더 나가 신규 순환출자 금지, 불공정 행위에 대한 징벌적 손해배상제 도입 등 재벌 대기업의 횡포를 제어하는 법안들을 밀어붙일 태세다. 당연히 재벌 등 기득권층의 반발이 만만치 않다. 박근혜 정부의 경제이념이 반시장적이고 포퓰리즘이며 중도좌파에 가깝다고 몰아붙인다. 일부 정책은 사유재산권을 제한해 헌법에 어긋난다는 주장도 빠지지 않는다.

그러나 대한민국 헌법은 재산권의 내용과 한계를 법률로 정하도록 규정하고 있다. '재산권의 행사는 공공복리에 적합하도록 해야'하며(헌법 제23조), '국가는 균형 있는 국민경제의 성장 및 안정과 적정한 소득의 분배를 유지하고, 시장의 지배와 경제력의 남용을 방지하며, 경제주체 간의 조화를 통한 경제의 민주화를 위하여 경제에 관한 규제와 조정을 할 수 있다'(제119조)고 돼 있다.

시장주의자들에게 규제는 무조건 나쁜 놈이다. 가격을 왜곡하고 경쟁력을 떨어뜨리므로 제거해야 마땅한 존재다. 물론 규제는 한 번 만들어 놓으면 없애기가 쉽지 않고 유지하는 데 상당한 비용이 들어간다. 불합리한 규제를 없애면 기업 경영환경이 개선되고 성장잠재력 확충에도 도움이 된다. 당연히 불합리한 규제는 없애야 한다. 그런데 시장 질서를 위해 꼭 필요한 규제도 있다. 바로 강자들의 특혜와 반칙을 막기 위한 합리적인 규제다.

이명박 전 대통령이 라디오연설에서 이런 명언을 남겼다. "소득이 높고 불공정한 사회보다는 소득이 다소 낮더라도 공정한 사회에서 사는 것이 더 행복한 삶이다." 말인즉슨 옳지 않은가? 반칙과 불공정 게임으로 부를 독식하는 소수 기득권층을 제외하면 누구나 공감할 것이다. 강자의 반칙과 특혜를 규제해 부의 집중을 막는 것은 헌법 정신에도 맞는다. 공정사회는 재벌에 대한 팔 비틀기나 구호로는 이뤄지지 않는다. 법과 제도를 통한 합리적인 규제로 공정한 경쟁의 룰을 만들어야 가능한 일이다.

4장
교육 개혁 -
개천에서 용 나는 사회의 복원

경쟁 아닌 협력의 교육시스템 갖추자

_____ 3년 전 아들이 다니는 고교 교실을 방문한 적이 있다. 강당에서 학부모 총회를 끝내고 교실을 한 바퀴 둘러보다가 벽에 성적표가 붙어 있는 걸 보고 깜짝 놀랐다. 그 반 학생들의 모의고사 성적표에는 학급 석차는 물론 학년 석차까지 적나라하게 기록돼 있었다. 전교생 600여 명을 1등부터 꼴찌까지 줄 세운 까닭은 무엇일까? 아마도 성적 공개가 학생들을 자극하고 경쟁심을 부추겨 학력 향상에 도움이 될 것이라는 판단에서였을 것이다.

'경쟁'은 인류 사회를 발전시켜 온 주요 동력이다. 미국의 경제학자 토드 부크홀츠는 최근 국내에도 소개된 신간 『러쉬!』에서 "우리는 경쟁과 도전을 즐기기 때문에 경쟁은 행복에 이르는 길"이라고 주장한다. 그러면서 인류학, 생물학, 경제학 등의 최신 연구결과를 근거로 인간은 경쟁을 통해 진화해왔으며, 본래 경쟁적인 존재라는 점을 설득력 있게 제시한다. 그래서 그는 아이들의 자존감을 살려주기 위해 경쟁을 부추기지 않는 것은 사회 전반의 하향 평준화를 가져올 수 있다고 우려한다.

새삼스러운 얘기는 아니다. 찰스 다윈이 150여 년 전 『종의 기원』에서 인간의 본성이 생존경쟁과 적자생존이라고 설파한 것과 맥을 같이한다. 우리 몸은 생존 기계일 뿐이고 『이기적 유전자』가 생명의 주인이라는 리처드 도킨스의 주장도 비슷한 맥락이다.

하지만 러시아의 동물학자 크로포트킨은 오랜 기간 동물의 세계를 관찰한 결과, 개체 간의 치열한 생존경쟁만큼이나 '상호부조'도 진화의 중요한 동력임을 밝혀냈다. 다른 종 사이에는 치열하게 경쟁하지만, 같은 종의 동물들은 힘을 합쳐 사냥하고 맹수들의 습격을 받으면 놀라운 단결력을 보여주는 등 서로 돕는 특성을 보인다는 것이다. 실제 현대의 뇌과학과 인지과학은 인간이 경쟁이라는 본성 외에도 타인의 고통에 공감하고 어려운 사람을 돕는 정의감을 지닌 사회적 존재라는 사실을 보여준다.

상호부조, 연대, 협동이 경쟁보다 더 나은 성과와 행복을 가져다주는 사례는 얼마든지 찾을 수 있다. 무엇보다 인간이 수많은 종을 제치고 지구의 주인이 될 수 있었던 것은 상호부조라는 유전자가 다른 종보다 뛰어났기 때문이다. 핀란드는 학생 간의 경쟁보다 팀

별 공동 학습을 장려함으로써 세계 최고 수준의 학업성취도를 유지한다.

핀란드의 학교에선 한국처럼 우열반을 꾸리지 않는다. 다양한 학생들이 섞여서 공부하되, 팀을 짜서 수준이 높은 학생이 그렇지 않은 학생들을 끌어주는 식이다. 성적이라는 오직 하나의 잣대로 아이들을 줄 세우지도 않는다. 시험도 '지식'이 아닌 '생각'을 평가한다. 영어, 과학은 물론 음악까지 에세이로 시험을 치른다. 중학생들의 평일 공부시간은 4시간 22분으로 한국(8시간 55분)의 절반도 안 된다. 그런데도 학업성취도는 세계 최고다.

2004년 핀란드 고교에서 1년 동안 생활한 경험이 있는 일본 여성 지쓰카와 마유 씨는 핀란드교육의 장점을 이렇게 평가한다(그는 2009년 한국 대학에서도 1년간 유학했다).

"일본이나 한국은 공부 잘하는 아이에게만 너무 신경을 써요. 학생 한 명 한 명의 가능성을 없애버리는 교육인 셈이죠. 핀란드 교육은 저마다의 개성을 존중해주기 때문에 모든 학생이 열등감 없이 공부할 수 있어요."

Tip

이기적 유전자

영국의 저명한 동물학자 리처드 도킨스(옥스퍼드대 교수)가 1976년 펴낸 책 이름. '생물은 종種의 이익을 위해 행동하도록 진화한다'는 기존 생물학적 패러다임을 부정하는 도발적인 내용을 담고 있다. 진화의 주체는 집단이나 개체가 아닌 유전자라는 것이다. "인간은 유전자에 미리 프로그램된 대로 먹고살고 사랑하면서 자신의 유전자를 후대에 전달하는 임무를 수행하는 존재다."라는 표현에서 그의 의도를 읽을 수 있다.

경쟁과 상호부조는 동전의 양면이다. 그런데 한국 사회에는 상대를 도태시키기 위한 무한경쟁만 존재할 뿐 협력과 연대의 정신은 실종된 지 오래다. 경쟁의 룰도 공정하지 않다. 지식과 돈을 지닌 1퍼센트가 반칙과 편법으로 모든 것을 지배하는 약육강식의 경쟁사회요, 견해를 달리하는 쪽을 무조건 배제하는 첨예한 갈등 사회다. 경쟁과 갈등이 지나쳐 상호 증오와 불신이 팽배하다 보니, 어느 순간 우리 공동체가 붕괴하리라는 불안감마저 든다.

줄 세우기식 경쟁의 폐해를 줄이려면 교육의 근본 패러다임을 '경쟁'이 아닌 '협력'으로 바꿔야 한다. 핀란드식 교육법에 그 답이 있다. 혼자만 빨리 달리는 교육이 아니라, 경쟁에서 뒤처지는 학생들과 함께 달리는 교육이 더 좋은 성과를 낸다는 사실을 입증하고 있지 않은가. 국립대 공동학위제를 통해 대학의 서열화를 불식시키고 국립대부터라도 반값 등록금을 실시해 서민들의 대학등록금 부담을 줄여줘야 한다.

대한민국은 이제 세계 10위권의 경제 대국이다. 가계에만 맡겨놨던 교육에 대한 책임을 이제 국가가 일정 부분 떠안을 때가 됐다. 안철수 전 서울대 교수는 2012년 4·11총선의 의미를 이렇게 평가한 바 있다.

'경쟁과 대립의 시대에서 조화와 균형의 시대로 넘어가는 커다란 변곡점.'

성장을 위한 경쟁은 불가피하지만, 경쟁에서 낙오하는 사람들을 끌어안으며 함께 갈 수 있는 조화로운 사회가 한국인들의 지향점인 것만은 분명해 보인다.

교육의 다양성 인정하자

_____ 아들이 초등학교 6학년 때의 일이다. 영어학원에 갑자기 '특별반Special Class'이라는 게 만들어졌다. 자녀를 국제중학교에 보내고 싶어하는 학부모들의 요청에 따른 것이었다. 특별반에 들어가면 정규 강의 외에 1주일에 한 번 더 입시 위주의 수업을 해준다는 설명이었다. 아이도 애 엄마도 국제중학교에는 관심이 없어, 그런가 보다 하고 넘어갔다.

그런데 얼마 뒤 교육계에선 100퍼센트 영어로 수업을 진행하는 국제중학교 설립을 둘러싸고 찬반 논란이 거세게 일었다. 서울시교육청이 이미 문을 연 청심국제중학교에 이어 2곳을 추가 설립하는 방안을 추진 중인데, 당시 김진표 교육부 장관이 반대 관점을 밝히면서 논란이 불거진 것이다.

국제중학교 설립을 반대하는 논거는 크게 두 가지다. 첫째는 평준화에 역행한다는 것이다. 국제중학교가 많아지면 어떤 형태로든 중학교 입시가 부활할 것이라고 주장한다. 교육시장 개방이나 특목고·자립형 사립고 설립에 반대하는 논리와 비슷하다. 둘째는 비싼 학비가 들어가는 귀족학교여서 교육 양극화를 더욱 부추길 것이라는 지적이다.

이런 주장의 바탕에는 비인간적인 경쟁을 유발하는 입시 위주의 교육풍토에 대한 강한 거부감이 깔렸다. 부모의 경제력이 뒷받침되지 않는 아이들이 국제중학교나 특목고에 진학하기는 현실적으로 불가능하며, 결국 이들 학교가 교육 양극화를 가져오는 주범이라는 판단도 작용하고 있다. 물론 충분히 공감할 수 있고 보완책이 마련돼야 할 타당한 지적이다. 공립 초등학교와 중학교에서 정상적인 교육을 받은 서민층 자녀도 국제중학교나 특목고에 진학할 수 있는 여건을 만들어주는 게 정부의 당연한 역할일 것이다.

그렇다고 국제중학교나 특목고를 무조건 없애야 한다는 주장에는 동의하기 어렵다. 지금의 공교육이 수준 높은 교육, 사교육을 따로 받지 않아도 되는 교육을 원하는 교육소비자들의 눈높이를 따라가지 못하고 있는 것도 엄연한 현실이기 때문이다. 평준화를 지향하는데도 학생 간 경쟁은 더욱 치열해지고 사교육비 부담은 갈수록 늘어나며 공교육의 질은 떨어지는 모순된 현실은 어떻게 설명할 것인가?

공교육에 대한 뿌리 깊은 불신은 조기 유학 붐으로 이어지고 있다. 정부 통계를 보면 2001년 10억 7,000만 달러였던 유학·연수를 위한 국외지출액이 2005년에는 33억 7,000만 달러로 4년 동안 3.2배나 늘어났다. 초·중·고교의 조기 유학생 수는 2000년대 초보다 10배나 급증했다. 국제중학교나 특목고는 조기유학 수요를 국내로 유인하는 효과 외에 다양한 인재를 양성한다는 차원에서도 긍정적 측면이 있다. 지식기반경제가 갈수록 중요해지는 현실에서 개개인의 장기를 반영하는 특성화 교육은 피할 수 없는 시대 흐름이기도 하다. 대안학교나 홈스쿨링 교육에 관한 관심이 높아지는 것도 이런 분위기와 무관하지 않다.

외국어나 과학 등의 특성화 교육을 받은 학생들이 법대·의대 등 엉뚱한 분야로 진학할 때 불이익을 주면 될 일이지, 이런 학교의 설립 자체를 막는 것은 시대착오적이다. 귀족학교 논란도 제도적으로 해결할 수 있다. 좋은 교사와 시설을 갖춘 학교가 등록금이 비싼 것은 당연하다. 투자 없이 경쟁력을 키울 수는 없다. 문제는 경제적 능력이 없는 아이들에게도 함께 공부할 기회를 줄 수 있느냐 하는 것이다.

국민 대다수는 입시 위주 교육풍토에 염증을 느끼면서도 획일적인 교육과 학교선택권 제한에는 강한 거부감을 느끼고 있다. 평준화의 틀은 유지하되, 교육의 다양성을 요구하는 목소리도 외면해선 안 된다. 교육을 이념의 잣대로 편 가르기 하지 말고 중용의 지혜를 발휘해야 할 때다.

'모난 돌'을 인정해야 스티브 잡스가 나온다

_____ '미혼모에게서 태어나 일주일 만에 버려지다. 노동자 가정에 입양되다. 인문대학 철학과를 다니다가 한 학기 만에 중퇴하다. 이후 수년간 백수로 지내다.'

2011년 말 타계한 스티브 잡스의 젊은 시절 이력이다. 그의 죽음이 더욱 극적인 것은, 이처럼 어려운 환경을 딛고 일어서서 놀라운 성취를 이뤘기 때문일 것이다. 그는 '혁신의 아이콘'으로 불린 천재 기업인이었다는 점에서 걸출한 인물임이 틀림없다. 하지만 서구 사회에서 '잡스형 인간'을 발견하는 건 그리 어려운 일이 아니다. 지금도 교육제도와 기업문화 등 서구 사회의 토양이 제2, 제3의 잡스를 열심히 길러내고 있다는 말이다.

만일 스티브 잡스가 한국에서 태어났다면 어땠을까? 철저히 비주류로 머물며 소외된 삶을 살았을 것이다. 미혼모를 터부시하고 학벌을 중시하는 한국 사회에서 입양아 출신의 대학 중퇴자가 번듯한 일을 찾기란 쉽지 않을 것이기 때문이다. 더구나 그는 창의적인 천재들이 그러하듯이 성질이 괴팍하고 이기적이며 공격적이었다. 우리 기업의 조직문화가 잡스와 같은 임직원을 용납할 리가 없다. 어떻게 해야 '한국의 잡스'를 키울 수 있을까?

첫째, 실패와 도전정신을 장려하는 조직문화가 필요하다. 잡스는 세상을 바꾼 혁신적인 제품들을 잇달아 성공시켰지만, 그에 못지않게 쓰라린 실패도 숱하게 경험했다. 업무용 컴퓨터 '애플 3', 컴퓨터에 연결해서 쓰는 '애플 TV', 작고 둥근 모양의 '퍽 마우스' 등은 시장의 외면을 받았던 그의 대표적인 실패작이다.

하지만 혁신은 시행착오를 거쳐 만들어지는 법. 열심히 도전하고 연구하는 과정에서 빚어지는 실패를 용인하고 격려하는 게 애플 등 혁신적인 기업들의 일반적인 조직문화다. 잡스 또한 "실패의 위험을 감수하는 사람만이 진짜 예술가"라는 말을 입버릇처럼 해왔다.

반면 한국 기업에는 도전 자체를 피하는 풍조가 만연해 있다. 오너 경영인과 주주들이 단기 성과에 집착해 실패를 좀체 용납하지 않기 때문이다. 한 대기업 임원의 하소연이다.

"10개 투자하면 7~8개는 실패하는 게 정상이다. 그런데 9개 성공하고 1개만 실패해도 감당하기 어려운 비난이 쏟아진다. 이런 분위기에서 누가 감히 도전에 나서려고 하겠나."

둘째, 남과 다르게 생각하는 사람을 포용할 줄 알아야 한다. 창의성이 뛰어난 사람들은 모난 돌인 경우가 많다. 대개 변덕스럽고 까다로운 성격들이다. 잡스는 물론이고 구글의 공동설립자 세르게이 브린과 래리 페이지, 페이스북을 창업한 마크 주커버그 등은 어렸을 때부터 한결같이 '괴짜'요, '기인'으로 불렸다. 애플의 슬로건은 '다르게 생각하라Think Different!'이다. 틀에 박힌 사고방식으론 결코 혁신적인 기술을 개발할 수 없다는 뜻이다. 잡스는 기존 질서, 권위, 통념을 거부하고 모든 것에 의문을 던지는 인간이었다. 남과 다르게 생각해야 남들이 떠올리지 못한 세상을 만들 수 있다.

우리 기업들도 창의적인 인재를 뽑고 싶어는 한다. 다만, 조건이 하나 붙는다. 창의적이되, 조직과 잘 융화할 수 있는 성실한 인재여야 한다는 것이다. 조직과 오너에 대한 충성심, 결속력, 경영진의 상명하달식 관리가 중시되는 기업문화 탓이다. 그러니 창의적인 인재들이 발붙이지 못하는 게 당연하다.

셋째, 인문학과 자연과학, 예술이 자유롭게 소통하는 융복합형 인재를 키워야 한다. 잡스는 철학도였다. 그는 미국 오레곤주 리드대 철학과를 한 학기 다녔고, 자퇴 후에도 캘리그래피(서체학) 등 자신이 흥미를 느끼는 과목을 다수 청강했다. 컴퓨터에 푹 빠져 300개 이상의 IT 관련 특허를 보유한 공학도이기도 했다. 아이팟, 아이폰, 아이패드 등 애플의 혁신적인 제품들은 인문학, 공학, 예술이 서로 소통하고 융합했기에 가능했다.

창의적인 사고는 다양한 독서와 토론, 왕성한 지적 호기심으로 상상의 나래를 펴는 과정에서 나온다. 고등학교 때부터 문과와 이과를 분리하고, 오로지 대학입시를 목표로 점수경쟁에만 매달리는 우리 교육시스템에서 '한국의 잡스'를 기대하는 건 과욕일지도 모른다.

영어교사 교육법 혁신해야 영어경쟁력 살아난다

_____ 경기 침체와 저출산의 영향으로 학원산업도 타격을 받고 있다. 통계청 자료를 보면 2004년 전체 학원 숫자는 전년보다 0.9퍼센트 증가하는 데 그쳤고 2005년에는 오히려 2.9퍼센트나 감소했다. 2006년 이후 다소 회복세를 보이면서 2009년에는 5.8퍼센트 증가한 것으로 조사됐다. 하지만 외국어학원만은 여전히 불야성이다. 같은 기간 외국어학원 증가율은 각 9.1퍼센트(2004년), 10.5퍼센트(2005년), 10.2퍼센트(2009년)를 기록했다.

외국어학원의 절대다수는 영어학원이다. 한국인들이 영어 사교육에 쏟아 붓는 돈은 연간 15조~20조 원으로 추정된다. 하지만 소통을 위한 영어 실력은 세계 최하위권이다. '영어 망국병'에 걸렸다 싶게 나라 전체가 영어에 미친 나라가 대한민국이다. 영어 유치원부터 조기유학, 대입, 취업, 승진까지 영어가 필수인 나라에서 영어 구사력이 형편없는 까닭은 무엇일까?

국내외에서 열린 두 차례의 세미나에 토론자로 참석한 적이 있다. 하나는 두바이에서 열린 경제 세미나였고 하나는 서울대에서 열린 조기유학 주제의 학술 세미나였다.

두바이는 서울시보다 조금 작은 면적에 150만 명가량의 인구가 살고 있다. 황량한 사막과 뜨거운 태양, 70킬로미터 길이의 해변이 관광자원의 거의 전부라 해도 과언이 아닐 만큼 자연조건이 열악하다. 이런 두바이가 2000년 들어 외국 관광객과 기업인들로 초만원이다. 두바이는 2018년까지 연간 관광객 1억 명을 유치한다는 야심찬 계획을 추진 중이다. 중동지역을 대표하는 기준 유종油種을 생산하고 있지만, 원유로 벌어들이는 돈은 GNP의 5퍼센트에 불과하다. 반면 관광수입이 전체 GNP의 30퍼센트를 넘는다. 사실상 관광국가인 셈이다.

두바이는 2003년 IMF 총회 개최를 계기로 중동의 금융 허브로도 떠올랐다. 여러 가지 성공 요인이 있겠지만, 현지 외국인들은 호텔, 병원 등 어디를 가도 영어로 의사소통할 수 있다는 점을 꼽았다. 외국인들이 사업하고 생활하고 즐기는데 아무런 불편이 없다는 것이다. 두바이의 공용어는 아랍어이다. 하지만 외국인들이 많은 국제금융센터 등에선 영어를 공용어로 쓴다. 영어교육도 일반 국민이 외국인과 의사소통을 할 수 있는 영어 구사력에 초점을 맞추고 있다. 1998년 설립된 자이드대는 40개 국적의 교수가 모든 수업을 영어로 진행한다. 미국과 영국계 등 외국인 학교도 78개나 된다. 이러다 보니 9·11테러 이후 미국 유학을 주저하는 아랍의 부유층 자제들이 두바이로 몰려들고 있다.

한국처럼 온 국민이 영어에 몰두하는 나라도 흔치 않다. 토익시험 응시인원은 인구가 우리의 2.5배 규모인 일본보다 많다. 그런데도 영어 구사능력은 아시아에서 꼴찌 수준이다. 문제는 자명하다. 사회는 의사소통 수단으로서의 영어를 요구하고 있다. 하지만 이런 영어를 가르칠 수 있는 교사는 극히 드물다. 그렇다고 일상생활에서 영어를 쉽게 접할 수 있는 환경도 아니다. 2011년 말 한글문화연대가 전국의 성인남녀 1,000명을 조사한 결과, 영어를 사용해야 할 경우가 주로 어떤 영역이냐는 질문에 '인터넷 로그인할 때 이메일 주소 적을 때 말고는 영어 쓸 일이 없다'는 응답이 40.1퍼센트로 가장 많았다. 최근 1년 동안 영어로 의사소통한 경우를 물었더니 전체의 37.8 퍼센트가 '없다', 16.7퍼센트가 '1년에 10분'이라고 답했다. 교육 기득권 집단 때문에 외국인학교나 국제학교를 세우기도 쉽지 않다.

조기교육 세미나에 참석한 시민·학부모 단체와 학계 인사들은 하나같이 이제 듣기에도 낡은 '공교육 정상화'를 외쳤다. 공교육 환경이 개선되면 조기유학을 그만두겠다는 학생들이 60퍼센트 이상이라는 설문조사 결과도 공개했다. 우리 영어교육의 문제는 결국 가르치는 사람의 문제이다. 교육 당국은 영어교사들의 수업능력을 평가해 일정 기준에 미달하는 교사들을 솎아내야만 한다.

영어교사 양성방법도 바꿔야 한다. 사범대 영어 교육과를 졸업한 영어교사의 90퍼센트 이상이 문학이론 전공자들이다. 영어교사를 양성하는 대학교수들 자체가 난해한 영문학 이론이나 추상적인 교수법을 한국어로 강의하고 있으니, 영어교사가 영어로 수업을 진행하지 못하는 게 당연하다. 두바이처럼 일상생활에서 영어를 접할 수 있는 환경을 만드는 데 실패한 교육 당국과 그동안 부실한 영어교육을 주도해온 영어 전문가들이 응분의 책임을 져야 한다. 그들이 영어교육의 실패를 남의 탓으로만 돌리고 있는 사이, 지금도 매달 3억 ~4억 달러의 외화가 조기유학·연수 비용으로 빠져나가고 있다.

학제 간 벽을 허물자

_____ "과학자로 키우고 싶으면 예술을 가르쳐라, 예술가로 키우고 싶으면 과학을 가르쳐라."

천재들의 생각하는 방식을 분석한 베스트셀러 『생각의 탄생』으로 세계적인 명성을 얻은 로버트·미셸 루트번스타인 부부의 말이다. 남편 로버트 루트번스타인(57)은 과학자(생리학)이고, 동갑내기 아내 미셸은 역사학자다. 이 부부는 과학 분야 노벨상 수상자 510명과 일반 과학자(영국 왕립협회·미국 국립과학원 회원 등)를 비교한 결과, 노벨상 수상자가 보통 과학자보다 음악가가 될 가능성은 4배 이상, 소설가나 시인이 될 가능성은 25배 이상 높다는 사실을 알아냈다. "아인슈타인과 같은 뛰어난 학자들은 예술에 취미가 있었고 이를 통해 자기 분야에서 성공할 수 있었다." 미셸의 설명이다.

_____ 토머스 프리드먼은 국제 문제를 주로 다루는 『뉴욕타임스』의 간판 칼럼니스트다. 『세계는 평평하다』 『렉서스와 올리브나무』 『베이루트에서 예루살렘까지』 등 수백 만권씩 팔린 세계적인 베스트셀러를 썼고 퓰리처상을 세 번이나 받아 더는 수상 자격이 없는 유명 언론인이다.

그는 미국 브랜다이스 대학에서 지중해학地中海學을 전공하고, 영국 옥스퍼드 대학에서 중동학中東學 석사학위를 받았다. 그 후 베이루트 특파원으로 오랫동안 일했고 월 스트리트 금융가도 경험했다. 그가 '세계화'에 관한 빼어난 통찰을 보여준 책을 여러 권 낼 수 있었던 것은 중동의 역사에 대한 지식과 중동 특파원의 경험이 월 스트리트의 경험과 맞물리면서 시너지 효과를 냈기 때문이다. 특정 분야에서 쌓은 지식과 경험을 다른 지식과 연결해 새로운 가치를 창조하는 '통섭統攝'의 힘이다.

_____ "아주 어렸을 때부터 나는 열정적으로 시를 사랑했습니다. 시의 형식과 리듬은 나를 설레게 했지요. 나는 내 마음을 빼앗아 간 러시아 시인들의 시구를 게걸스럽게 삼켰습니다. 고백하자

면, 시가 높이 날수록 더 좋았어요. 시어의 운율에 너무도 깊이 매혹되었기 때문에 나는 다섯 살 때부터 시를 쓰기 시작했습니다. 열두 살이 되면서는 장차 내가 시인이 되리라는 것을 추호도 의심하지 않게 되었습니다."

커서 시인이 될 것으로 확신했던 이 소녀는 유럽에서 여성 최초로 대학교수가 된 러시아 수학자 소피아 코발레프스카야다. 그녀는 자서전에서 이렇게 고백했다.

"사람들은 내가 문학과 수학을 동시에 연구한 걸 보면 놀랄 것이다. 수학을 제대로 배울 기회가 없었던 많은 사람은 수학을 산수와 혼동해 아주 무미건조하고 재미없는 과학으로 치부해 버린다. 그러나 수학이야말로 최대한의 상상력을 요구하는 과학이다. 어느 위대한 수학자는 '영혼의 시인이 되지 않고서 수학자가 될 수 없다'고 했다. 시인은 다른 사람들이 보지 못하는 것을 봐야 하며 다른 사람들보다 더 깊이 봐야 한다. 그것은 수학자도 마찬가지다."

프랑스의 물리학자 아르망 트루소는 "모든 과학은 예술에 닿아 있다. 모든 예술에는 과학적인 측면이 있다. 최악의 과학자는 예술가가 아닌 과학자이며, 최악의 예술가는 과학자가 아닌 예술가이다."라고 했다. 이 말에서 느껴지듯 선진국들은 오래전부터 인문과학, 자연과학, 예체능 등 학제 간 벽을 허물고 통섭형 인간을 키워왔다. 실제 세계적인 명문학교일수록 스포츠와 음악 미술 등 예능과목

이수를 필수로 요구한다. 공부만 잘해서는 결코 최고의 인재가 될 수 없다고 보기 때문이다. 비판적 사고력과 상상력을 갖춘 창의적 인재로 성장하려면 몸이 튼튼하고 감성도 풍부해야 한다. 입시교육에 찌들어 운동이나 예술을 등한시하는 것은 근시안적인 태도다.

현대건설 사장을 지낸 김중겸(63) 씨도 이런 의견에 동의한다.

"건설회사가 집 잘 짓고 다리만 잘 놓으면 된다는 생각은 옛날 얘기다. 이제 건설산업은 '기술+금융'의 융합산업으로 진화했다. 심리, 역사, 철학 등 인문학을 포함해 여러 분야를 두루 녹여내야 새로운 건설문화를 창조할 수 있다."

미국 하버드대에는 1933년 설립된 '특별위원회Society of Fellows'라는 연구기관이 있다. 철학 수학 생물학 등 다양한 분야의 권위자들이 모여 토론하는 모임으로, 지금까지 노벨상 수상자 17명과 퓰리처상 수상자 20명을 배출했다. 미시간 대학에도 비슷한 토론 모임이 있다. 이 모임에서 3년간 약 150개의 주제를 놓고 토론한 경험이 있는 이화여대 최재천 석좌교수는 다음과 같이 말했다.

"얘기하고 토론하는 과정에서 새로운 학문, 새로운 진리탐구가 생겨난다."

학문의 기본은 진리를 탐구하는 것이다. 코끼리 다리만 만질 게 아니라 코끼리 전체의 모습을 제대로 봐야 진리에 다가갈 수 있다. 인류 역사에 남을 중요한 업적은 대부분 학제 간 공동연구를 통해 이뤄졌다. 하지만 우리나라는 아직도 이과, 문과, 예체능 계열 간 칸막이가 심하다. 중등교육 과정에서 한 번 선택한 길이 평생 고착되는 것이다. 우리나라가 선진국으로 도약하기 위해선 교육 현장과 산업 현장의 벽을 허물고 학문과 학문의 장벽을 뛰어넘는 통합 교육이 절실하다. 국가와 대학, 기업, 사회, 연구소 등의 벽을 허물어 지식 통합적인 네트워크를 구축하고 학술지원 체계도 인문·사회·자연과학을 아우르는 방향으로 재편해야 한다. 그렇게 되면 인문학의 위기, 이공계의 위기도 절로 해결될 수 있다.

5장
취업 개혁 –
좋은 일자리 늘리기

사회적 일자리 대폭 늘리자

_____ 이탈리아 트렌티노 지역의 1인당 GNP는 이탈리아 평균보다 20퍼센트가량 높다. 실업률은 이탈리아 평균의 절반 수준이며 유럽에서 생활만족도가 가장 높은 지역으로도 꼽힌다. 그 중심에 질 좋은 상품과 서비스를 싼값에 제공하는 협동조합, 사회적 기업이 있다. 한국의 사회서비스 일자리 비중은 14.3퍼센트(2008년)로 미국(26.3퍼센트), 영국(28.6퍼센트), 덴마크(32.0퍼센트), 스웨덴(31.9퍼센트) 등에 비해 한참 낮다. 사회적 일자리는 국민의 복지 욕구를 충족시킬 뿐더러 고용 창출 및 내수 증진에도 큰 도움이 된다.

외환위기를 계기로 한국 사회에서 위세를 떨치기 시작한 '괴물'이 하나 있다. 바로 '양극화'다. 이놈은 상·하위 소득 계층 간은 물론이고 대기업과 중소기업, 정규직과 비정규직, 수출과 내수 등 분야를 가리지 않고 갈수록 세를 불려 가고 있다.

참여정부는 양극화 해소를 위해 '큰 정부' '일하는 정부'를 지향했다. 그러면서 택한 양극화 문제의 해법이 '공공부문을 통한 일자리 창출'이었다. 집권 5년 동안 교육 교통 치안 등 공공부문의 인력을 크게 늘렸고 간호인, 방과 후 지도교사, 보육인 등 사회서비스 분야에서도 재정 지원을 통해 수십만 개의 일자리 만들기에 진력했다. 하지만 고용 없는 성장이 구조화하면서 청년실업을 없애기엔 역부족이었다. 오히려 공무원 인건비가 천문학적으로 늘어나고 각종 위원회가 난립한 탓에 방만하고 비효율적인 정부라는 비난만 샀다.

이명박 정부는 '작은 정부' '생산적 복지'를 주창했다. 정부의 책무는 일자리 제공에 있는 게 아니라 기업들이 일자리를 많이 만들 수 있는 여건을 조성하는 데 있다는 논리를 폈다. 여기에는 일자리를 만드는 주체가 기업이며 공공부문의 인력 증가는 민간의 활력을 떨어뜨리고 불필요한 규제만 양산한다는 우파 정권의 철학이 깔렸다.

물론 이명박 정부의 고용 정책에 대한 반론도 만만치 않았다. 우선 '기업 친화적' 정부의 감세와 규제 완화는 대기업의 투자 활성화에 초점을 맞춘 것이지만, 그동안 수십조 원의 현금을 쌓아놓고도 투자를 꺼려온 대기업들이 경기가 나빠지는 상황에서 선뜻 투자에 나설 리 만무했다. 외환위기 이후 대기업의 자산과 매출이 계속 성장하는데도 고용은 되레 줄어드는 현상도 친기업 정책의 효과를 의심하게 하였다. 일자리 창출을 위해서는 고용의 80퍼센트 이상을 떠맡고 있는 중소기업이 활성화돼야 하지만, 날로 확대되는 대·중소기업 간 격차를 줄이려는 적극적인 정책 구상은 눈에 띄지 않는다는 평가를 받았다.

그 결과 이명박 정부 5년 동안 새로 만들어진 평균 일자리 숫자는 참여정부의 절반 수준에 불과했다. 특히 비정규직 일자리가 많이 줄었다. 경기 침체에 시달리는 기업들이 상용직보다 감축이 쉬운 임시·일용직과 같은 비정규직 일자리부터 줄였기 때문이다. 별다른 자산도, 고정수입도 없는 이들은 일자리 상실과 동시에 빈곤층으로 전락할 수밖에 없었다. 중산층이라고 다를 게 없다. 치솟는 물가 탓에 실질 소득이 줄어드는 상황에서 이자 부담까지 눈덩이처럼 불어나 빈곤층으로 추락하는 경우가 속출했다.

역사는 순환하는 걸까? 박근혜 정부는 보수정권임에도 앞으로 5년간 '70퍼센트 고용률' 달성이라는 목표를 내걸고 사회적 일자리에 예산을 집중적으로 배정하고 있다. 사실 지금 같은 저성장 국면에서 선진국 수준인 70퍼센트 고용률을 달성한다는 것은 쉽지 않다. 결국 복지재원 확충을 통해 사회적 일자리를 늘리는 게 지름길이다. 국제통화기금IMF은 최근 '한국경제 보고서'에서 "소득 불균형과 인구 고령화를 동시에 해결하려면 의료, 교육, 사회안전망 등에 대한 지출을 늘려야 한다"고 조언했다. 저소득 계층에게 사회적 지출을 집중하면 소득 불균형이 해소되고 장기적으로 생산성이 높아져 경제 활력을 되찾는 데 큰 도움이 된다는 것이다.

국책연구기관들도 보육, 병간호, 의료 등 사회서비스 부문의 일자리 창출 효과가 제조업의 5배 가까이 되는 만큼 증세增稅를 통해 사회적 일자리를 늘리는 게 소득 재분배와 성장률 제고에 필수적이라는 입장이다. 세계 최고 수준인 임금 격차를 줄이고 근로시간을 단축하는 노력도 필요하다. 한국이 비정규직 차별을 없애면 앞으로 10년간 연평균 1.1퍼센트의 성장률 상승효과가 나타난다는 게 IMF의 분석이다.

글로벌 저성장 기조는 이제 대세로 굳어지고 있다. 우리도 '저성장 쇼크' 운운하며 호들갑을 떨 게 아니라 저성장 시대의 도래를 인정하고 이에 맞춰 경제시스템을 정비하는 게 옳다. 정규직 노조는 근로시간 단축으로 일자리 나누기에 동참하고 대기업은 정년 연장과 임금 격차 해소에 앞장서야 한다. 정부는 비정규직의 정규직 전환 및 고용창출 기업에 세제 혜택 및 재정 지원을 강화해야 한다. 저성장 시대에 일자리를 늘리고 소득 재분배를 원활히 하는 방법은 기득권층의 양보와 사회적 대타협 외에는 없다.

Tip

사회서비스Social Services

개인과 사회의 복지 증진 및 삶의 질 향상을 위해 사회적으로 제공되는 서비스. 교육, 보건, 사회복지, 환경, 문화 분야 서비스를 말한다. 우리나라에서는 2006년 정부가 일자리 창출을 위해 '사회서비스 향상기획단'을 설립하면서 본격화했다. 현재 10개 정부 부처가 방과후학교, 다문화 가족 언어교육 지원, 사회적 기업 육성 등 75개 사업을 진행 중이다.

지금의 우리 경제는 누구나 인정하는 '위기' 상황이다. IMF 당시 보다 어렵다는 사람들이 많다. 특히 서민들은 내수 위축과 고용 악화 속에서 생계가 위협받는 상황으로까지 내몰리고 있다. 경기 침체와 고물가는 전 세계적인 현상이다. 우리 정부라고 뾰족한 해법이 있을 리 없다. 그래도 정부는 서민들의 고통을 덜어주기 위한 노력을 멈춰서는 안 된다. 설령 재정을 통한 사회적 일자리 늘리기가 임시변통의 소득배분 효과에 그칠지라도 '일자리의 효율성'이나 '생산적 복지'를 따지기에는 지금 상황이 너무 어렵다.

노동 유연성보다 고용 안정성이 더 중요하다

_____ 1993년 세계 자동차시장은 극심한 불황에 빠졌다. 대규모 정리해고가 유행처럼 번졌다. 독일 폭스바겐도 과잉 인력으로 몸살을 앓았다. 하지만 폭스바겐 노사는 정리해고 대신 근무시간을 줄이고 임금을 낮춰 일자리를 지키는 데 합의했다. 장기적으로 상생하는 방안을 찾은 것이다. 독일은 노사가 근무시간 단축을 통해 고용위기를 타개하면 근무시간에 따른 임금 부족분을 보전해주는 조업단축기금제도를 운용하고 있다. 프랑스도 근로자를 해고하는 대신 근무시간을 줄이면(연간 1,000시간 한도) 임금 부족분을 정부가 보전해준다.

스웨덴 근로자들은 해고를 당해도 크게 불안해하지 않는다. 회사가 1년 동안 통상임금의 100퍼센트를 보전해주고 재취업 교육을 책임지기 때문이다. 1년 이내 취업이 되지 않을 때 정부가 다시 1년 동안 기존 임금의 80퍼센트를 지원해준다. 덴마크도 노동시장이 유연하지만, 해고수당 등 사회안전망이 튼튼하고 재취업 시스템이 잘 갖춰져 있다. 정부가 재취업 교육자의 생계를 일정 기간 보장하기 때문에 미래를 두려워할 필요가 없다.

경제부처 장관과 여당 고위 당직자들은 요즘 재계 인사를 만날 때마다 "고용과 투자를 늘려 달라"는 당부의 말을 입버릇처럼 달고 산다. 출자총액제한제와 수도권 규제를 완화하고 세무조사를 축소하는 등 친기업 정책을 펴고 있으니 재계도 투자 확대와 고용 창출 노력으로 화답해 달라는 것이다. 기업들도 말로는 일자리 늘리기에 앞장서겠다는 처지를 여러 번 표명했다. 갈수록 악화하는 경영환경을 고려하면 신규 채용을 늘리기 어렵지만, 사회적 책임을 다하기 위해 채용 규모를 예년 수준으로 유지하거나 더 늘리겠다는 다짐이었다.

하지만 실상을 들여다보면 빈말로 끝난 경우가 대부분이다. 대학생 인턴 등을 섞어 전체 채용 인원만 늘렸을 뿐이고 오히려 정규직 일자리는 줄이고 있다. 재벌 대기업들은 해마다 대졸 신입사원 채용 규모를 축소하는 분위기이다. 그나마 예년 수준을 유지한 기업도 기존 임직원은 상당폭 줄인 경우가 많다. 인턴은 정부에 협력하는 모양새를 갖추느라 마지못해 뽑은 인력이다 보니, 충분한 활용계획을 세웠을 리 만무하다. 인턴을 제대로 운영한다고 해도 길어야 6개월이고 그 이후엔 실직자로 전락할 수밖에 없다.

정부의 일자리 나누기 정책에 대한 재계의 속내는 전경련 회장의 발언에서 쉽게 읽힌다. "국외 선진 기업들은 오히려 투자를 줄이고 있는데, 현 상황에서 투자를 무작정 늘린다고 되는 게 아니다." 국내 기업인들의 상황 인식도 크게 다르지 않다. 장기 불황 탓에 인력을 줄여야 할 때인데도 사회적 여론을 의식해 무리해서 채용을 늘리는 게 말이 되느냐는 지적이다. 정부의 고용 확대 정책이 기업의 구조 조정을 방해하고 있다는 볼멘소리까지 나온다. 표리부동하기가 그지없다.

우리나라는 공식 실업자만 약 100만 명이다. 정부와 사회 각계는 일자리를 하나라도 더 늘리기 위해 고통 분담을 마다치 않고 있다. 다들 어렵지만, 기업 사정은 그래도 나은 편이다. 외환위기 때와 비교하면 특히 그렇다. 당시엔 과도한 빚과 고금리 탓에 대기업들이 줄줄이 쓰러지는 상황이어서 구조조정을 피하기 어려웠다. 반면 지금은 비록 수출시장이 좋지 않지만, 기업 내부 역량은 튼실한 편이다. 현재 국내 상장기업의 현금성 자산은 100조 원에 육박한다. 시가총액 상위 100대 기업의 이익유보율은 2,000퍼센트를 넘는다. 기업이 영업활동 등을 통해 벌어들인 자금 중 사내에 쌓아두고 있는 잉여금이 자본금의 20배를 넘어 재무구조가 탄탄하다는 뜻이다.

청년실업과 정규직 과잉고용은 밀접한 상관관계가 있다. 일각에선 정규직 노조의 기득권 탓에 청년 취업이 갈수록 어려워진다고 말한다. 틀린 지적은 아니지만, 정규직이라고 맘이 편한 건 아니다. 이들도 일자리에서 한 번 밀려나면 언제 빈곤층으로 전락할지 모른다.

직장에서 소외된 근로자가 노동시장에 다시 진입하기는 거의 불가능한 현실이기 때문이다.

경기 침체가 장기화하면서 그나마 사정이 낫다는 대기업에서도 구조조정이 일상화하고 있다. 급속한 고령화와 노동시장의 유연성이 맞물린 결과다. 노동의 유연성을 강조하려면 노동시장 재진입이 쉬워야 한다. 하지만 수평이동이든 수직이동이든 한 번 직장에서 밀려난 근로자가 재취업에 성공하는 경우는 100명 중 1명꼴에 불과하다는 게 전문가들의 분석이다. 이렇게 고용이 불안하니 조직에 대한 충성도가 떨어지고 자연스레 생산성 저하로 연결된다. 지금은 노동 유연성보다 고용 안정성을 고민해야 할 때라는 얘기다.

일자리 확대를 빌미로 법인세 인하와 규제 완화 등 당근만 챙긴 뒤 '나 몰라라' 하는 행태를 보이는 국내 기업들에 미국 사우스웨스트 항공 사례를 들려주고 싶다. 지난 13년간 '가장 존경받는 기업'으로 선정된 사우스웨스트 항공은 설립 이래 38년 동안 경기 침체를 이유로 정리해고한 적이 한 번도 없다. 이 회사뿐만이 아니다. 경

Tip

출자총액제한제

재벌 기업들의 문어발식 시장 확대 등 소유지배구조 왜곡을 막기 위해 계열사 간의 과도한 출자를 제한하는 제도. 공정거래위원회가 정한 30대 대규모기업집단 소속 계열사는 순자산(자기자본)의 일정 범위 이상을 다른 계열사에 출자할 수 없다. 1987년 처음 도입됐다. 외환위기 직후인 1998년 2월 국내 알짜기업에 대한 외국자본의 적대적 인수 합병M&A을 막기 위해 폐지됐다. 이후 2001년 4월 재도입됐다가 2009년 3월 다시 폐지됐으나, 최근 경제민주화와 관련해 재도입 논란이 일고 있다.

기가 아무리 어려워도 인재 발굴 및 양성을 소홀히 하지 않는 게 존경받는 기업들의 공통점이다. 그런 노력이 경제 회복기에 커다란 과실로 돌아왔음은 물론이다.

6장
임금 개혁 -
적정 임금을 통한 내수 살리기

임금 주도형 성장 고민해보자

_____ "우리는 정직한 노동에 정직한 임금을 지급할 때 우리 경제가 더욱 튼튼해질 거로 생각합니다. 하지만 현재의 최저임금으로는 노동자가 풀타임으로 일해서 1년간 버는 돈이 1만 4,500달러(약 1,620만 원)에 불과합니다. 이 돈으로는 두 아이를 가진 가족이 빈곤선 이하의 삶을 살 수밖에 없습니다. 이것은 잘못된 일입니다. 오늘 우리는 지구 위에서 가장 부유한 나라인 미국에서 누구나 정규 노동시간만 일하면 빈곤에서 벗어날 수 있다는 것을 선언하고 연방 최저임금을 시간당 9달러로 인상할 것을 제안합니다. 이 한 걸음이 수백만 명 노동자 가족의 소득을 증대시킬 것입니다."(오바마 미국 대통령의 2013년 신년 국정연설)

정치권의 경제민주화 논쟁을 지켜보는 재계의 불안감은 이해가 가지만, 그렇다고 말도 안 되는 논리로 무조건 반발하는 모습은 국민의 눈살을 찌푸리게 한다. 재계는 경제민주화 탓에 기업 의욕이 떨어지고 국민이 불안해한다고 주장한다. 하지만 경제민주화는 우리나라 국민의 3분의 2 이상이 공감하는 시대정신이라는 점도 인정해야 할 것이다.

국민 대다수가 경제민주화에 공감하는 건 수출 대기업 위주의 성장이 한계에 봉착했기 때문이다. 대기업의 배는 갈수록 불러가는데 중소기업, 자영업자, 임금근로자를 비롯한 국민 대다수 삶은 어려워지고 있다. 단 두 개(삼성·현대차) 재벌의 영업이익이 전체 상장사의 절반을 점할 정도로 양극화가 극심하다. 재벌 하나만 망하면 대한민국 전체 경제가 흔들릴 수밖에 없는 그지없이 취약한 구조다.

대기업이 성장한 만큼 일자리가 늘어난 것도 아니다. 최근 10년 동안 국내 30대 그룹의 임직원 증가율은 자산 및 매출 증가율의 3분의 1 수준에 머물렀다. 대기업들이 돈을 벌어들인 만큼 고용을 늘리지 않았다는 얘기다. 이른바 '고용 없는 성장'이다. 지금처럼 양극화를 확대하는 성장, 고용 없는 성장으로는 지속 가능한 사회를 유지하는 게 불가능하다.

더구나 세계 경제는 이제 저성장 시대로 접어들었다. 양대 선진국이자 우리나라의 최대 수출시장인 미국과 유럽의 저성장이 10여 년간 지속할 것으로 예상하는 상황에서 수출 위주의 성장을 지속하기도 쉽지 않다. 절대 다수의 국민이 경제민주화에 공감하는 이유도 여기에 있다. 경제민주화란 수출 대기업을 홀대하자는 얘기가 아니다. 대기업과 중소기업, 사용자와 노동자, 기업과 소비자 간의 불균형을 바로잡음으로써 지속 가능한 성장모델을 만들어내자는 것이다.

한 마디로 수출과 내수의 균형 성장을 이루자는 얘기이다. 최근 내수를 키우려는 중국의 움직임은 우리에게도 시사하는 바가 크다. 중국은 글로벌 금융위기 이후 수출전선에 비상등이 켜지자 안정적인 고속성장을 위해 내수 활성화를 적극 추진하고 있다. 그 대표적인 정책이 근로자 임금 인상이다. 제12차 5개년 경제개발계획(2011~2015년) 기간 동안 근로자 임금을 두 배로 인상한다는 목표 아래 매년 15퍼센트 안팎씩 임금을 올리고 있다.

유엔UN도 최근 신자유주의 성장 패러다임의 대안으로 임금 주도형 성장전략을 제시했다. 생산성 향상에 상응하는 만큼 실질임금을 인상해 노동소득분배율을 개선하고 부진한 민간 소비를 회복함으로써 지속 가능한 성장을 이룰 수 있다는 진단이다.

이런 측면에서 보자면 우리나라의 임금 정책은 글로벌 트렌드와 거꾸로 가고 있다. 통계청에 따르면 우리나라의 전체 취업자 수는 약 2,500만 명. 이 중 70퍼센트가 월급으로 살아가는 임금 근로자다. 하지만 이명박 정부 들어 임금 인상률은 극히 미미했고, 최근 2년 간은 실질임금이 오히려 줄었다. 더욱이 임금 근로자의 3분의 1은 비정규직이다. 그들의 임금은 월평균 150만 원에도 못 미친다. 저임금 근로자 비중이 OECD 회원국 중 가장 높고 노동자 간 임금 격차도 세계 최고 수준이다. 그러니 가계부채 증가와 내수 부진의 악순환이 반복되는 게 당연하다.

재계는 국내 고임금 구조 탓에 국외 생산기지를 늘릴 수밖에 없다고 주장한다. 하지만 제조업의 매출액 대비 인건비비중은 1992년 14퍼센트 수준에서 작년엔 8퍼센트 대로 하락했다. 국내 고용 기반이 무너지면 사회적 갈등이 커져 재계에도 큰 부담이 된다. 당장 임금 인상이 어렵다면, 임금 구조조정을 시도해볼 만하다. 임원과 평사원 간 과도한 임금 격차만 줄여도 중·하위층 임금 근로자의 소득을 크게 끌어올리고 새로운 일자리를 만들어낼 수 있다.

임금 근로자, 특히 저소득 근로자는 소비성향이 높다. 반면 자산소득자와 고액 연봉자는 저축성향이 높다. 또 소비하더라도 국외로 나가거나 외국산 사치품을 선호하는 경향이 강하다. 소비성향이 높은 저소득 근로자의 임금을 높이면 부진한 민간 소비가 회복되고 내수 경기가 살아날 수 있다는 말이다. 자산소득에 대해 세금을 많이 물리고 고액 연봉자의 임금을 줄이면 국외로 빠져나가는 수요를 국내로 돌리는 장점도 있다.

엥겔베르트 슈토크하머 영국 킹스턴대 경제학과 교수도 "노동자의 임금이 늘어나야 부채가 확산하지 않고 소비가 늘어난다. 임금

Tip

소비성향 Propensity to Consume

개인의 소득 가운데 저축하지 않고 소비로 지출하는 비중. 일정한 소득 수준에서 총소득 가운데 소비가 차지하는 비율은 한계소비성향, 소득이 변화할 때 소득 증가분 가운데 소비 증가분이 차지하는 비율은 한계소비성향이라고 한다.

증가와 임금격차 축소는 성공적인 경제정책을 이루기 위한 핵심 구성 요소"라며 임금주도 성장론을 적극 지지하고 있다. 갈수록 고용이 위축되는 저성장 시대의 대안으로 임금 주도형 성장모델을 적극 고민해볼 필요가 있다.

고액연봉 줄여 일자리 늘리자

_____ 국내 굴지의 조선업체 임원으로 있는 지인에게서 들은 얘기다. 국내 조선소의 노르웨이 지사에서 근무하다 현지 회사로 옮긴 적이 있는데, 부장급인 자신과 최고경영자CEO의 월급이별 차이가 없어 깜짝 놀랐다고 한다. 고소득자의 세금 비중이 높기 때문이다. CEO는 무려 월급의 약 70퍼센트를 세금으로 뗀다고 한다. 그래도 부장급과 CEO 연봉 차이가 수십 배로 벌어지는 국내 대기업과 비교하면 월급 총액 차이가 크지 않음을 알 수 있다. 물론 납부된 세금은 국민의 복지를 위해 쓰이고 은퇴하면 연금으로 돌려준다. 미래에 대한 불안 없이 안정적으로 일할 수 있어 생산성도 행복지수도 높다.

우리나라 교사들의 가장 큰 불만은 교육 외적인 업무, 이른바 '잡무'가 많다는 것이다. 교사들의 오랜 숙원을 풀어주려면 사무행정요원을 늘려야 한다. 그런데 인력 충원에는 큰돈이 든다. 문제는 지금처럼 공교육에 대한 국민의 불신이 높은 상황에서 정부의 재정 투입 등 사회적 부담을 요구하기가 쉽지 않다는 점이다. 다른 방법은 없을까? 교사들이 매년 받는 1인당 평균 300만 원가량의 성과급을 포기하면 된다.

2008년 교사 성과급 예산은 총 1조 800억 원. 연봉 2,500만 원을 받는 학교 사무행정직 4만 명을 채용할 수 있는 돈이다. 4만 명의 사무행정요원이 전국의 초중고교에 새로 투입되면 전국의 교사들은 잡무에서 완전히 해방될 수 있다. 교사들이 수업에만 전념하면 공교육의 경쟁력이 획기적으로 개선될 것이고, 무엇보다 4만여 개의 안정적인 일자리가 창출된다.

필자의 생각이 아니다. 교육 현장의 문제를 치열하게 고민해 온 서울 창동고 이기정 교사의 아이디어다. 그가 2011년 펴낸 『교육을 잡는 자가 대권을 잡는다』라는 책에 담긴 '교사 성과급'과 '4만 명 일자리'의 빅딜 제안을 접하면서 무릎을 탁 쳤다. 양극화 해소의 묘안이라는 생각이 들었기 때문이다.

최중경 전 지식경제부 장관도 비슷한 제안을 한 적이 있다. 대기업 경영진 월급이 지나치게 많으니 그 돈을 조금 줄여 청년층 고용에 투자하자는 것이다. 그런데 재계의 반응이 호의적이지 않았다. 고액 연봉자 몇 명의 월급을 깎는다고 일자리가 늘어날 리 만무하며 정부가 기업의 임금 문제까지 걸고넘어지는 것은 지나친 간섭이라며 불편한 기색이 역력했다. "장·차관 연봉부터 깎으라"는 감정 섞인 비판의 목소리도 나왔다.

그러나 양극화 해소라는 관점에서 최 전 장관의 제안은 진지하게 검토해볼 가치가 있다. 재계가 주장하듯이 고액 연봉자가 고작 몇 명 수준에 그치는 건 아니다. 2011년 7월 1일 기준 유가증권시장 상장법인 701개사의 임원은 1만 4,456명에 달한다. 삼성그룹 임원만 1,830명이다. 임원 1인당 연봉도 많게는 수십억 원이다. 매출 상위 100대 기업 소속 사내임원 1인의 평균 연봉은 8억 7,000만 원으로 조사됐다(재벌닷컴). 평직원 연봉(6,280만 원)의 14배다. 여기에 배당과 스톡옵션을 합치면 그 격차는 수백 배로 벌어진다.

10년 전만 해도 경영진과 직원 간 임금 격차가 이렇게 크진 않았다. 외환위기 이후 대기업 오너들이 성과주의를 강조하면서 미국처럼 벌어지기 시작한 것인데 '정당한' 보상 평가 시스템이 가동되고 있는지는 의문이다. 임원 인사가 대주주인 오너의 입김에 좌우되는 우리 현실에서 고액 연봉에는 총수에 대한 충성의 대가가 포함될 수밖에 없다. 고액 연봉 자체가 서민들에게 미치는 위화감과 좌절감도 심각하다.

무엇보다 오늘날 재벌 대기업 성공의 밑바탕에는 국가의 물적 자원을 수출 제조업에 집중적으로 지원하도록 뒷받침해 온 국민의 희생이 깔렸다. 대기업들은 경제위기 때마다 환율과 금리, 세금 등 정부의 지원을 통해 어려움을 극복하고 사상 최대의 실적을 낼 수 있었다. 경영진과 주주끼리 성과급 잔치, 고高배당 잔치를 벌이기 전에 사회적 책임에 대해 다시 한 번 생각해 보는 게 도리일 것이다.

요즘 한국 사회의 최대 화두는 '상생'과 '동반성장'이다. 이는 양극화가 사회 통합을 저해할 만큼 심각한 지경에 이르렀다는 방증이다. 문제는 실업과 불안정·고용이 증가하면서 소득 격차가 날로 확대되는 현실을 정부의 힘만으로 해결하긴 쉽지 않다는 점이다. 양극화라는 구조적이고 거대한 흐름을 바꾸려면 한국 사회 기득권 계층의 양보가 절대적으로 요구된다.

경영진의 고액 연봉만 줄일 게 아니라 주주들과 대기업 정규직 노조의 양보도 필요하다. 사상 최대의 호황을 누리는 몇몇 재벌 기업 정규직의 임금 수준은 세계적으로도 높은 수준이다. 동일노동, 동일임금 체계가 자리 잡도록 비정규직을 배려하는 자세가 필요하다. 무엇보다 국가의 혜택을 가장 많이 받아온 대기업 경영진이 먼저 모범을 보이기 바란다. 그러면 대기업 정규직 노조와 공기업, 장·차관 등도 가만히 있지 않을 것이다. 이렇게 우리 사회의 기득권층이 소득 일부를 양보한다면 수십만 명의 안정적인 일자리를 만들어낼 수 있다. 사회적 대타협 없이 양극화 해소는 요원하다.

공직사회 고통 분담이 필요하다

_____ 친하게 지내는 고교 동창 모임이 있다. 요즘 밥 먹고 술 마실 때 지갑 여는 모양새를 보면 경제가 어렵다는 걸 실감하게 된다. 그래도 항상 부러움의 대상이 되는 친구가 중학교 교사다. 부부 교사인 그는 정년을 채우고 은퇴하면 각자 월 300만 원의 연금을 받는다고 한다. 부부가 생활하는데 월 300만 원이면 충분할 터. 해서 "한 사람 몫은 일시불(약 3억 원)로 챙길 생각"이라며

벌써 행복한 노년을 설계하느라 즐거운 고민이다.

최근 한 채용정보업체가 미혼남녀를 대상으로 조사한 미래 배우자의 인기 직업 순위를 보니 일반 공무원이 44.0퍼센트로 압도적인 1위였다. 남성에게만 물어보면 교사 선호도가 단연 높았다. 이미 수년 전부터 결혼정보업체가 조사한 배우자의 희망직업 순위에서 공무원이나 교사가 의사, 변호사 등 이른바 '사士'자 직업을 앞서기 시작했다. 정년을 보장받는 안정성 덕택이다. 외환·금융위기를 거치며 대규모 정리해고를 경험한 탓도 작용했을 것이다.

대학을 졸업하던 1980년대 후반만 해도 공무원의 인기는 바닥이었다. 임금 수준이 열악했고 사회적 인식도 좋지 않았다. 사실 1980년대 우리나라의 연평균 경제성장률은 10.1퍼센트로 세계 1위였다. 민간 부문에 활력이 넘치는 상황에서 열악한 처우의 공직이 인기를 끌었을 리 만무하다. 물론 지금은 상황이 180도 달라졌다.

국내 취업자 4명 중 2명은 정규직, 1명은 비정규직, 나머지 1명은 자영업자다. 사상 최악의 고용 대란이 예고된 가운데 사회적 약자인 비정규직은 '해고 0순위'일 수밖에 없다. 자영업은 3분의 1이 적자 운영할 정도로 몰락 직전이다. 정규직이라고 해도 민간 기업은 직업 안정성 측면에서 아직 공무원과 비교가 되지 않는다. 공무원연금처럼 노후대비 장치가 마련돼 있지도 않다. 민간과 비교해 공무원 임금이 적은 것도 아니다.

정부가 공무원 보수 현실화를 꾸준히 추진해온 결과, 지금은 100인 이상 기업체 평균 임금의 90퍼센트 이상 수준이다. 각종 수당과 맞춤형 복지제도 등을 고려하면, 고위 관료의 임금은 웬만한 민간 기업을 추월한다. 임금이 최고 수준인 금융기관이나 공기업에 비해선 다소 적다고 치자. 수억 원의 연봉을 받는 경제부처 산하 공기업 기관장의 40~50퍼센트가 퇴직 관료 출신이다. 직원 평균 연봉이 억대에 가까운 국책 금융기관을 들여다봐도 경제부처 사무관, 주사 등 중·하위직 공무원 출신이 수두룩하다. 이런 공생관계에서 주어지는 특혜는 임금 격차를 십분 상쇄하고도 남는다.

이명박 정부는 한때 공기업·금융기관 및 대기업의 대졸 초임을 10~20퍼센트 삭감해 고용 여력을 확대하는 방안을 추진했다. 불황이 장기화하면서 실업자가 넘쳐 나는 위기 상황이다. 따라서 임금 삭감 및 근로시간 단축을 통한 '일자리 나누기'가 필요하다는 데 동의하지 않는 사람은 드물 것이다. 하지만 민간 분야의 임금 축소는 내수 부진과 경기 침체의 악순환을 부를 수 있어 신중을 기할 필요가 있다. 특히 손대기 쉬운 신입직원의 임금만 깎는 것은 힘겹게 취업 문을 뚫은 젊은 세대를 기만하는 일이다.

임금 조정을 통해 일자리를 늘리려면 대통령부터 솔선수범해야한다. 그러고 나서 장·차관과 고위 관료, 일반 공무원 순으로 임금을 깎는 게 바람직하다. 공직사회가 고통 분담에 나선다면 국회의원과 도지사, 시장·군수 등 지방자치단체장과 지방의회 의원도 동참할 것이다. 선진국은 공무원과 교사 보수는 그 나라 평균 소득에 못미치는 경우가 일반적이다. 공권력을 지닌 막강한 파워 집단이 임금까지 많이 받는 것은 문제가 있다고 보기 때문이다. 지금은 기득권

세력이 먼저 모범을 보여야 할 때다. 그래야만 고통받는 국민에게도 일자리 나누기를 호소할 명분이 생긴다.

대통령 월급부터 줄이자

_____ 미국 연방 상·하원 의원들은 연간 17만 4,000달러(약 1억 9,000만 원)의 세비를 받는다. 의원 세비는 매년 물가상승률을 반영해 자동 인상된다. 그런데 2013년 초 새 의회(113대)가 출범한 지 한 달여 만에 의원들이 제출한 세비 삭감 법안이 16개를 넘었다. 법안은 연방정부가 적자 운영을 하면 대통령과 부통령, 의원 세비를 10퍼센트 감액하자는 내용부터 연방정부가 균형예산을 달성할 때까지 의원 세비 20퍼센트 삭감, 세비 자동인상 법률 폐지, 의회가 예산결의안을 채택하지 않으면 세비를 전액 반납하자는 내용까지 다양했다.

_____ 중국에선 2013년 들어 공산당 간부들과 함께 기득권층을 대표하는 공기업 고위직 간부들의 임금 삭감이 줄을 잇고 있다. 중국선박그룹中船集團이 책임자급 간부의 봉급을 30퍼센트 삭감하는 등 주요 공기업들이 20~30퍼센트씩 보수를 줄였다. 1조 원 이상을 사회에 기부하겠다고 밝힌 기업인 천광뱌오陳光標가 숨어 있는 부호들과 기업인, 연예인 등의 재산공개를 의무화하는 법안을 제출할 것이라는 언론 보도도 있었다. 시진핑習近平 총서

기체제 출범 후 빈부격차 해소에 대한 사회적 요구에 부응하려는 조치라는 게 중국 안팎의 해석이다.

우리나라 선량들도 2012년 총선과 대선을 앞두고 특권 포기와 새 정치를 앞다퉈 약속했다. 국회의원의 영리 업무 겸직을 금지하고 의연 연금을 폐지하며 세비를 30퍼센트 삭감하겠다는 등의 다양한 쇄신안을 쏟아냈다. 하지만 선거가 끝나면 으레 그랬듯이 이번에도 흐지부지되는 분위기다. 미국 의원들이 세비를 깎는다고 만성적인 재정적자가 해결될 리 만무하고 중국 공기업 간부들이 봉급을 20~30퍼센트씩 줄인다고 심각한 빈부격차가 쉽게 해소되지도 않을 것이다. 하지만 기득권층의 양보와 희생이 사회에 미칠 긍정적 변화는 절대 가볍지 않다. 최소한 국민에게 사회지도층을 믿고 따를 수 있겠다는 새 출발의 계기는 만들어줄 수 있을 것이다.

박근혜 정부는 "과거 국가 중심의 운영을 과감하게 바꿔 국민의 삶을 중심에 두는 새로운 국정운영을 펼치겠다"고 다짐했다. 이를 위해 성장보다는 고용에 경제정책의 우선순위를 두고 앞으로 5년 안에 '고용률 70퍼센트'를 달성하겠다는 청사진을 내놓았다. 일자리 창출이야말로 국민을 행복하게 하는 지름길이기 때문이다. 문제는 새 정부 앞에 놓인 경제환경이 절대 녹록하지 않다는 점이다. 2~3퍼센트 대 저성장 기조가 이어지는 세계 경기침체 상황 속에서 고용률을 높이는 데는 한계가 있을 수밖에 없다.

하지만 방법이 없는 건 아니다. 관료 집단, 정치인, 공기업, 대기업 임직원과 정규직 노조 등 기득권 세력의 양보와 협조를 끌어내는 것이다. 우리나라의 임금 격차는 세계 최고 수준이고, 이에 따른 소득 불평등과 노동시장의 양극화는 성장 잠재력을 갉아먹는 지경에 이르렀다. 복지 확대를 위한 재원 마련이 시급한 상황에서 기득권층의 양보를 통한 일자리 늘리기는 큰 힘이 될 것이다.

어려울 때일수록 공직사회부터 국민과 고통을 함께하겠다는 솔선수범의 자세가 필요하다. 대통령부터 월급 삭감을 선언한 뒤 장·차관과 고위 관료를 비롯해 국회의원과 지방의회의원, 도지사, 시장·군수 등의 동참을 유도해야 한다. 그러면 임직원 평균연봉이 억대라는 공기업도, 등기임원 연봉이 수십억~100억 원을 웃도는 재벌 대기업도 일자리 나누기에 동참할 것이다. 당장 '일자리 나누기 범국민운동'에 나서야 한다.

Tip

천광뱌오陳光標

'중국의 기부왕'으로 불리는 장쑤(江蘇)성 황푸그룹 회장. 2010년 9월 회사 홈페이지에 올린 '빌 게이츠와 워런 버핏에게 보내는 편지'에서 "부자로 죽는 것은 수치"라며 "이 세상을 떠날 때 재산 전부를 자선단체에 기부하겠다"고 약속했다.

그는 회사 순익의 절반 이상을 자선사업에 쓰는 것으로 알려졌다. 2013년 4월에는 쓰촨성 지진현장을 방문해 길거리에서 이재민들에게 1인당 200위안씩 총 30만 위안(약 5,446만 원)을 위로금으로 나눠줘 화제가 됐다. 하지만 중국 언론들은 천 회장이 기부를 과도하게 과시하거나 기부금을 부풀려 온 점을 지적하며 '폭력자선' 논란이 일고 있나그 선한다.

세제 개혁으로 중산층 복원하자

_____ 923년 후당後唐을 세운 이존욱李存勗은 왕위에 오르자마자 공겸孔謙에게 재무를 맡겨 재정 확대에 나섰다. 공겸은 이름처럼 겸손한 사람이 아니었다. 갖가지 명목의 세금을 만들어 백성의 고혈을 짜냈다. 농가에서 사용하는 소금에는 식염세를, 농주를 빚는 데 쓰는 누룩에는 누룩세를 매겼다. 압권은 '작서모雀鼠耗'라는 세금이었다. 공겸은 세금으로 거둬들인 곡물과 옷감이 참새나 쥐에게 먹혀 소모되는 양을 계산, 그에 상당하는 분량을 또 거둬들였다. 혹독한 가렴주구 정권이 오래 갈 리 없었다. 후당은 13년 만에 멸망했다.

_____ 중세 유럽도 다양한 세금을 양산했다. 영국의 윌리엄 3세는 창문 수를 기준으로 세금을 부과하는 창문세를 만들었다. 크고 좋은 집이 창문이 많을 테니, 일종의 재산세인 셈이다. 하지만 영국인들은 세금을 적게 내기 위해 창문을 없애고 어두운 생활을 택했다. 제정 러시아시대 표트르1세는 귀족들이 권위의 상징으로 기르던 구레나룻에 매년 100루블의 세금을 부과했다. 그러자 너도나도 애지중지하던 수염을 깎기 시작했다. 어둠이나 권위 추락보다도 세금이 더 무서웠던 셈이다. 일할 의욕을 빼앗고 반발만 키우는 '나쁜 세금'의 전형들이다.

세금의 역사는 인류의 역사와 궤를 같이한다. 정당성 있는 권력이 부과하면 세금이요, 그렇지 않으면 약탈이다. 근대적 의미의 소득세는 19세기 중엽 처음 등장했다. 미국이 1862년 남북전쟁의 자금 조달을 위해 개인과 법인 소득세를 도입한 게 시초로 평가된다. 당시 세법이 만들어진 논리는 단순 명쾌했다. '소득 있는 곳에 과세한다'는 원칙이다. 기업에겐 2퍼센트 단일 법인세를 부과했는데 과세대상인 법인의 이익은 수익에서 영업비용을 차감한 잔액이었다.

그런데 요즘 세법은 전문가들조차 이해하기가 쉽지 않다. 각종 면세 및 특례 규정 탓에 과세 구간 및 세율이 복잡하기 이를 데 없다. 정치인들이 특정 산업이나 기업에 특혜를 주기 위해 개정에 개정을 거듭해온 까닭이다. 단순 명쾌했던 세법이 시간이 갈수록 누더기처럼 훼손되고, 기존 세금에 새로운 세금을 덧붙이는 땜질식 처방이 반복된 것이다.

MB정부의 세제 정책은 성장을 위해 대기업과 부유층에 대한 감세 기조 요지와 서민·중산층에 대한 세제 지원 확대로 요약된다. 감세 정책은 대기업과 고소득층에 혜택이 집중되는 법인세, 소득세 세율 인하가 핵심이었다.

정부 논리대로 법인세와 소득세 부담을 덜어주니 투자와 소비가 활성화했을까? 2006년 기업들의 평균 실효법인세율(법인세 납부액을 세전 이익으로 나눈 비율)은 미국이 25.1퍼센트, 일본은 42.3퍼센트인 반면, 우리나라는 20.3퍼센트에 불과했다. 한국 기업들이 선진국보다 법인세율이 높아서 투자를 못한다는 주장은 설득력이 떨어진다는 얘기다.

또한 고소득층은 세금을 깎아줘도 소비를 크게 늘리지 않는다. 소득이 낮을수록 평균 소비성향이 높기 때문에 고소득층보다는 중산층 이하의 소득을 높이는 게 전체 소비 증가에 효과적이다. 영국과 미국은 금융위기 이후 고소득층에 대한 소득세율을 4~10퍼센트 포인트나 높였다.

부자감세 논란에 시달려온 여권은 2012년 대선을 앞두고 '소득세 감세 철회, 법인세 인하 유지'로 가닥을잡았다. MB노믹스의 상징인 감세 유지에 집착해오던 여권의 소득세 감세 철회 논리는 이렇다. 부유층은 소비성향이 낮아 세금 인하의 효과가 작은데다, 소득불균형 해소에도 역행한다는 것이다. 글로벌 경제위기를 거치면서 급격히 악화한 재정건전성을 고려해야 한다는 명분론도 제기됐다. 옳은 얘기다. 부자들의 세금을 깎아주면 소비가 늘어나 성장에 기여할 것이라는 감세 논리의 허구성을 인정한 셈이다.

반면 법인세 인하 유지 입장은 완강했다. 법인세 인하가 기업들의 투자와 고용 창출로 이어져 중·장기적으로 세수 확대에 기여할 것이라는 논리였다. 우리나라의 법인세 최고세율(22퍼센트)이 경쟁국인 홍콩(16.5퍼센트)이나 싱가포르(17퍼센트)보다 높다는 점도 법인세를 낮춰야 한다는 근거로 인용됐다.

하지만 사회 양극화나 재정건전성 차원에서 볼 때 소득세 감세 철회의 효과는 미미하다는 게 전문가들의 평가다. 기획재정부에 따르면 소득세 감세 철회로 늘어나는 세수는 연간 5,000억 원. 2010년 국가부채 360조 원의 0.14퍼센트에 불과하며 법인세 인하분(3조

2,000억 원)의 6분의 1도 안 된다. 국세청장 출신인 이용섭 민주통합당 의원의 계산으로는 2012~14년 법인세 인하에 따른 세수 감소액은 11조 5,846억 원에 달한다. 재정건전성을 고려한다면 소득세보다는 법인세 인하를 철회하는 게 더욱 시급한 셈이다.

우리나라 법인세율이 높아 경쟁국보다 불리하다는 주장도 근거가 희박하다. 세계은행에 따르면 법인세, 재산세, 사회보험료 등을 포함한 우리나라의 실효세율은 29.8퍼센트로 경제협력개발기구(OECD) 평균인 43.0퍼센트에 턱없이 못 미친다. 법인세 최고세율이 22퍼센트라지만, 각종 공제 혜택을 감안하면 제조업의 법인세 실효세율은 17.5퍼센트로 선진국보다 크게 낮은 수준이다.

법인세를 낮춰도 투자 유인 효과가 없다는 것은 이미 입증됐다. 여당이 2010년 법인세, 소득세 추가 감면을 2년 동안 유예한 것도 감세의 긍정적 효과가 나타나지 않았기 때문이다. 감세 유예로 발생한 재원을 경기 활성화에 쓰는 게 훨씬 효과적이라고 판단한 것이다. 국제신용평가사 무디스가 2011년 발표한 보고서를 보면, 삼성전자가 보유한 현금은 184억 달러(약 20조7,400억 원)나 된다. 현대자동차(73억 달러), 포스코(64억 달러), LG전자(50억 달러) 등 대기업들이 쌓아둔 현금만 무려 100조 원이다. 불확실한 경제 환경 탓에 투자를 기피하는 것이지, 선진국보다 법인세율이 높아서 투자를 못하는 게 아니라는 말이다.

정부의 재정운용계획을 보면 2011년 407조 원인 국가채무가 2014년에는 500조 원에 육박할 전망이다. 국회 예산정책처는 2014

년 국가부채 규모를 535조 원으로 더 높게 잡았다. 이명박 정부 출범 이후 종합부동산세와 양도소득세 등의 감면으로 지방재정 부실도 심각하다. 양극화 해소를 위한 복지 수요와 급속한 저출산·고령화에 따른 복지지출의 자연증가분도 감안할 필요가 있다. 다가올 통일에도 대비해야 한다. 이명박 전 대통령도 통일비용의 조달을 위해 통일세 신설 필요성을 거론하지 않았던가.

박근혜 정부는 대선공약 실행을 위해 향후 5년 동안 약 135조 원의 복지재원을 마련해야 하지만 증세는 고려하지 않고 있다는 입장이다. 성장을 위해 감세 기조는 유지하되 불필요한 지출을 줄이고 지하경제 양성화를 통해서 천문학적인 재원을 마련하겠다는 건데, 실현 가능성이 크지 않다는 게 전문가들의 대체적인 평가다.

경제는 서로 맞물려 돌아가는 톱니바퀴와 같다. 주요 세금의 세율을 그대로 유지하면서 천문학적인 복지재원을 마련하겠다는 것은 어불성설이다. 복지재원을 마련하면서 재정건전성도 지키고 서민들의 세 부담도 줄여줄 수 있는 묘약이란 존재하지 않는다. 정부의 재정적자가 악화하는 가운데 복지예산과 통일 준비 등 돈 쓸 곳이 급격히 늘고 있다면, 세제정책의 지향점은 분명해진다. 효과가 불확실

Tip

실효세율 Effective Tax Rate

세법상 법정세율에서 각종 조세감면 및 공제 등을 반영한 실제 세부담률을 말한다. 법정세율로 과세할 경우 각종 공제 등으로 과세대상액은 과세표준액보다 적어지기 때문에 실효세율은 표면세율보다 낮아진다.

한 감세를 철회하고 금융위기 이후 경기 회복의 과실을 독점한 대기업과 고소득자에 대한 증세를 추진하는 것이다.

납세는 국민의 기본적인 의무다. 자본주의 국가의 세금은 국가 운영을 위해 절대적으로 필요한 수단이자 소득 재분배 역할도 맡고 있다. 자산이 많고 소득이 높은 사람일수록 세금을 더 내는 게 상식처럼 받아들여지는 이유이기도 하다. 국가의 재원 조달에 기여하면서 소득 재분배 효과까지 거둘 수 있어야 '좋은 세금'이다.

서민경제 살려야 내수가 살아난다

_____ 노벨 경제학상 수상자인 로버트 먼델 미국 컬럼비아대 교수는 2008년 중국 난징南京에서 열린 국제금융회의에서 내수 증진을 위해 주민들에게 상품권(소비쿠폰)을 지급하자는 아이디어를 제안했다. 중국 정부가 100위안(2만 원)짜리 상품권을 주민들에게 나눠줘 3개월 안에 사용하게 하면 1조 3,300억 위안 규모의 경기부양 효과를 얻을 수 있다는 설명이었다. 실제 중국 쓰촨四川성 청두成都시 정부는 2008년부터 매년 4억 위안(800억 원)의 예산을 들여 저소득층 38만여 가구에 슈퍼마켓 등에서 쓸 수 있는 100위안짜리 상품권을 나눠주고 있다. 장시江西성도 농민들에게 생활보조금을 지급한다.

중국이 '세계의 공장'에서 '세계의 소비시장'으로 발 빠르게 변신하고 있다. 고도성장으로 중국인들의 소비욕구가 크게 높아진

데다 선진국 수출시장에 의존하는 경제구조로는 글로벌 경제위기에 취약하다고 보기 때문이다. 해안과 내륙지역 간 불균형 개발에 따른 소득 양극화와 잦은 농민 폭동도 중국 지도부에 내수 확대가 중요하다는 인식을 심어줬다.

중국처럼 수출 주도 경제구조를 지닌 한국에게도 내수 확대는 발 등에 떨어진 불이다. 한국 경제의 무역의존도(수출+수입/GDP)는 96.9퍼센트로 중국(49.5퍼센트), 일본(25.1퍼센트), 미국(22.0퍼센트)을 크게 앞선다. 때문에 우리 정부는 공공부문의 출·퇴근 시간을 1시간씩 앞당기는 '8·5근무제', 학교의 겨울방학을 단축하고 봄가을 방학을 신설하는 '방학분산제', 공휴일이 일요일과 겹칠 경우 다음날인 월요일을 휴일로 지정하는 '대체공휴일제' 등 여가를 늘려 소비를 진작하는 다양한 내수 활성화 방안을 검토하고 있다.

사실 이런 방법은 국민 특유의 근면성과 높은 저축성향으로 내수 부진에 허덕이던 일본에서 자주 사용됐다. 일본 정부는 '더 많이 놀아야 경제가 산다'는 구호까지 만들어가며 휴가 문화를 적극 장려했다. 그 결과 현재 일본의 법정 공휴일은 미국, 프랑스 등 선진국에 비해 훨씬 많다. 문제는 일만 하는 문화에 젖어 있는 기업과 근로자들이 따라주지 않는다는 점이다. 일본 근로자들은 회사가 공식 휴무를 하지 않는 한 좀체 쉬려고 하지 않는 경향이 있다. 심지어 자신에게 주어진 휴가조차 절반 정도밖에 쓰지 않는 게 현실이다.

일본 정부는 고심 끝에 수십조 원의 현금을 각 가정에 직접 나눠주는 경기부양책도 여러 차례 시도했다. 1998년 총 7,000억 엔에 이어 2008년에는 가구당 3만 8,000엔씩 우리 돈으로 약 25조 원의 상품권을 나눠줬지만 경기 및 소비 진작 효과는 크지 않았다. 상당수의 국민들이 그 돈조차 저축으로 돌렸기 때문이다.

우리 기업문화도 일본과 비슷하다. 대기업의 경우 야근이 일상화한데다 중간 책임자만 돼도 휴일에 수시로 불려나가는 게 현실이다. 중소기업은 상황이 더 열악하다. 대기업 주문을 맞추려면 토요일은 물론이고 일요일도 공장을 가동해야 하는 경우가 부지기수다. 이런 상황에서 대체공휴일제나 8·5근무제(오전 8시부터 오후 5시까지 근무)는 딴 나라 얘기일 수밖에 없다.

무엇보다 일부 대기업 근로자를 제외하면 여가가 늘어나는 게 반갑지도 않다. 쓸 돈이 없기 때문이다. 외환위기를 겪으면서 우리나라의 저축률은 3.2퍼센트(2009년)까지 떨어졌다. 경제 성장의 과실을 일부 대기업이 독식하면서 기업과 가계의 소득 불균형이 커졌기 때문이다. 2000년대 들어 국민총생산GDP 기준 기업의 소득증가율은 1990년대에 비해 6배 가량 늘었지만, 가계의 소득증가율은 절반으로 줄었다.

내수 부진의 원인은 분명하다. 정부 고위관계자도 "일자리 감소 등 거시적 요인과 수출은 늘어도 내수로 연결되지 않는 구조적 요인이 복합됐다"고 진단하지 않았는가. 실제 최근 십수 년 동안 재벌 대기업의 수익은 크게 늘었지만, 일자리나 근로자의 임금은 오히려 줄거나 제자리 걸음을 해왔다. 기업들이 수십조 원의 현금을 쌓아둔

채 고용과 투자를 외면했기 때문이다. 서민들은 지금도 하루하루 살아가기가 벅차다고 호소한다. 소득이 정체된 가운데 물가는 천정부지로 치솟고 건강보험, 국민연금 등 각종 사회보험료 부담마저 늘어가니 가처분소득은 더 줄 수밖에 없다. 그러니 서민들에게 여가가 더 늘어나는 것은 고역일 따름이다.

내수를 활성화하려면 여가 늘리기에 신경 쓸 게 아니라 수출의 과실을 내수로 돌려 소비성향이 높은 중산층과 서민들의 가처분소득을 늘려줘야 한다. 그런데 MB정부는 거꾸로 부자들과 대기업의 세금을 깎아주고 인위적인 환율과 금리 개입으로 수출 기업을 지원하는 등 소수가 부富를 독식하는 정책을 펴왔다.

경제민주화를 부르짖는 박근혜 정부는 달라져야 한다. 이제 무너진 중산층과 서민경제를 복원하는 정공법을 쓸 때가 됐다. 경제가 성장하면 국민 모두 골고루 잘살게 된다는 성장신화의 믿음은 설 자리를 잃었다. 대기업과 중소기업의 격차를 해소하고 비정규직을 축소하며 소외계층에 대한 복지 확대를 통해 중산층과 서민층의 실질소득을 늘려줘야 한다. 서민경제를 살리는 게 내수 활성화의 지름길이다.

7장
금융 개혁 –
약탈적 금융 막아내기

금융복지 안전망이 가계 빚 해법이다

_____ 서울시는 2013년 7월 가계 빚으로 고통 받는 시민들을 돕기 위해 6곳의 '서울금융복지상담센터'를 설치하고 운영에 들어갔다. 각 센터에는 전문 금융상담사 2~3명이 상주하면서 저소득 취약계층을 대상으로 재무설계를 해준다. 개인회생이나 파산절차가 필요한 시민에겐 금융구제 방안이나 법적 절차 등을 알려준다. 가계 빚 규모에 맞게 지원받을 수 있는 복지서비스도 알려주며 필요하면 출장상담과 야간상담도 실시한다.

'가계 빚은 늘어나는데 주식, 부동산 등 자산가치는 하락하고…….'

한국인들이 직면한 현실이다. 우리나라 전체 가계 빚 규모는 1,000조 원을 웃돌아 진작 경고등이 들어온 상황. 반면 최근 3년 간 서울지역 아파트 평당 가격은 11퍼센트나 떨어졌고 지난 2년 간 주가상승률은 -5.5퍼센트를 기록했다(2013년 3월 말 기준). 저금리, 저성장, 고령화의 3대 악재가 겹치면서 어느 자산에서도 예전만큼의 수익률을 기대하기 힘든 '재테크 빙하기'가 도래한 것이다.

사회안전망이 취약한 상황에서 노후 대비를 위한 사실상 유일한 수단인 자산 증식마저 차단된다면 한국인들의 미래는 심각한 위협에 노출될 수밖에 없다. 금융정보 접근과 자산관리서비스 측면에서 유리한 고지에 있는 부유층과 일반 국민 간 자산 격차도 갈수록 커질 게 분명하다. 이런 천문학적인 가계 빚과 재테크 환경의 구조적 변화는 은퇴 세대에게 심각한 위기다.

전통적인 노후 안전판이던 예금, 저축성 보험, 퇴직연금 등의 금리가 줄줄이 낮아지면서 당초 예상했던 노후 소득은 더욱 쪼그라드는 반면, 이런 상황을 벗어날 만한 투자 대안은 없는 상태이기 때문이다. 피델리티자산운용과 서울대의 공동조사 결과를 보면 2012년 말 기준 국내 도시근로자 노후 소득의 절반 이상(57.9퍼센트)은 개인 저축으로 충당해야 한다. 더욱이 재테크 빙하기는 구조적으로 고착화할 가능성이 높다. 예금금리는 성장률 수준을 따라가기 때문에 지금의 역대 최저 수준을 벗어나더라도 연 4퍼센트 이상 기대하긴 어렵다는 게 중론이다.

인구구조상 부동산 가치는 장기 하락세에 접어들었고 글로벌 양적완화(중앙은행이 채권을 사들여 돈을 푸는 것)의 힘으로 지탱되는 주식·상품시장 역시 언제 꺼질지모르는 시한폭탄이다. 국민 모두 재테크 환경의 구조적 변화를 인정하고 기대수익률 재조정, 은퇴 후 노동소득 창출 같은 노후 대비 태세를 갖출 필요가 있다는 얘기다.

저성장 시대의 재테크 지식은 한층 복잡하고 어려워질 게 분명한 만큼 현재 부유층에 편중된 투자 상담 인프라가 중산층에까지 확대되도록 정부 지원이 이뤄져야 한다. 지금처럼 사회안전망이 취약한 가운데 재테크가 일부 부유층의 전유물로 전락한다면 부자와 서민 간 자산 격차는 더욱 벌어질 수밖에 없다. 따라서 이익 창출에 신경을 쓸 수밖에 없는 민간 금융회사에만 재테크 상담 업무를 맡기지말고 영국처럼 정부가 나서서 서민 대상의 재테크 환경을 조성할 필요가 있다. 실제 미국과 영국 등 선진국의 경우 학교에서 투자자 교육을 맡는 등 국가정책 차원에서 금융경제의 틀을 짜고 있다.

정부가 양극화 해소 차원에서 서민들에게 체계적인 금융정보를 제공하는 시스템을 갖춰야 한다는 의견도 많다. 현재 국민연금관리공단에서 시행 중인 재무설계 업무를 양성화해 서민들이 저렴한 비용으로 금융서비스를 받도록 하는 것도 한 방법이다. 연금공단은 2009년 말부터 노후설계 전문사이트(http://csa.nps.or.kr)와 전국 91개 지사를 통해 개인의 투자 성향과 현금 흐름에 적합한 노후설계를 자문하고 있다.

금융시스템의 패러다임을 바꾸자

_____ 충남 천안에서 병원약국 사무보조로 일하는 최나영(가명·32) 씨. 중산층이었던 최씨 가족이 빚의 나락으로 떨어진 것은 순간이었다. 직장에 다니던 아버지가 2001년 뇌경색으로 쓰러졌을 때만 해도 다행히 산재 처리가 돼 병원비를 해결할 수 있었다. 작은 아파트 한 채에다 은행 대출로 지은 다세대주택도 있었다. 어머니는 고정 수입을 위해 상가를 분양 받아 호프집을 열었고, 그 즈음 최 씨도 조그만 회사에 취직했다.

그런데 회사 사장이 최 씨 카드를 빌려 2,000만원을 결제한 뒤 잠적하는 사건이 벌어졌다. 처음엔 그럭저럭 장사가 됐던 어머니 가게도 근처에 호프집이 하나 둘씩 생기면서 금세 적자로 돌아서 문을 닫았다. 카드 빚과 대출이자 부담이 점차 밀려왔다. 할 수 없이 아파트를 팔아 은행 빚을 해결했다. 한숨 돌린 어머니는 다세대주택을 담보로 1억 원이 넘는 자금을 빌려 프랜차이즈 피부관리실을 열었지만 또 실패했다. 은행은 상환을 요구했고 어머니는 집을 살리려 사채를 얻었다. 여동생도 대학을 그만두고 취직했다.

최 씨 자매의 수입만으로 빚을 해결하기는 역부족이었다. 다른 대출로 전환하러 은행을 찾았지만 고정 소득이 있다는 이유로 서민금융 혜택은 주어지지 않았다. 결국 카드 돌려막기에 나섰고, 어느새 최 씨 가족의 빚은 3억 원에 육박했다. 매달 이자 부담만 300만 원. 어쩔 수 없이 2년 전 최 씨는 개인회생을 신청했다. 20대 청춘을 오로지 빚 갚는 데 쓴 최 씨는 앞으로도 5년 간 회생 절차를 통해 빚을 줄여야 한다. 그는 "5년이 지나면 이 지긋지긋한 빚의 덫에서 벗어날 수 있을까요"라고 물었다.

최 씨는 아파트와 다세대주택을 소유했던 한국 사회의 전형적인 중산층 가정 출신이다. 그런데 병으로 쓰러진 가장을 대신해 어머니가 집을 담보로 가게를 열었다가 실패한 뒤 급격히 가세가 기울면서 빈곤층으로 전락했다. 이 과정에서 최 씨 가족은 제도권 금융회사의 도움을 전혀 받지 못했다. 최 씨뿐만이 아니다. 한국의 중산층은 사실상 금융서비스의 사각지대에 놓여있다고 해도 과언이 아니다. 민간 금융회사들은 고액 자산가에게만 관심을 기울이고 금융당국은 서민금융에만 치중하는 게 현실이기 때문이다.

한국의 중산층 가계는 대부분 집을 마련하는 과정에서 억대의 빚을 지고 있다. 경기 침체나 질병, 사고 등으로 소득이 줄거나 예상치 못한 지출이 생기면 언제든 원리금 상환에 차질이 생길 수 있는 것이다. 하지만 은행은 채무자의 사정을 절대 이해해주지 않는다. 오랜 기간 성실하게 빚을 갚아온 사람이라도 한 번만 제 날짜에 갚지 못하면 연체이자가 눈덩이처럼 불어난다. 돈을 빌려줄 때 상환능력을 제대로 따지지도 않는다. 환금성이 뛰어난 담보물건(아파트)이 있기 때문이다. 돈을 빌려줄 때는 천사와 같다. 하지만 이자 수입을 챙기다가 여의치 않으면 금세 깡패로 돌변해 채권 회수에 들어간다. 원리금 회수가 어려워도 집을 경매에 넘기면 그만이다. 땅 짚고 헤엄치기 식의 약탈적 금융이다.

정부가 집중하는 서민금융도 정작 필요한 사람들에겐 제대로 지원되지 않는다. 회사원 배모(32) 씨는 2011년 말 서민지원 대출상품인 새희망홀씨를 신청하러 4개 은행을 돌아다녔으나 낙심한 채 돌아서야 했다. 은행, 대부업체 등 기존 대출을 성실히 갚아왔지만 신용등급이 9등급이라는 이유로 거절당한 것이다.

신용등급 8등급인 회사원 이모(37) 씨도 전세 1,000만 원을 올려달라는 주인의 요구에 새희망홀씨를 신청했으나 거절당했다. 그는 월급이 300만 원으로 상환 능력과 의지가 충분하다고 여겼지만, 은행 측은 신용관리를 제대로 하지 못했다고 거절 이유를 들었다. 시중은행들은 정부가 독려하니 어쩔 수 없이 서민금융 시늉은 내고 있으나 일반 대출상품을 이용할 수 있는 우량 신용자 위주로 새희망홀씨를 권유하고 있다는 얘기다.

그러면 어떻게 약탈적 금융시스템을 고칠 것인가? 금융회사가 슈퍼리치나 VVIP(초고액 자산가)만 신경 쓸 게 아니라 중산층이 안정적으로 자산을 늘릴 수 있도록 도와야 한다. 그러려면 금융당국이 적절한 인센티브 제공 등을 통해 금융회사가 적극적인 중산층 재무컨설팅에 나설 수 있는 여건을 만드는 게 중요하다. 신용등급이 낮거나 연체 경험이 있는 저소득 계층을 지원하기 위한 서민금융이 정작 저신용자를 홀대하는 모순도 시정해야 한다. 생지옥 같은 채권 추심의 고통에 시달리는 서민들을 구제하기 위해 불법 사채업자에 대한 단속 및 처벌을 강화하고 대부업체의 금리 상한선도 더 낮춰야 한다.

가계 빚 문제를 근본적으로 해결하려면 제도 개선 외에 서민들의 안정적 소득을 보장하는 게 무엇보다 중요하다. 문제는 저성장 시대를 맞아 단기 소득 개선을 기대하기가 쉽지 않다는 점. 따라서 장기적으로 소득분배 구조를 개선하는 동시에 교육·의료 등 가계가 부담하는 필수비용을 정부가 적극적으로 줄여줄 필요가 있다. 1,000조 원을 넘는 가게 빚이 채무자 개인만의 책임이 아니라 수단과 방법을 가리지 않고 과도한 빚을 권해 온 약탈적 금융시스템에 있다는 사회적 인식도 절실히 요구된다.

8장
창업 개혁 –
창업 천국 만들기

영세점포 조직화로 경쟁력 키우자

_____ 한 달에 두 번 꼴로 아내와 함께 대형 할인점을 찾는다. 대개 구입 품목을 메모지에 적어가지만, 그대로 사는 경우는 드물다. 온갖 물건이 넘쳐나다 보니 과소비의 유혹을 떨치기가 쉽지 않다. 미국의 소설가 마크 트웨인이 '문명文明'의 정의에 대해 "불필요한 생활 필수품을 끝없이 늘려가는 것"이라고 독설을 퍼부었던 게 이해가 된다. 요즘 할인점은 단순한 쇼핑 공간이 아니다. 각종 식당과 영화관 전시관 등을 두루 갖추고 놀거리, 볼거리, 먹거리를 제공한다. 휴일이면 가족 단위 나들이객이 심심찮게 눈에 띌 정도다.

집에서 엎어지면 코 닿을 곳에 재래시장이 있지만, 목 달린 닭

따위의 제수나 족발, 빈대떡 등 전통식품을 찾을 때 외에는 거의 찾지 않는다. 드물지만 피순대와 눌린 머릿고기, 내장 등을 안주 삼아 막걸리 한 잔을 걸칠 때도 있다. 이런 종류는 재래시장이 푸 짐하고 맛도 특별하다. 하지만 대다수 품목은 할인점 못지않게 싸긴 해도 질은 떨어진다. 가격이 싸다 보니 '중국산을 속여서 팔 지 않을까'라는 의심이 들기도 한다. 주차장이 없을 뿐더러 주변 환경도 불결하다. 동네 슈퍼를 찾는 경우도 재래시장만큼이나 드 물긴 마찬가지다. 쓰레기 봉투나 라면 따위가 급히 필요한 경우 에만 간혹 들르게 된다. 제품의 신선도, 가격, 서비스 등 어느 것 하나 할인점보다 나은 게 없어서다.

_____ 미국 뉴욕에서 가족과 함께 1년 동안 연수할 때도 할인 점 코스트코Costco를 자주 이용했다. 그런데 할인점에서 주로 구 입하는 품목은 가공식품과 공산품이었다. 채소, 과일, 생선은 동 네 가게를 이용했다. 코스트코의 생선 매장이 새벽마다 맨해튼 어시장에서 싱싱한 생선을 실어오는 동네 생선가게를 이기기엔 역부족이다. 그로서리Grocery로 불리는 동네 슈퍼마켓 역시 채 소·과일의 다양성이나 신선도가 할인점을 압도했다. 할인점의 푸 드코트Food Court에서도 피자나 일본식 철판요리 등을 팔지만, 어디까지나 허기를 때우기 위한 싸구려 음식일 뿐이다. 동네에서 수십 년간 터를 잡고 파스타나 해산물 요리 등을 전문으로 해온 레스토랑을 따라가진 못한다.

우리나라 동네 점포들은 뉴욕과 같은 경쟁력이 없다. 질과 서비스로 승부하기엔 규모가 너무 영세하고, 가게 수가 많아 경쟁도 훨씬 치열한 탓이다. 한국의 자영업자 비중은 약 30퍼센트. 미국(7.0퍼센트), 독일(11.6퍼센트) 등 선진국의 3배 수준이다. 한마디로 망할 수밖에 없는 구조다. 이처럼 공급이 많다 보니 사업 부진 → 부채 증가 → 폐업 → 신규 자영업 재진입 → 과잉 공급의 악순환에 빠져드는 게 당연하다. 설상가상으로 유통 공룡들이 골목 상권에까지 파고들고 있다. 더 싸면서 질 좋은 상품을 공급할 능력이 있는 대형 유통업체들이 두부 한 모, 껌 한 통까지 싹쓸이 하겠다고 나서고 있다. 그러니 가뜩이나 경기 침체로 어려움을 겪고 있는 중소 상인들은 죽을 맛이다.

지금과 같은 불황기에는 영세 자영업자들이 가장 큰 타격을 입는다. 상당수 자영업자는 가게 문을 닫는 순간 극빈층으로 전락하게 마련이다. 정부는 수 차례 자영업에 대한 구조조정의 필요성을 언급했지만, 정책적 지원은 제대로 이뤄지지 않고 있다. 국가 차원의 구조조정을 통해 정규직 근로자 → 퇴직 → 자영업 → 극빈층으로 가는 고리를 끊어야 한다.

미국, 일본 등 선진국의 '상권관리위원회'를 벤치마킹 할 필요도 있다. 미국은 1970년대부터 각 상권에 들어선 가게의 동선을 짜주는 등 자영업자를 위한 장기 계획을 수립해왔다. 예컨대 시너지 효과가 거의 없는 생선 가게와 옷 가게는 최대한 멀리 떨어뜨려 놓고 식당 옆에는 커피숍과 아이스크림 판매점을 배치하는 식이다. 영국도 1980년대부터 자영업자들에게 고객 접근성 개선, 주차장 관리, 고객유치 행사 등을 자문하는 제도를 운영 중이다. 우리도 건물주와 입주상인, 지방정부 등이 참여하는 상권관리기구를 만들어 자영업 생태계를 활성화하고 과도한 임대료를 낮출 수 있는 플랫폼을 하루빨리 갖춰야 한다.

영세 자영업의 규모를 키우고 조직화하는 것도 중요하다. 국내에선 한 해 100만 개 이상의 점포가 새로 생기고 80만 개 이상이 문을 닫는다. 자영업자의 절반 가량은 월 100만 원도 벌지 못한다. 새로 생긴 음식점 가운데 5년 후까지 남아 있는 경우는 10곳 중 3곳도 안 된다. 이처럼 자영업자의 폐업이 많은 건 고물가에 따른 수익성 악화 외에 짧은 창업 준비기간과 전문성 부족 등 때문이다. 서울시의 음식점 경영주 실태조사를 보면 전체의 77퍼센트가 창업 준비기간이 3개월~1년에 불과하다. 1~2개월을 준비하고 개업하는 경우도 12퍼센트나 된다. 이런 식으론 경쟁력을 갖추기 어렵다. 비슷한 업종의 소규모 자영업자들을 묶어 협동조합 형태로 조직화한 뒤 중소기업 수준의 지원을 해주는 방안을 검토해야 한다.

보다 근본적인 해법은 은퇴 연령을 높이고 재취업이 용이한 사회 환경을 만드는 것이다. 평균 수명이 늘어나는데도 직장 퇴출 연령은 낮아지는 것, 직장에서 은퇴할 경우 위험 부담이 큰 자영업 외에는 마땅한 생계 수단이 없는 것, 바로 이것이 한국 사회 불안정의 근원이다. 은퇴 시기를 늦추려면 공공부문, 대기업 정규직 등 기득권 계층의 양보가 필수적이다.

방법이 없는 건 아니다. 연공서열 대신 직무수행 능력에 연동되는 임금 체계와 임금 피크제를 도입해 퇴직 시기를 늦추고, 정규직과 비정규직의 차별을 해소하는 것이다. 실직자, 은퇴자 등에 대한 재취업 시스템을 강화하는 것도 중요하다. 또한 직장에서 은퇴한 50대 베이비부머들이 자영업 진입을 자제할 수 있도록 남성간병인과 독서지도사 등 장년층 남성에게 적합한 사회서비스 일자리를 많이 만들어야 한다.

지금 자영업에 뛰어들면 열에 아홉은 망할 수밖에 없는 구조다. 어쩔 수 없이 자영업 시장으로 흘러 드는 인구를 최대한 줄여 자영업의 경쟁력을 확보하는 게 관건이다. 이제라도 자영업 문제의 근본적 대안을 마련하는 작업을 시작해야 한다. 자영업의 위기는 서민경제의 몰락을 뜻하기 때문이다.

이스라엘에 답이 있다

_____ 인구 710만 명의 소국小國 이스라엘은 '벤처 창업의 천국'으로 불린다. 인구 800명당 1명이 창업을 하고, 특히 첨단기술 창업 분야는 단연 세계 1위다. 세계 벤처캐피털의 35퍼센트가 이스라엘에 투자할 정도로 기술력이 뛰어나다. 아이디어나 기술력만 있으면 기업과 정부가 적극 도와주는 시스템이 잘 갖춰져 있기 때문이다.

특히 군 복무기간에 첨단기술을 배울 수 있는 엘리트 육성 군

복무 프로그램 탈피오트Talpiot가 제대 후 유망 벤처기업가를 배출하는 자양분이 되고 있다. 이스라엘의 창업 열기는 조직에서 통제받는 것을 싫어하는 이스라엘인 특유의 기질 영향도 있다. 대기업에서 하나의 소모품으로 취급받기보다는 창업을 통해 나만의 기술로 승부하겠다는 것이다.

박근혜 정부 출범 직후 시중에 떠돌았던 우스갯소리 하나. 박근혜 대통령의 '창조경제', 김정은의 '마음', 안철수의 '새 정치'. 이 세 가지의 공통점은 뭘까? 정답은 '너무 애매모호해 아무리 짱구를 굴려봐도 이해가 안 된다는 것'이다.

한국 사회가 창조경제의 열병에 휩싸였다. 박근혜 대통령이 취임사에서 경제부흥을 위한 첫 번째 과제로 창조경제를 내세웠다. 정부와 공공기관 종사자는 물론이고 정책의 향방에 민감한 민간기업들도 관심을 갖는 건 당연지사. 그런데 '창조'라는 개념 자체가 추상적이고 모호하다 보니 창조경제의 주무부처라는 미래창조과학부 장관도, 청와대 미래전략수석도, 심지어 경제공약을 입안했다는 전문가조차도 납득할만한 설명을 내놓지 못하는 황당한 일이 벌어졌다.

그렇다고 세계 최고의 교육열을 자랑하는 한국인들이 개념 정리를 포기할 수는 없는 법. 각종 포럼과 행사마다 창조경제 배우기가 유행이다. 창조경제라는 용어를 처음 썼다는 영국의 경영전략가 존 호킨스는 정부와 공공기관은 물론이고 기업들까지 경쟁적으로 초청해 몸값이 천정부지로 뛰었다는 소식이다. 그런데도 아직 공부가 부족한 탓인지 정부 내에선 창조경제를 놓고 아전인수식 해석이 난무한다. 참여정부와 MB정부에서도 추진됐던 기존 정책에 '창조'자만 갖다 붙이는 경우도 허다하다. 기상청은 "기상기후산업이 창조경제의 원동력"이라 강조하고 식품의약품안전처는 "의료기기가 미래 창조산업"이라고 정의하는 식이다.

여당의 고위 당직자들이 "창조경제가 도대체 뭐냐"는 짜증 섞인 불만을 쏟아낼 정도이니, 영혼이 없는 관료들과 정부의 눈치를 볼 수밖에 없는 민간기업의 당혹스러움은 더 말할 나위도 없다. 이처럼 새 정부의 핵심 국정 어젠다가 혼선을 빚고 있으니 구체적인 정책의 밑그림이 제대로 그려질 리 없다.

박 대통령의 입을 빌리자면 창조경제는 "창의성을 핵심가치로 두고 과학기술과 정보통신기술ICT 융합을 통해 산업과 산업이 융합하고 산업과 문화가 융합해서 새로운 부가가치를 창출한다. 그래서 새로운 일거리, 새로운 성장동력을 만들어내는 것"이다. 현오석 경제부총리의 설명도 비슷하다.

"여러 가지 산업 융합을 추구한다든지 새로운 아이디어를 내는 과정 등을 통해 창조경제가 만들어진다."

이 설명조차도 어렵고 난해하지만, 어쨌든 성장을 통한 일자리 창출에 방점을 찍고 있음을 알 수 있다. 문제는 창조, 창의성, 융합 등이 우리 사회가 지향해야 할 훌륭한 가치임에도 단시간 내 이뤄지기가 쉽지 않다는 점이다. 창조, 창의성, 융합 등을 통해 새로운 결과물을 내려면 20~30년 이상 교육을 혁신하고 문화를 바꾸려는 꾸준한 노력이 필요하다. 무엇을 어떻게 해야 하는 걸까?

박근혜 정부 대통령직인수위원회에서 창조경제의 밑그림을 그린 윤종록 연세대 미래융합기술연구소 교수는 창조경제의 모델로 세계 최고의 창업강국 이스라엘을 꼽는다. 이스라엘 하면 테러와 전쟁 등 불안한 안보상황을 떠올리는 사람들이 많다. 그래서 '중동의 화약고'로 불린다. 적대적인 이웃들로 둘러싸인 인구 710만 명의 작은 나라로, 석유 등 자원이 전무하고 삼성 LG와 같은 큰 기업도 없어 경제력이 약하다고 여기기 쉽다. 하지만 나스닥에 240여 개 기업을 상장시키고 세계 벤처펀드의 31퍼센트를 점유한 하이테크 강국이다.

이스라엘은 세계에서 가장 쉽게 회사를 만들 수 있는 창업 천국이기도 하다. 젊은이들의 혁신적인 아이디어와 기업가 정신이 창업으로 연결되도록 정부가 팔을 걷고 나선 덕분이다. 1990년대 초 2억 달러로 출범한 '요즈마 펀드'가 현재 30억 달러의 기금으로 수백 개의 신생기업을 지원하고 있는 게 대표적인 예이다.

이스라엘에서는 아이디어만 좋으면 창업자금을 쉽게 모을 수 있고 한 번 실패를 해도 재기가 가능하다. 미 하버드대 연구에 따르면 실패 경험이 있는 창업자가 성공할 확률이 처음 창업한 사람보다 높다. 그래서 이스라엘 투자자들은 건설적인 실패를 비난하지 않고 오히려 격려한다. 젊은이들이 창업의 위험을 감수하고 미지의 세계에 대한 도전에 나서는 이유다. 그 결과 이스라엘에는 음성 메일 시스템을 세계 최초로 만든 콤버스테크놀로지와 USB 메모리를 개발한 M-시스템스 등 기술력을 갖춘, 작지만 강한 '스몰 자이언트Small Giant'가 넘쳐난다.

윤종록 교수는 이스라엘 벤처기업의 성공 비결을 '후츠파chutzpah 정신'에서 찾는다. 후츠파는 이스라엘 말로 '뻔뻔함, 당돌함, 철면피, 놀라운 용기'를 뜻한다. 누구든지 자유롭게 아이디어를 내고 질문하고 토론하는 과정에서 생각의 융합이 일어나고 과감하게 도전할 수 있는 환경이 만들어진다는 게 윤 교수의 설명이다.

한국은 이스라엘과 달리 빅 자이언트Big Giant의 천국이요, 재벌 공화국이다. 기업가 정신의 부재로 창업이 활발하지 않고, 설령 회사를 만들어도 스몰 자이언트로 성장하기 어려운 게 현실이다. 최근 수십 년 간 국가 전략과 자원이 오로지 수출 대기업의 성장에 집중된 탓이다. 그 결과 재벌의 과실 독점, 양극화 확대, 고용 없는 성장이라는 심각한 후유증을 낳고 있다. 그렇다고 빅 자이언트가 활발히 배출되는 것도 아니다. 국내 제조·서비스 분야 중소기업이 시장지배력이 공고한 대기업과 경쟁해 독자적으로 성장하는 것은 거의 불

Tip

탈피오트Talpiot

이스라엘 방위군이 매년 최상위권 고교 졸업생 50명을 뽑아 이공계 전문가를 육성하는 군복무 프로그램. 히브리어로 '최고 중의 최고'를 뜻한다. 매년 이스라엘 고등학교의 상위 2퍼센트에 드는 2,000여 명이 지원하며, 그 중 물리학 수학 등 종합테스트를 통과한 200명이 이틀 동안 강도 높은 시험을 치른다. 복무기간은 훈련기간을 포함해 최소 9년이다.
1973년 제4차 중동전쟁 이후 위기관리 능력을 지닌 인재들을 군에서 키우자는 아이디어가 출발이었다. 당초 이스라엘 군대의 현대화 전략으로 시작됐지만, 지금은 유망 벤처기업 육성 프로그램으로 자리잡았다. 탈피오트를 이수한 800여 명의 전문가들이 현재 이스라엘 학계 및 IT 분야의 핵심 인재로 활동 중이다.

가능하다. 지난 30년 동안 국내에서 탄생한 중견그룹은 STX와 웅진 뿐이었는데 두 그룹 모두 무리한 인수 합병M&A에 나섰다가 몰락의 길을 걷고 있다.

중소 벤처가 스몰 자이언트나 중견그룹으로 크지 못하는 이유는 대기업의 승자독식 구조가 강고한 데다 한 번 실패하면 패자부활전 이 불가능할 정도로 창업 기반이 허약한 탓이다. 스몰 자이언트를 키우려면 시장권력이 된 지 오래인 재벌 대기업이 중소기업을 착취 하지 못하도록 정부가 공정한 거래 규칙을 만들고 엄정한 심판자의 역할을 해야 한다. 사실 지금도 정부의 부당행위 제재 권한은 막강 하다. 자본에 휘둘려 적당히 눈감아 주는 관행에 익숙하다 보니 칼 날이 무뎌졌을 뿐이다.

창업은 청년실업을 해결할 수 있는 최상의 방법이다. 이스라엘은 1948년 건국 이후 이민자들의 대거 유입으로 인구가 9배나 늘었지 만, 젊은이들의 활발한 창업을 통해 일자리 문제를 해결할 수 있었 다. 고용과 투자를 늘리라고 대기업만 닦달할 게 아니라 스몰 자이 언트가 나올 수 있도록 창업 환경도 개선해야 한다.

창조경제는 창의적 교육에서 나온다

_____ 구글의 공동 창업자 세르게이 브린과 래리 페이지는 공 통점이 많다. 서른아홉 살 동갑내기로 몬테소리 초등학교를 나왔 다. 교사가 수업을 주도하는 게 아니라 아이들 스스로 교구를 다

루면서 학습을 이끌어나가는 게 몬테소리 교육의 특징이다. 두 사람은 여기에서 원하는 것을 공부할 자유를 마음껏 누렸고 공립 고교를 거쳐 스탠퍼드 대학에 진학했다.

기존 질서와 권위를 거부하고 모든 것에 의문을 던져야 직성이 풀리는 성격도 공통점이다. '창조적 인간'의 전형인 셈이다. 그들이 특유의 면접시험을 통해 뽑는 구글 임직원도 늘 반역을 꿈꾸는 괴짜이긴 마찬가지다. 브린이 계약담당 변호사를 뽑을 때 제시한 문제는 '악마에게 내 영혼을 파는 것'을 주제로 30분 안에 계약서를 만들라는 것이었다. 대학캠퍼스처럼 꾸며진 실리콘밸리의 구글 본사는 '남들이 생각해보지 않은 세상'을 꿈꾸는 구글러Googler들의 연구 열기로 24시간 활기가 넘친다.

창조는 기존 틀과 통념을 무너뜨리는 일종의 파괴 행위다. 그런 만큼 보통 사람들이 창조적 사고를 하기란 쉽지 않다. 미국의 뇌과학자 그레고리 번스는 『상식파괴자』라는 책에서 그 이유를 세 가지로 꼽았다. 우선 인간의 뇌는 익숙한 걸 좋아하고 낯선 것을 싫어한다. 사람들은 또한 자기 아이디어가 조롱받을 수도 있다는 생각에 지레 두려움을 느낀다. 성공적인 아이디어가 있어도 다른 사람들을 설득해 현실화하는 능력이 떨어진다.

하지만 브린과 페이지는 익숙한 것을 거부하고 늘 새롭고 낯선 것을 추구한 시대의 반항아였다. 상식적인 사고방식에 의문을 던짐으로써 창의적 혁신을 일궈낸 것이다. 아이폰과 아이패드로 정보통신

IT의 역사를 새로 쓴 애플의 최고경영자CEO 스티브 잡스 또한 새로운 아이디어를 대중에게 설득할 수 있는 능력을 지닌 상식파괴자였다. 애플이 전통적인 공급자 관점에서 벗어나 '사람' 중심의 창의적 제품을 선보일 수 있었던 것은 인문학적 성찰을 바탕으로 기술을 접목했기 때문이다.

한국의 IT산업은 그간 제품의 질과 가격 등 하드웨어 경쟁력을 토대로 성장했다. 그런데 소프트웨어와 콘텐츠로 무장한 아이폰이 IT 경쟁력의 기준을 일거에 무너뜨리면서 디지털 패러다임도 바뀌고 있다. 그 핵심은 '창의성'이다. 삼성이 2006년부터 창조경영을 부르짖는 등 국내 기업들도 '창의'와 '혁신'을 경영모토 삼아 복장 및 출퇴근 자율화와 같은 변화를 시도하고 있지만, 한 단계 업그레이드된 창의적이고 혁신적인 제품은 아직 나오지 않고 있다.

창조경영을 위해선 창의적으로 사고하는 인재들이 필요하다. 창의적 아이디어는 독서, 토론, 왕성한 지적 호기심으로 상상의 나래를 펴는 과정에서 나온다. 문제는 우리 교육시스템이 이런 인재들을 길러내기에 적합하지 않다는 것이다. 고등학교 때부터 문과와 이과를 분리하고, 오로지 대학입시를 목표로 점수경쟁에만 매달리는 풍토에서 창의적 인재가 나오기는 어렵다. 스티브 잡스가 진보적 인문학의 전통이 강한 리즈 대학을 중퇴했다는 사실을 곱씹어볼 필요가 있다. 지금의 우리 교육제도로는 자연과학, 인문학, 예술이 자유롭게 소통하는 융복합형 인재를 키우는 게 거의 불가능하다.

기업문화도 바꿔야 한다. 우리 기업들은 창의적이면서도 조직과 잘 융화하는 성실한 인재를 선호한다. 조직에 대한 충성심, 결속력, 경영진의 상명하달식 관리와 독려가 중시되는 문화 탓이다. 그러나 창의적 인재들은 대체로 고집불통이고 기인(奇人)이다. 스스로 '별종'이라 여겼던 브린은 어른이 돼서도 떼쓰는 10대 아이같이 짓궂은 장난을 즐겼고, 수도승처럼 혼자 있기를 좋아하는 페이지는 토론때 상대방을 몰아붙이는 기벽으로 유명하다. 잡스 또한 변덕스럽고 공격적이며 까다로운 성격이었다.

국내 IT 대기업의 CEO들은 하드웨어 전문가 일색이다. 구글과 같이 자유롭고 개방적인 작업환경을 만들 수는 있겠지만, 창의적 인재들과 소통할 수 있는 조직문화를 만들어낼 수 있을지는 의문이다. 창조경제는 말로 되는 게 아니다. 창의적인 교육과 창의적 인재를 받아들이는 기업문화가 전제돼야 한다.

9장
주거 개혁 –
주거 불안 없애기

집값 하락을 용인하라

_____ 2003년 여름부터 3년 6개월 동안 대한민국 정부가 '고가주택'으로 규정한 실거래가 6억 원이 넘는 집에 전세로 살았다. 처음부터 고가주택은 아니었다. 입주할 무렵만 해도 매매가는 3억 5,000만 원, 전세가는 그 절반 수준인 1억 8,000만 원에 불과했다. 2001년 경엔 매매가 2억 원선이었으니, 그 당시에도 많이 올라 있었던 셈이다.

그런데 가격이 슬금슬금 오르기 시작하더니 불과 4년 뒤엔 8억 원까지 치솟았다. 7년 새 400퍼센트나 폭등한 셈이다. 우리나라 경제 규모나 국민소득을 감안할 때 8억 원짜리 주택이면 '저택'이나 '맨션' 정도는 돼야 정상일 것이다. 그런데 실상은 1980

년대 중반에 완공돼 벽이 쩍쩍 갈라지고 화장실 물이 줄줄 새는 89.1제곱미터(27평형) 아파트였다. 고가주택으로 분류하기엔 규모가 작고 외관도 초라하기 그지 없었던 셈이다. 지하주차장도 없어서 출퇴근 때면 차를 빼고 세우느라 한바탕 전쟁을 치러야 했다.

이 지역 125.4제곱미터(38평형) 아파트의 매매가 오름세는 더기가 막히다. 2003년 여름 6억 5,000만 원 안팎이던 집값이 4년 새 13억 원까지 치솟았다. 이른바 '교육특구'로 불리는 서울 목동 얘기다. 서울 강남권은 더 심하다. 강남 은마아파트의 매매가는 2000년대 초반 2억 원선이었는데, 부동산 활황과 함께 불기 시작한 재건축 열기가 더해지면서 가격이 꾸준히 올라 2006년 말에는 12억 원까지 치솟았다. 불과 6년 만에 시세가 6배나 뛴 셈이다.

시장 가격은 공급자와 수요자 사이의 수급에 의해 결정된다. 수요가 공급을 초과하면 가격이 올라가고 반대로 공급이 수요를 초과하면 가격은 떨어지게 마련이다. 그런데 이런 경제학 이론이 적용되지 않는 이상한 시장이 있다. 바로 한국의 아파트 분양 시장이다.

국내 건설사들은 1980년대 이후 민간을 통해 주택 공급을 확대하려는 정부 정책에 힘입어 '땅 짚고 헤엄치기' 식 장사를 해왔다. 땅값과 건축비와 각종 사업비를 부풀려 터무니없이 비싼 분양가를 책정하는가 하면, 분양가를 먼저 정한 뒤 땅값과 건축비를 꿰어 맞추는 경우도 흔했다. 그래도 투기성 자본이 아파트에 계속 몰려들고 분양원가를 따지는 소비자도 없다 보니 '분양가 인상 → 주변 아파트값 상승 → 분양가 재인상'을 통해 엄청난 폭리를 취할 수 있었다. 외환위기 이후 건설회사 수가 4배나 늘어난 이유기도 하다.

우리나라의 부동산가격은 크게 두 차례의 폭등기를 거쳤다. 1980년대 말과 1990년대 초의 무차별 상승이 한 번이요, 2000년대 들어 또 한번의 급격한 상승을 경험했다. 두 번 모두 아파트가 타깃이었다. 인구가 대도시로 집중하면서 주차나 접근성이 중시된 탓이다. 1차 상승기에는 평수와 지역을 가리지 않고 무차별적으로 가격이 오른 반면, 2000년 이후엔 특정 지역의 중대형 고급아파트가 주로 올랐다.

그런데 두 차례의 가격 상승을 주도한 계층이 바로 한국전쟁 직후인 1958~1963년 태어난 베이비붐 세대다. 당시 평균 자녀 수는 5~6명. 그들이 1980년대 중반 이후 새로운 주택 수요를 창출하면서 집값을 무섭게 끌어올린 것이다. 2000년대 들어 40대를 넘어선 베이비붐 세대는 자녀가 커가고 소득이 늘어나자 중대형 평수의 고급 아파트로 갈아타기 시작했다. 타워팰리스로 상징되는 주상복합아파트 붐이 단적인 사례다. 이런 대체 수요는 삶의 질이 중시되면서 편의시설이 잘 갖춰진 서울 강남, 분당, 목동 등 특정 지역에 집중됐다. 바로 '버블 세븐'이 탄생한 배경이다. 40~50대는 소비보다 자산축적이 많은 나이다. 하지만 어떤 자산이든 수요보다 공급이 많으면 가격은 떨어지게 마련이다.

더욱이 저출산·고령화 탓에 인구구조가 급격히 바뀌고 있다. 무엇보다 생산가능인구가 줄어들고 있다. 1970년에는 생산가능인구 18명이 65세 이상 노인 1명을 부양했다. 자녀가 6~7명만 있으면 십시일반 부양이 가능한 셈이다. 그러나 2005년에는 8명이 1명을 부양했고 2050년에는 2명이 1명을 부양하게 된다. 이런 인구구조 하에서는 사회의 암묵적 계약인 '효孝'가 설 자리를 찾기 어렵다. 연금제도 유지도 불가능하다.

중대형 아파트를 소유한 중장년층(40~59세) 인구는 2015년까지 증가세를 유지하다 꺾일 것이라는 게 인구전문가들의 분석이다. 인구구조상 주택 수요는 이제 9부 능선에 도달했다는 얘기다. 물론 절대 인구수도 줄어든다. 현재의 중장년층이 은퇴 시기에 접어들면 주택 규모를 줄이고 건강과 웰빙 등과 연계된 거주지로 옮기려는 현상도 나타날 것이다.

이처럼 주거문화의 트렌드가 변하고 있는데도 정부의 주택정책은 여전히 '경제학 이론이 적용되지 않는 부동산시장'에 대한 믿음을 저버리지 않고 있다. 박근혜 정부의 '4·1 부동산대책'이 대표적인 사례다.

박근혜 정부는 2013년 6월 노후 공동주택의 리모델링 수직증축을 허용하는 방안을 내놓았다. 준공된 지 15년 이상 된 15층 이상 아파트는 최대 3개 층을 수직으로 더 지어 가구 수를 15퍼센트까지 늘릴 수 있도록 허용하겠다는 것이다. 구조적 안전성이 담보되지 않는다는 이유로 토건국가를 지향하던 이명박 정부에서도 허용하지 않았던 정책이다. 아파트도 엄연히 감가상각이 적용되는 상품인 이상 자기 돈 들여 고치는 게 정상이다. 그런데 2~3개 층을 더 올려서 누군가에게 낡은 집 고치는 비용을 전가하겠다는 얘기다.

집값이 천정부지로 치솟던 부동산 호황기 때는 리모델링 비용을 내주고서라도 아파트를 분양 받으려는 사람들이 줄을 섰다. 하지만 지금은 아니다. 요즘 젊은 세대는 무조건 내 집 마련에 목숨을 걸기보다는 멋진 디자인의 외제 승용차 구입에 돈을 쓰려는 게 현실이다. 구조적 안전성이 담보되지 않는 집을 제값 내고 들어올 '바보'는 거의 없다는 것이다.

취득세 및 양도세 한시 감면 등을 포함한 4·1 부동산대책의 약발도 오래가지 않는 모습이다. 일부 모델하우스에 소비자들이 많이 몰렸다지만, 미분양이 급격히 줄거나 거래가 획기적으로 늘어났다는 소식은 들리지 않는다. 정상적인 시장이라면 수요가 줄 경우 분양가는 떨어져야 한다. 분양가 3억 원짜리 아파트가 팔리지 않으면 2억 5,000만 원, 2억 원 등으로 내리는 게 당연하다. 하지만 '부도 위기' 운운할 정도로 자금사정이 어렵다면서도 분양가를 대폭 낮춰 내놓는 건설회사는 찾아보기 어렵다. 대신 정부가 도와주지 않으면 금방이라도 건설업계가 공멸할 것처럼 위기의식 조장에는 열심이다.

전문가들은 차제에 터무니없이 비싼 아파트 분양가를 떨어뜨리고 비대해진 건설업계를 구조조정 해야 한다고 입을 모은다. 실제 우리나라 집값은 소득 수준에 비해 지나치게 비싸다. 선진국들에 비해 집값 변동도 심하다. 2000년대 초반 2억 원선이던 서울 강남구 은

마아파트가 12억 원으로 6배 치솟는 데는 불과 6년밖에 걸리지 않았다. 지금은 5억 원이나 떨어졌지만 찾는 이들이 거의 없다. 만일 은행에서 5억 원을 대출 받아 12억 원에 은마아파트를 샀다면 지금 어떤 일이 벌어질까? 고소득자이거나 보유자산이 많은 사람들은 버틸 수 있겠지만, 평범한 직장인이라면 순식간에 나락으로 떨어질 수밖에 없다. 요즘 넘쳐나는 하우스푸어들이 바로 상투에 돈을 빌려 집을 샀다가 어려움에 빠진 경우다. 집값이 계속 오르리라는 기대감에 은행 돈을 빌려 집을 샀는데, 집값이 계속 떨어지고 팔리지도 않으면 도무지 방법이 없는 것이다.

사람들이 집을 사지 않아 주택경기가 나쁘다 보니 건설업자는 물론 부동산중개업소, 인테리어 업자, 이사업체 등 서민 업종들까지 죽겠다고 난리다. 결국 정부에서 고안해낸 방안이 더 많은 빚을 내 집을 살 수 있도록 각종 금융 규제를 풀어주고 거래세를 낮춰주는 것이다. 하지만 이는 주택시장에 새로 진입하는 사람들의 빚으로 기존 하우스푸어의 빚을 털어주겠다는 돌려막기식 발상일 따름이다. 근본적으로 주택문제를 해결하려면 주택건설 및 분양업자들의 폭리 구조를 막아 집값을 떨어뜨려야 한다. 소득 불균형을 완화해 많은 빚을 얻지 않고도 집을 살 수 있는 여건을 만들어주는 한편, 전월세 생활자들이 저렴한 임차료로 안정된 주거생활을 영위할 수 있도록 돕는 것도 중요하다.

아파트에 낀 거품은 자연스럽게 꺼져야 한다. 요즘의 집값 하락은 과도한 거품이 꺼지면서 집값이 정상화하는 자연스러운 과정이다.

시장의 수요는 생각하지 않고 무작정 아파트를 지어대다 위기에 처한 건설사들을 세금으로 지탱해주는 것은 거품만 더욱 키울 뿐이다.

1980년대 이후 폭발적인 주택 수요를 견인해 온 베이비붐 세대가 2010년부터 본격적인 은퇴를 시작했다. 국가가 노후를 책임져주지 못하는 상황에서 은퇴자들은 주택 규모를 줄이거나 역모기지 등으로 살아갈 수밖에 없다. 더욱이 사회로 진입하는 '88만 원 세대'는 집을 살 만한 경제력이 없고, 5~6년 뒤부터는 인구 자체가 줄어들기 시작한다. 공급이 수요를 크게 앞지를 수밖에 없다는 얘기다. 집값 하락을 용인해야 하는 시대가 오고 있다.

'내 집 마련' 정책을 포기하자

_____ "1억 원을 빌리면 월 100만 원씩 한 달도 빠지지 않고 100개월 즉, 8년 4개월 동안 갚아야 겨우 원금을 상환할 수 있다. 거기에 이자를 더하면 10~12년이 걸린다. 월 50만 원씩 갚으면 25년이 걸린다. 단, 실직이나 질병이라는 변수에 걸리면 망하는 거다. 부동산 구입을 위해 1억 원을 대출받는 것은 10~25년 동안 50만~100만 원 월세 사는 거랑 똑같다. 그 시간이면 아파트도 노후화해 또 대출 받아야 하고 평생 고액 월세 살다가 죽게 되는 거다." '부동산'이라는 아이디를 쓰는 한 네티즌의 인터넷 댓글이다.

요즘 해외 지사로 발령 난 사람들은 살던 집의 처리 방법을 놓고 여간 고민이 아니다. 몇 년 전만 해도 다들 맘 편히 전세를 놓고 다녀올 수 있었다. 3~5년 후 돌아오면 집값이 수억 원씩 올라 있으니 다른 대안을 고민할 필요가 없었다. 그런데 이제 상황이 180도 달라졌다. 수도권 아파트값 하락세가 4년째 이어지는 가운데 글로벌 불황이 장기화할 조짐이다. 1,000조 원을 웃도는 가계부채와 인구구조의 변화도 주택시장의 미래를 어둡게 만드는 요인이다. 상황이 이렇다 보니 당장 급매물로라도 집을 처분하고 떠나지 않으면 나중에 계륵鷄肋 신세를 면치 못할 것이라는 불안감이 드는 것도 당연하다.

집값 하락세가 몇 년간 더 지속돼 자산 디플레가 심화하면 일본 같은 장기 불황에 빠질 수 있다는 우려가 나오는 것도 비슷한 맥락이다. 한국 경제의 뇌관으로 떠오른 가계부채의 3분의 1은 주택담보대출이다. 하우스푸어 같은 주택 보유자들이 상환 압력에 몰려 급매물을 내놓기 시작하면 일본처럼 버블 붕괴가 오지 않으리라는 보장이 없다.

물론 정부의 입장은 다르다. 우리나라는 일본과 달리 집값 거품이 크지 않다는 것이다. 가계부채 문제가 제기될 때마다 전가의 보도처럼 사용하는 논리다. '총부채상환비율DTI 등의 금융 규제를 통해 과도한 대출을 막아온 만큼 국내 주택시장이 일본처럼 장기 침체로 이어질 가능성은 거의 없다'는 것이다.

정부 주장대로 금융 규제의 실효성이 대단했는지는 알 수 없으나, 정치권의 압력과 경기 부양의 유혹을 뿌리치고 DTI 규제를 꿋꿋이

지켜온 점만은 평가해줄 만했다. 그러던 정부가 성역처럼 여겨지던 DTI 빗장마저 열어젖혔다. 젊은 직장인들의 10년 뒤 예상소득과 고정수입이 없는 노인들의 자산까지 소득으로 인정해 대출을 늘려주겠다는 것이다. 취득세 한시 감면 등 주택거래 활성화 대책도 추가로 내놓았다.

하지만 빚을 늘리는 방식으로 문제 해결을 뒤로 미루는 것이어서 심각한 후유증이 불가피해 보인다. 설령 주택 거래량이 다소 늘어난다 해도 경기가 나빠져 소득이 줄어들면 빚만 더 쌓이는 악순환에 빠질 수 있다. 어찌 보면 젊은 직장인들이 갚을 수 없는 빚을 미리 떠안는 셈이다. 결국 가계의 부실을 키워 미래 세대의 부담만 가중시킬 우려가 크다. 취득세 한시 감면도 미래의 거래량을 앞당겨 쓰는 미봉책에 불과하다.

최근의 주택경기 부진은 국내외 경기 침체와 과도한 가계부채, 고령화·저출산에 따른 인구구조의 급변 등 복합적인 요인에 따른 것이다. 특히 가계부채는 주택시장을 침체에 빠뜨린 주범으로 볼 수 있다. 지금도 서민들은 물론 상당수 중산층까지 이자 내기가 버거울 정도로 빚에 짓눌려 있는 게 현실이다. 더욱이 예전처럼 집값이 꾸준히 올라줄 가능성이 희박해 집을 소유하고픈 욕구가 많이 줄어들었다는 점도 감안해야 한다.

DTI 완화는 과도한 빚 부담 탓에 집을 살 여력이 없는 대다수 국민들에게 빚을 더 늘려 집을 사라고 부추기는 꼴이다. 금융 규제를 풀어 일시적으로 거래가 살아난다 해도 그 부담은 고스란히 다음 정부로 넘어갈 수밖에 없다. 지금은 가계 빚을 늘려 주택경기를 떠받치는 식이 아니라 가계의 실질소득을 늘리는 근본적인 해법을 모색해야 할 때다. 허리 띠 졸라매기에 급급한 국민들의 빚 부담을 줄여 줘야만 가처분소득이 늘어나고 젊은이들도 주택 구매에 관심을 보일 수 있다. 내 집 마련의 기회를 늘리는 데 초점을 맞춘 정부의 주택정책도 장기전세주택과 공공임대주택의 공급을 늘리는 방향으로 바뀌는 게 옳다.

Tip

총부채상환비율 DTI · Debt To Income

'소득 대비 원리금 상환액 비율'이라고도 한다. 금융회사에 갚아야 하는 대출금 원금과 이자가 개인의 연간 소득에서 차지하는 비중을 뜻한다. 부동산 담보물의 가치로 대출 한도를 정하는 기존 주택담보대출비율(LTV)과는 다르다. 정부가 DTI를 엄격히 적용하면 담보 가치가 높더라도 소득이 충분치 않은 사람은 대출을 받기 어렵다. 대출 원리금 상환액이 소득에 비해 과도해지는 걸 막기 위한 규제 장치인 셈이다.

닫는 글
한국사회 이제 바뀌어야 한다

역사는 발전하는가, 순환하는가? 아니면 순환하면서 발전하는가? 자본주의의 역사를 생산성의 관점에서 보면 진보론이 옳은 듯하지만, 경제패권의 시각에서 보자면 순환론에 더 신뢰가 간다. 국가경제의 주도권이 정부에서 시장으로, 다시 시장에서 정부로 옮겨가는 패턴이 반복되고 있기 때문이다. 250여 년의 자본주의 역사를 단순화하자면, 고전자본주의(시장의 '보이지 않는 손'에 의한 경제운영) → 수정자본주의(정부의 적극적인 시장 개입) → 신자유주의(금융·무역의 개방 및 세계화)로 변화해왔음을 알 수 있다.

정부와 시장 간 주도권 다툼은 진보와 보수 간 이념 대결의 투영이기도 하다. 보수가 시장의 자유로운 경쟁을, 진보는 시장 규율과 공공성의 확대를 중시한다고 봤을 때, 지금은 진보의 시대가 분명해 보인다. 1970년대 초 경제의 주도권을 잡은 시장 만능의 신자유주의 체제가 오히려 글로벌 불평등과 양극화를 심화시키며 세계 경제를 만신창이로 만든 결과다. 특히 2008년의 글로벌 금융위기는 그로기 상태에 빠진 신자유주의에 결정타를 날렸다.

사실 지표로만 보자면 한국 사회의 요즘 모습이 그다지 나쁘진 않다. 오히려 재정건전성, 외환보유고 등 대외적인 경제지표는 주요 선진국을 압도할 만큼 화려하다.

우선 2012년 8월과 9월 무디스, 피치, S&P 등 3대 국제신용평가사들이 한국의 국가신용등급을 한 단계 상향 조정하면서 대한민국은 명실상부한 '글로벌 톱10'에 진입했다. 글로벌 금융위기를 세계에서 가장 빠른 속도로 극복한데다 주요 20개국G20 회의를 유치할 만큼 국격國格이 높아진 덕분일 것이다. 기업 경쟁력도 강화됐다. 특히 삼성전자, 현대자동차 등 일부 기업은 글로벌 시장에서 세계적인 기업들과 어깨를 나란히 하고 있다.

이처럼 경제 규모가 커지고 일부 제조업체의 경쟁력이 강화됐지만, 국민 대다수 삶의 질은 여전히 낙후한 게 현실이다. 우리나라의 노동시간은 경제협력개발기구OECD 회원국 중 가장 길고, 정부 재정지출 중 사회복지 비중은 가장 낮다. 자살률은 세계 최고 수준이며 출산율은 거의 꼴찌다. 삼성경제연구소가 OECD 30개 회원국을 대상으로 조사한 「한국의 선진화 수준」 보고서(2010년)에서도 우리의 복지 수준을 보여주는 '사회안전망' 항목은 꼴찌, '약자보호제도'

는 28위에 불과했다.

2008년의 금융위기는 1973년 이후 세계 자본주의를 이끌어 온 신자유주의 체제를 되돌아보는 계기가 됐다. 특히 2011년 가을 미국 월스트리트에서 벌어진 '점령하라' 시위는 1퍼센트가 99퍼센트를 지배하는 금융자본의 횡포를 규탄하며 민주적 경제시스템에 대한 열망에 불을 지폈다. 이제 세계 각국은 새로운 자본주의를 모색하고 있다. '자본주의 4.0', '인간적 자본주의' 등 이름은 다양하지만, 승자독식의 시장 만능주의로는 더는 지속 가능한 발전이 불가능하다는 인식에는 모두 뜻을 같이하는 분위기다. 실제 주요 선진국들은 양극화 해소를 위해 정부 개입을 확대하고 금융의 공공성을 강화하는 정책을 잇따라 내놓고 있다.

우리나라도 이런 흐름에서 예외는 아니다. 여야 정치권은 물론 학계, 정부 등 모든 집단이 국민 대다수를 벼랑 끝으로 내몰고 있는 대한민국의 기존 성장 패러다임을 바꿔야 한다는 데 동의하고 있다. 천문학적인 복지재원 마련 방안을 둘러싼 논란에도 사회안전망의 확충이야말로 절벽사회를 극복할 대안이라는 데 의견이 모아지고 있다. 국민 모두를 절망과 불행에 빠뜨리는 절벽사회에서 벗어나려면 한국적 특성에 맞는 복지국가를 건설해야 한다. 복지 확대가 고용 창출로 연결되고 고용 증대가 복지 기반의 지속성을 담보하는,

복지와 고용의 선순환 체계를 만들어야 한다는 얘기다.

우리가 꿈꾸는 사회는 결코 허황된 이상향이 아니다. 더불어 잘사는 사회, 모두에게 공정한 기회를 보장하는 사회, 열심히 노력하면 꿈을 이룰 수 있는 사회, 개인과 기업의 자유로운 경제활동이 공동선에 기여하는 사회다. 아무쪼록 이 책이 벼랑 끝에 다다른 한국 사회에 새로운 돌파구를 여는 작은 디딤돌이 되기를 기대한다.

강수돌(2009), 『살림의 경제학』, 인물과사상사.

고재학(2010), 『부모라면 유대인처럼』, 예담프렌드.

국정브리핑특별기획팀(2007), 『대한민국 부동산 40년』, 한스미디어.

김광수경제연구소(2008), 『위기의 한국경제』, 휴먼&북스.

김기태(2012), 『대한민국 건강 불평등 보고서』, 나눔의집.

김병준(2012), 『99%를 위한 대통령은 없다』, 개마고원.

김영호(2012), 『경제민주화 시대 대통령』, 나무발전소.

김태형(2010), 『불안증폭사회』, 위즈덤하우스.

남태현(2012), 『영어계급사회』, 오월의봄.

F. 들프슈 외(2012), 『강요된 비만』, 거름.

P. 롱맨(2009), 『텅 빈 요람』, 민음인.

NHK 무연사회 프로젝트 팀(2012), 『무연사회』, 용오름.

박세일(2006), 『대한민국 선진화 전략』, 21세기북스.

박홍근(2012), 『부자의 돈 빈자의 돈』, 아름드리미디어.

서상철(2011), 『무한경쟁이 대한민국을 잠식한다』, 지호.

서울사회경제연구소(2006), 『양극화 해소를 위한 경제정책』, 한울.

R. 세터스텐 · B. 레이(2012), 『20대=독립은 끝났다!』, 에코의서재.

손낙구(2008), 『부동산 계급사회』, 후마니타스.

송희영(2013), 『절벽에 선 한국경제』, 21세기북스.

은수미(2012), 『날아라 노동』, 부키.

이상이(2012), 『복지국가가 내게 좋은 19가지』, 메디치.

이숙종 · 강원택(2013), 『2013 대통령의 성공조건』, 동아시아연구원.

이일영(2009), 『한반도경제』, 창비.

이창곤(2007), 『추적, 한국 건강불평등』, 도서출판 밈.

이태수(2011), 『왜 복지국가인가』, 이학사.

전영수(2012), 『장수대국의 청년보고서』, 고려원북스.

정운찬(2013), 『미래를 위한 선택 동반성장』, 21세기북스.

제윤경·이헌욱(2012), 『약탈적 금융사회』, 부키.

조영철(2007), 『금융세계화와 한국경제의 진로』, 후마니타스.

주종환(2010), 『덴마크형 복지국가를 위하여』, 일빛.

홍성태(2011), 『토건국가를 개혁하라』, 한울.

후지이 겐키(2006), 『90%가 하류로 전락한다』, 재인.

KI신서 5230

절벽사회

1판 1쇄 인쇄 2013년 9월 1일
1판 1쇄 발행 2013년 9월 6일

지은이 고재학
펴낸이 김영곤 **펴낸곳** (주)북이십일 21세기북스
부사장 임병주 **이사** 간자와 타카히로
출판콘텐츠기획실장 안현주 장치혁
기획 송무호 오미현 **디자인 표지** twoes **본문** 노승우
마케팅영업본부장 이희영 **출판영업** 이경희 정경원 정병철
광고홍보 김현섭 강서영 **프로모션** 민안기 최혜령 이은혜 유선화

출판등록 2000년 5월 6일 제10-1965호
주소 (우413-756) 경기도 파주시 회동길 201(문발동)
대표전화 031-955-2100 **팩스** 031-955-2151
이메일 book21@book21.co.kr **홈페이지** www.book21.com
트위터 @21cbook **블로그** b.book21.com

© 고재학, 2013

ISBN 978-89-509-5172-6 03300
책값은 뒤표지에 있습니다.